《法兰西思想评论》学术顾问、主编及编委会

本书受上海交通大学精裕人文基金的资助，特此鸣谢！

Études de la pensée française

法兰西思想评论·2011

高宣扬◎主编

人民出版社

前　言

一切话语和论述的生命和灵魂，均源自它们发生的"位置"（la place）上。正如法国思想家拉康指出："位置"意味着产生思想和话语的具体时间、地点及其周在环境的一切活生生的力量关系网络，它突出地表现出有生命力的话语和思想本身的"紧张性"和"待再生产性"的特质。《法兰西思想评论·2011》幸运地出版在最关键的"位置"上，因为这个"位置"不是别的，乃是人类跨越 21 世纪第二个十年的门槛，也是中国改革开放后现代化步伐迈入第四个十年的新起点，又是面临全球发生急剧转变的关键时空维度，使它可以展现跨世纪、跨学科、跨民族、跨文化的广阔视野，紧密配合中国和法国的思想文化复兴的发展旋律节奏，通过对中法、并通过两国而进一步对整个欧洲和人类文化的历史经验和现实的关注，展现出居住在欧亚两端的新一代人的崭新思想面貌和精神状态，即当仁不让地怀抱承接历史优秀传统的接力棒的使命，在 21 世纪的未来新岁月中，倚重新人文、新科学技术、新生活方式的三重交错的文化氛围力量，竭力重建人类的文化生活环境，为开创人类文化繁荣的新局面作出贡献。

《法兰西思想评论》是上海交通大学欧洲文化高等研究院主办，并由上海交通大学精裕人文基金资助的开放性中法双语研究论坛和交流平台，它将按年度，针对法国思想文化的不同专题、思想家、历史事件及文化成果进行深度研究。如果说本辑刊首发以《法兰西思想评论·2011》为题的话，那么，不言而喻，在国内外学生、研究人员及一般读者的关爱下，它将以此后连续各年份为线索，分别编辑出版不同的年份专辑，逐渐发展成为研究法国思想文化的国际一流的重要学术文库。为此，我们期盼同人们不吝赐稿，以各自富有创新精神的作品，共同灌注并繁荣我们的文化园地。

高宣扬

2011 年 6 月

目　录

第一部分　现代性之源

私人生活高于社会生活

——再读蒙田的《随笔录》

尚　杰[*]

蒙田是16世纪法国最重要的思想家，可以把他归入"个人主义者"。在他之前的人文主义者往往对人类的善良本性有信心，认为美德在一切时代和一切场合下都是一样的。个人的幸福有赖于整个人类的幸福。蒙田通过描述"个人"的画像，怀疑从前对人的判断。他把个人作为内心世界的中心，通过检验人发现和确定人生价值观。"蒙田的著作几乎被17—18世纪所有有教养的人阅读。"[①] 他是一个脱离了当时思想主流的人，却是后世欧洲哲学的重要奠基人——自由主义政治哲学的奠基人。他认为"个人"是中心，之外的其他一切社会责任都是从对个人的责任中演变出来的，拐弯抹角都是为了人的尊严。蒙田是通过他人和他人所做的事情来发现人的，他告诉我们，为了享福，回到自己的内心世界是必要的。蒙田描述了一幅与古代不同的个人幸福画卷。

为了评价蒙田的贡献，可以把他与马基雅维利做个对比：蒙田很熟悉马基雅维利的政治理论，并且接受了其中的部分内容，还写进了自己的《随笔录》中。但是，蒙田对马基雅维利所谓人应该陶醉于政治中的权势算计利益之类的美德，感到不以为然。他认为按照这样的原则生活是一种不值得过的生活，最终也是不能令智慧之人满意的。马基雅维利过于关注公共的政治生活，蒙田则

---

[*]　尚杰，中国社会科学院哲学研究所研究员，博士生导师。

[①]　Nannerl O. Keohane, *Philosophy and the state in France*, Princeton university press, 1980, P. 98.

对私人的活动更感兴趣。蒙田一生的主要"事业"是曾经两次担任法国波尔多市的市长，从君主到民众都对蒙田在任期间的"政绩"称赞不已。但是在《随笔录》中，蒙田对自己所从事的政治活动几乎绝口不提。悖谬的是，在他书中，似乎他的政治的或社会的活动是隐蔽的或私人的，而纯粹属于他内心私人的想法却可以是公共的、可以通过出版物向世人揭示的。在"致读者"中，蒙田说他的天性是沉默多虑的。他喜欢社会生活却觉得很难与别人交流。

蒙田发现了人身上悖谬的天性：一个人过多时间独处，就会觉得空虚和了无意义，所以人是最容易被自己身外之事诱惑的。换句话说，在一生大部分时间里，由于总是身不由己地与世界和他人打交道，人们最不熟悉的就是他们自己。苏格拉底"认识你自己"的任务，远远没有在人身上体现出来。蒙田试图在书中告诉人们怎样回到自己的内心世界，他的办法是把自己内心的真实活动告诉世人，这些活动是独特的、充满个性的。这是一种特殊的交流，使"私人的生活"成为"公共的"——但是它绝对区别于程序化了的、庸俗的"公共政治生活"。尤其重要的是，蒙田发现了一种他没有署名的、被后来的帕斯卡尔称为"消遣"（divertissement）的精神活动。Divertissement 这个法文词经过帕斯卡尔的演绎到了 18 世纪终于成为具有重大意义的启蒙思想。这个词含义丰富，比如它意味着精神方向的转移和改道、在意与不在意什么、凝神、超凡脱俗等。"消遣"不是努力回到我们自己，恰恰相反，人的一个重要天性就在于总是千方百计以各种消遣回避思考自己本身。在《论空虚》中，蒙田总结说，人回到自己或想自己的时候往往是不快活的，内心全是空虚甚至凄惨。为了使我们不沮丧，自然之母赋予人类另外一个天性，这就是让自己的心思沉溺于身外的事物以至于忘记了自己的存在——于是我们总是关注那些不是我们自己内心世界本来面目的外部事物。人们总是环顾左右，或参与其中，或看客心理，看社会新闻，看别人打架。换句话说，知道自己反倒是一件最困难的事情。

在尝试做判断的时候，蒙田勘察了各种各样的冒险。他发现，与僵化的判断比起来，让判断开放与流动起来的效果更好。他使用了文艺复兴时代的全部语言技巧，包括讽刺和悖谬。在这些语言的悖谬性的流动状态内部，有一种深刻的辩证法……他自由地从一个立场到另一个立场。他的思想随着事情某部分真相被揭示出来而有所进展，而这些部分又暴露出别的东西，永远不会完结。事情随着运动而流淌，去探询自己的岔路和条条小溪。在他之前的苏格拉底，在他之后的帕斯卡尔和黑格尔，都是蒙田在智慧上的同道：在多样性中缄默而积极地对普遍一致性心驰神往。也就是说，这里有一种个别性，它依赖这样的判断：在复杂整体的内部，有个体的位置；在个体内部，有复杂的整体。他把自己的书描述为"与它的作者圣体共在"，记录他作为个体自我发现的过程。假如他写的是一部保守的道德哲学，把他的发现说成是完满无缺，这就肯定不是他想要的效果。这本书微妙而困难的个性使它成为个人主义的有力代表。当帕斯卡尔说出如下的赞美时，他也是把自己的成就归功于蒙田："我不是在蒙田那里，而是在我自己这里，我找到了我在他那里看到的一切"。①

蒙田的世界，和帕斯卡尔的世界一样，不可能在不知道整体的情况下知道部分，或者在不知道部分的情况下知道整体。蒙田高度评价个人自由，他有一种强烈的愿望，面对一个开放的世界，给自己留下思考的空间，尽力回避那些程序的事务。但是，蒙田也敏锐地觉察到任凭思想和行为没有约束的发展是危险的：那些好奇、假设、不安分。他说在所有动物中只有人有不受束缚的想象的自由。对于这样的思想冒险，人是要付出代价的，听凭想象也会给人带来灾难甚至绝望。我们如何能够在享有自由的前提下又不对他人和我们自己造成危害呢？蒙田说，人得接受来自三方面的约束：自然的、理性的、习惯的。在他看来，"自然的"有三种含义：给万物以普遍性的法则；人和其他动物共享的原始本能的行为；有个性的需要欲望以及可能性。在一个被"异化"了的现实世界中，需要认真甄别哪些现象属于"最健康最原始"的"自然的"事情，尽管它们近在眼前，却常常被我们视而不见。人们往往以狭隘的眼光，认为自己熟悉的做事方式就是自然的，而自己陌生的举止就不是自然的，蒙田想让人们从这样的偏见中解脱出来。有很多不一样的"自然"，人需要去探索、去旅行、

---

① Nannerl O. Keohane, *Philosophy and the state in France*, Princeton university press, 1980, P.102.

刺激自己的好奇心，通过这些方式扩大自己的眼界和心胸。

像后来的卢梭一样，蒙田也认为人类在自己的"文明"中走得太远了，再也不能返回朴实的自然状态。一代又一代的人，总是假定自己发现了更好的做事方式，并且把自己设计的这些对待自然的把戏叫做"规律"。如上所述，蒙田并非一个听凭自己的念头"就像脱缰的野马"而不加束缚的思考者，他的思考就是对这些念头的检验过程，他称之为理性。可以怀疑一切但是不能怀疑理性。理性是一种约束的力量，因为理性属于"规则"。蒙田说他自己"只是理性的奴仆"。然而，蒙田又一次自相矛盾，他同时又说人的理性存在一个根本缺陷，即理性并非获得准确知识的有效工具。人的理性时刻受到人自身的傲慢、热情、偏见的干扰，准确的判断几乎是不可能的。宇宙中有绝对和普遍的真理存在，但是由于人的理性之天生的缺陷，人没有能力认识这些真理。所以，普遍的真理是不可能达到的。

蒙田指出，理性和自然的声音都太弱，在强大的人类不同习惯面前走了岔路。人不可能完全脱离习惯，只能从一种习惯进入另一种习惯。蒙田的思想启发我们想到，脱离习惯的写作该有多么艰难——首先不是脱离某种语言的习惯用法，而是脱离原来的心理习惯，这些心理习惯的几乎是下意识的思路。"我们的习惯从某些偶然的连接中成长壮大……"① 换句话说，习惯就是把念头中偶然的岔路固定起来，在这个意义上，甚至不同的宗教都可以被理解为如此形成的一条条精神岔路。人本来是混乱地来到这个世界上的，具有不同禀性的种族和不同天赋个性的个人总能在世界上渐渐摸索出"自己觉得舒服"的习惯，找到适合自己的"一个位置"。这个过程最好是自然的而不是人为强加的。

于是，人们经常把"习惯"作为判断是非的"标准"，尽管它们是"第二自然"。问题是，这样的"标准"令人满意吗？旁观者清，既然人们知道任何一种习惯在某种意义上都是"偏见"，就会自然而然地对把"习惯本身"作为标准的合法性提出质疑，因为有很多这样的"合法性"，要宽容人类经验的多

---

① Nannerl O. Keohane, *Philosophy and the state in France*, Princeton university press, 1980, P.106.

样性，宽容不同的思考方向，因为总有某些别的东西。

当蒙田同意亚里士多德说的"友谊比正义更值得关注"时，他是否又把习惯放在"标准"之上了呢？他说人最自然的习惯就是结合成"社会"，社会可以类比为"群"，也就是人群的结合、一种特殊的"友谊"。但是，他意识到人群中真正的友谊关系是如此的稀少，以至于多数人终其一生也没有体会过。蒙田把真正的友谊比喻为与"自我"的极端相似性、相互完全理解、相互完全平等。帕斯卡尔和卢梭后来都曾经以自己的方式试图阐明个人是通过他人发现自己的，这也是博爱的基础。蒙田还认为人类社会经历了从自然法到人类法的过渡，因为随着社会的发展，人们不得不面临更多的陌生人之间的关系。人们在一起也不再只是出于友谊或者自然而然的博爱，而是出于私人和社会的需要或者利益。他们的"友谊"关系是出于功利的算计，从而不再是"纯粹的伦理学"而是"公正的伦理学"或者叫政治理论。总之，在蒙田看来，友谊和公正（或政治）不是一回事。

像后来坚持个人主义立场的霍布斯和洛克一样，蒙田也认为人类为了惬意地生活在一个文明的社会里，必须有某种合适的政治权力结构。但是与霍布斯和洛克不同的是，蒙田对人类设计出这种"政治权力结构"的能力表示怀疑。于是，他转而在政治上持一种保守立场，怀疑任何一种乌托邦似的政治理想——因为它们在现实生活中实行不通。理论和真理之间发生了冲突。他说，对不同的民族来说，最好的政府就是使这个民族不至于毁灭的政府形式，而这些形式一定要建立在本民族的精神习惯基础之上（后来孟德斯鸠发展了这个立场）。蒙田政治上的保守主义立场，来自他怀疑人类能够在"普世理性"问题上达成一致，与其乱成一团，不如守着一个表面上的权威，即使是一个腐败的权威（蒙田认为他所处时代的道德是极其腐败的）。由于他对人类任何到达普世道德并创建这样的大同社会结构的能力感到怀疑和失望：似乎一切都是个别性的，而两个"个别性"之间缺少可以比较的标准。换句话说，谁也不比谁更强。为什么呢？因为其中"强"的根据是难以说服人的。一切政治理论本身都充满着悖谬，也就是根据上的两难。换句话说，这些所谓理论在天性上就是不透彻、不完满、无法自圆其说的。既然如此，那么在蒙田看来真正重要的、具有创造性快乐的事情、值得过的生活都具有私人性质。我们凭什么要尊重某种据说具有普世价值的政治学说呢？它其实只是个别人头脑中瞬间的产物，它完全可以是别的样子的。但是为了避免由于念头太多而导致的社会混乱，人民必须选择"一个念头"作为"统治的念头"，于是思想统一了，社会安定了。换句话说，一个人作为公民，他的第一个美德就是服从。当然，当这个人作为思想者时，他的美德就不再是服从而是怀疑的能力。这些悖谬或分裂的精神性格同时发生在蒙田一个人身上。他试图向我们说明，不要因为这些不一致而感到焦虑，因为精神和生活的本色就是如此。这是一种双重标准：一种是私人的批判性的反思；另外一种，是服从社会公共秩序。"使纯粹私人的成为社会的"，蒙田的发表的《随笔录》就有这样的效应——要是整个社会的都是私人的，这就形成了一种建立在个人主义基础上的自由主义政治理想。对外保持服从，对内保持思想独立，这就是蒙田式的政治理论。说白了，就是口服心不服，它培养起一种双重的人格，懦弱而又坚强。"我的腿下跪，我的灵魂没有被训练成下跪……法律之所以有信誉不是因为它们是公正的，而是因为它们是法律。那就是统治权力的神秘基础，再无别的。"① 这些法律经常是蠢材和骗子制定的。

　　蒙田的上述"立场"似乎不是西方哲学的传统，因为它是一种"没有立场的立场"，强调"圆滑"——比如他的"膝盖"支持那些完全没有道理的事情，但是，在"长期下跪"的情况下，人们怎么能够保持精神的独立性呢？如果我们就此嘲笑蒙田，也许肤浅的是我们自己，因为他可能有意那样说，以追求一种精神上的两难或者悖谬，以追求"不可能的精神"当做自己的人生消遣，这确实是精神的个性，而且是灵魂里的高难动作。就是一种极其细微的精神分辨能力，从大多数人认为同样的事情中，看出差别。不仅言行可以不一，更是口不对心——人的行为要符合社会习惯，但是内心世界却大可不必这样。思想与社会的脱节是常态，这不是缺点却可能是优点。

---

① 　Nannerl O. Keohane, *Philosophy and the state in France,* Princeton university press, 1980, P.110.

一切理性都是个人的，它不但具有自己的个性，而且形成了一个人的全部生活轨迹。蒙田告诫人们，不要未经过独立思考（怀疑论证的过程）就去相信。但是，对于大家都遵从的举止规范，即使是经不起理性推敲的，也可以"随大溜"。我们看遍蒙田的《随笔录》，得出的印象是，他认为美德与恶行有时是难以分辨的。美德行为也许是被"邪恶的动机"推动的，例如野心和贪婪：

野心能教会一个男人勇敢、节制、慷慨，甚至公正……它也能教会谨慎和智慧。有鉴于此，理智拒绝只是通过人们外在的行为判断人，我们必须探讨人的内心，发现推动人行为的动机究竟是什么。①

后来的思想史证明，正是上述蒙田类似的思想，开创了一个在 17 世纪早期法国冉森教派教徒的 libertins（意味着不信教和放荡）传统，其中所包含的思想成为启蒙时代社会理论的一部分。更明确地说，正是无数私人的恶意编织起社会，人们自私的动机在客观上却服务于社会，就这个意义而言却是善举。无论人们心里怎样想着为自己，但是只要他在社会上活动，在效果上他的工作就是为大家。蒙田赞美苏格拉底把诚实直接贯彻到社会生活，但是他说这样的情形并不总会成功，在多数情况下甚至会遇到麻烦。所以需要一种特殊的美德，"带有很多顺从、角度、拐弯抹角的美德，以至于让自己加入并且适应人性的弱点。"② 这是一种冒险的、具有欺骗性的、机会主义的"美德"，甚至为了国家的利益牺牲个人的荣誉。蒙田仍旧强调美德的"直接性"，但是这种"直接性"更多体现在内心的判断而非公开的社会生活。他认为一个人的思想必须是"浓厚复杂晦暗以便留住日常生活的影子"。③ 他写道："蒙田市长是一分为二的人，可以清晰地分为两半。"④ 人要履行社会的职责，但是这个与我们的私人生活是分开的。换句话说，思想是私人的事，社会不得干预。思想与心

---

① Nannerl O. Keohane, *Philosophy and the state in France,* Princeton university press, 1980, P.112.

② Ibid, P.113.

③ Ibid.

④ Ibid, P.114.

灵是完全自由的，当然自由经常与孤单或独处为伍。一个社会的人尤其是身负公职的人是不自由的，因为他活着不是为了自己而是为了别人，他的世俗命运在别人的掌控之下，他得做很多不是出自他内心真实动机的事情。换句话说，真正的活着是活出真实的自己，这对于一个人来说，几乎只有在笔下才可能真正实现"活出自己"的理想，因为只有在那里他才有可能无所顾忌地赤裸裸地暴露自己的全部个性，任何人都不可能控制你怎样想和怎样写。但是上帝还是作出了补偿："忘我"的人同时也是无暇体会孤独的人，他拼命工作与其说为了社会做贡献，不如说为了回避想到自己；相反，有丰富思想的人却是孤单的，他的念头难以与别人共享。两者比较，人们选择在这两者之间想得到什么的想法也不是自由的，因为还必须考虑到自己的兴趣与能力。

最孤独的人心同时却也可以浩如烟海，最微不足道的人心同时也可以是最强有力的，这是对只能以个人名义出现的人类尊严最大的鼓舞。蒙田说："我喜欢私人生活因为它是我自己选择我所爱的东西，而不是因为它不合适于公众生活。私人生活最适合我的本性。"[1] 在他的内心世界中，在这种以纯粹思考为特征的"私人生活"中，所有的判断都是自由选择的（这种自由在当代哲学与文学艺术中被大大拓展了，甚至语法的习惯都可以被打破），不会像担负社会某个角色那样被人强迫怎样想或怎样写。蒙田甚至认为井然有序的私人生活是最高意义上的"美德"。要真诚地善待内心真实所想，也不必使用打着个人之外更伟大的目标的办法掩盖我们"自私"的目的。"保存自己"是最神圣的。只有当"公共的灾难"侵犯到我们私人时，它才构成灾难。一个人只有首先是他是自己的朋友，才可能是所有人的朋友。

蒙田的思想深刻影响了 17 世纪法国人的思想，人们相信可以有两种不一致的道德：一种道德服务于社会政治行为，另一种道德完全属于个人。站在蒙田式的"个人主义"立场上的，是对社会现状不满且影响力日渐壮大的"资产阶级学者"，他们是科学家、哲学家、职业作家等。他们一方面顺从君主制度，

---

[1] Nannerl O. Keohane, *Philosophy and the state in France*, Princeton university press, 1980, P.114.

另一方面也不希望国家用权力强迫他们做他们不愿意做的事情。

后来的法国大革命试图排除蒙田和他的追随者身上的妥协，显然，蒙田等人身上有一种双重的角色性格：他们表面上服从的那一套，并不是他们真正的私人生活。这当然是一种令人不满的情形，因为人们只是出于对政治专制权力的恐惧从而表面地服从它，并不是出于尊重，从而导致人们不相信"共同事务"所透露出来的信息的真实性，并且容易导致社会混乱，因为真正公正的声音始终被埋没。Libertins 这个词就是这个自相矛盾的时代的精神产物，它似乎要为"越轨"的举止套上神圣的外衣——但是这个说法是褒义的，值得注意的是，Libertins 是一种哲学处事态度，在 1611 年出版的一部字典里，这个词被解释为"伊壁鸠鲁主义、耽于声色、放纵、无法解答的"。[1] 这个词本来是具有详细而僵化的正统教义用来贬斥异教徒的，认为 Libertins 具有泛神论甚至无神论的色彩、马基雅维利主义、自由思想、提倡一种散漫的生活，等等。这些信奉 Libertins 立场的，多由一些巴黎的青年贵族组成，他们以自己荒唐的生活抵制正统教义的束缚，甚至导向犬儒主义主张的以愤世嫉俗，玩世不恭的态度回归自然、回归人的本性。换句话说，我们今天尊重为具有自由精神的"启蒙思想家"，是被 17 世纪社会的"正统声音"贬斥为"低级趣味"或者"道德败坏"的人，尽管他们可能只是精神质朴地"放荡"而没有沉溺于肉欲。他们具有"不平静的、骄傲的、不顺从的精神"。[2] 当时著名的法国戏剧家高乃依以这样的精神为荣耀，在哲学精神上，则产生了贝尔和封德耐尔的思想。信奉 Libertins 精神的人大都博学多才、有蒙田那样的怀疑精神、提倡体验或经验、具有强烈的好奇心。同时，Libertins 精神还包括坚忍不拔，不在复杂性和不确定性面前退缩、以至胆怯到迷信或盲从、做一个所谓"明哲保身"的胆小鬼（esprits faibles）、具有"坚强的精神"（esprits forts）。那个时代最为典型的具有坚强的怀疑精神的哲学家，就是伟大的笛卡尔。透过笛卡尔式的

---

[1]　Nannerl O. Keohane, *Philosophy and the state in France*, Princeton university press, 1980, P.144.
[2]　Ibid.

沉思，可以得出这样的领悟：一个独立不羁的理性，完全可以脱离以习惯和权威为基础的以往知识，从而具有一种彻底尖锐的精神气质。这也是一个精神纯化的过程，是遗漏后的精华。对一切被以往称之为知识的东西，要有一双敏锐的识别眼睛，知道哪些是假话或什么人是骗子。既不说"是"也不说"不是"，而是对一切确定性的判断表示怀疑。因为传统往往从历史寻找根据，哲学家就对历史曾经有过的种种确定的说法表示怀疑。这种精神的独立性是启蒙时代给人类留下的最宝贵的智慧遗产。

帕斯卡尔的《思想录》与思想的消遣

尚　杰*

在 1660 年到 1685 年间，法国人曾经认为绝对君主制度是法国最好的政府形式。耐人寻味的是，在"政治理论"上对这种习惯的政治偏见作出革新尝试的，却来自一个基督教派——冉森教派教徒。从 1660 年开始，冉森派教徒对王权的批评延续了一个世纪，在某种意义上，起到了思想启蒙的作用。冉森教派教徒是一个"自足"的团体，不和国家"来往"。尽管冉森教派教徒从不公开承认，但被认为是拥护共和政体。冉森教派与加尔文新教有相似之处，比如他们都信奉奥古斯丁的思想而不相信罗马教廷。冉森教派教徒中最著名的，就是帕斯卡尔，他的《思想录》几乎影响了 18 世纪每个法国思想家——他们中的每个人都根据自己的需要截取发挥《思想录》的片段，要确定知道这些影响到底是什么，几乎是不可能的。在这个意义上，《思想录》是整个 18 世纪法国启蒙思想的重要来源。

一、强力、见解、判断的选择

帕斯卡尔区分了人生的三大方面：肉体对应于世俗；精神对应于理智和科学；神圣对应于在"纯粹善良意志"的指引下，上帝与人和人与上帝接触的领域，其理解力要大于人的理性。帕斯卡尔关于政治和伦理学的观念，大都可以从他以理性精神的语言，对世俗世界的论述中找到答案。但最能体现帕斯卡尔

卓越精神天赋的，则是他对神圣性的论述。这三方面的划分对于准确理解帕斯卡尔的思想非常重要。在他看来，政治是低卑的事物，因为它的世俗性，人只能在神圣性中得到拯救。帕斯卡尔像奥古斯丁一样，开启了人的天赋。

帕斯卡尔为以上三个领域分别制定了社会角色、荣誉、生活方式。世俗世界的荣誉给予了君主、掌握权力和财富的人，人们羡慕他们的职位，但是并不尊重他们人本身；精神的领域则是一个赢得尊重的领域，这里存在着的一切都具有科学性质，这里也并不执行君主的命令；至于神圣性，则是精神的最高境界。帕斯卡尔认为要清晰地分离这三种人生境界：一个在世俗世界里自私的人在精神世界里能作出成就来，就在于他在这个世界里不可能自私，而神圣的领域又处于精神所达不到的高度。人是由肉体与精神共同组成的，处于三个领域中间的位置，既堕落又高尚，既悲惨又陶醉。

鉴于以上的判断，帕斯卡尔认为，君主所获得的荣耀应该远远低于我们对精神领域里天才的尊重，更低于对神圣性的尊重。帕斯卡尔从来没有像历代中国人那样，认为君主是神圣的天子。相反，在他眼里，君主或世俗的权力在人生应该有的成就中，处于最低级的序列，我们可以对它们怀疑、恐惧、服从，但是他们绝对不配我们尊重。

根据帕斯卡尔的哲学，人的"权力尊严"本来有赖于个人原始的力量、社会成员的力量、由象征性的符号而导致的想象力—见解所具有的控制力量等等要素之间的一种微妙相互作用的结果。但是，事情的实际情形却是：往往一个人越是拥有强力，他就越不需要除了想象中的权力统治之外的其他想象力，不需要用其他想象力去冒险。国王使用军队并不想赢得人民的尊重，而是让人民恐惧，因为全部问题恰恰在于，来自权力的判断就被当成来自真理的判断。换句话说，人有各种各样的"权力尊严"，比如一个士兵直接服从长官的强力。但是，帕斯卡尔认为"判断的尊严"则应该服从于"沉思的强力"，它根植于最基本的人性需要、人心的动机。人身上还有一种天生的"想说了算"或"压迫别人"的权力欲，但是结果总是分成"欺负人的"和"被欺负的"。关于这个问题，帕斯卡尔以他杰出数学家的眼光，认为所有判断（力）都是建立在

"赌"或"概率"基础上的。换句话说，严肃的判断来自不严肃的游戏态度。权力是总和为零的游戏：你或者命令别人，或者是被命令。与内心漂浮不定的状态相比，决定或判断都发生在瞬间——在这个游戏或博弈过程中，人"正确"的选择能力几乎是零。换句话说，没有任何一种瞬间的选择能挺直腰板被说成是优于其他的瞬间选择，人们只是在碰运气。最终决定我们的心思向哪个方向走的，是来自外部或心中的强势或强力，它在某个瞬间迅速解决了我们的犹豫不决，也就是那个下命令的人，必须有权力，以解决没有休止的争吵。

二、政治选择权与"严肃的消遣"

长期支配人类政治生活的"政治的决定"通常是荒谬的、不讲道理的，显示出人类选择能力的低下，帕斯卡尔列举的例子，是世袭的君主政体，它是人类事务中最大的不合理——这种不合理的选择形式长期以来被认为是政权移交的合理的方式。这种不讲道理的道理不啻一种疯狂，当疯狂被认为正常，"合理的正常"（政治革命）就是大逆不道的。这是一种最野蛮（最简单）的做事方式，也最原始——它们是和"不争论"联系一起的。也就是说，没有其他的选择权。长子继承王位天经地义——在关系人民命运最大的选择竟然如此轻率，在"小"些的事情上人们却不是这样的，比如一个船长就不是这样推举出来的，要比任命一个国王慎重得多。人是多么愚蠢的动物啊！这是"可笑的、不公正的，但这只是因为人生来就是可笑的和不公正的，而且永远如此"。[①] 统一标准总比多标准好。人们批评政治世袭制，但是，除了选举长子当国王之外，我们是否还有别的更好的选择呢？如果我们选择最有德行的人，那"几乎立刻就会陷入痛苦而无休止的争吵，每个人都会宣称自己是最有德行的"。[②] 换句话说，独断的决定可以避免争论，提高效率——国王的长子就这

---

① Nannerl O. Keohane, *Philosophy and the state in France*, Princeton university press, 1980, P.270.
② Ibid.

一个，"这是很清楚的，没有什么好争论的！不可能有比这更好的理性了，因为内战是所有邪恶中最邪恶的事情。"①换句话说，只能有一个标准，因为"见解"比不上强权，所以这个"真理性"的"见解标准"最好由强权来领衔，因为它能在最大限度上避免由于无休止的争吵而导致的不稳定危机。在这个意义上，由于权力说的一切永远是对的，因此，有了权力就有了一切，丧失权力就丧失了一切。"我们为什么要跟随多数人的决定呢？是因为他们是正确的吗？否！只是因为它们更有权势。"②同样让我们失望的是，帕斯卡尔在强权面前和蒙田的态度一样：一个理智的人（一个"识时务的人"）应该顺从习惯、屈从权威，以便保证有自己私人的时间和空间从事自己喜欢的个人爱好。但是这样的话只是貌似服从，是口服心不服，因为他们早就有言在先：权力和掌握权力的事情其实是非常卑微的、不值得尊重的、不重要的，最重要的也不是所谓"大事业"，而是以适合个人天赋的形式去消遣。③甚至按照"严肃的政治原则"行事，也不过是一种消遣，因为在帕斯卡尔看来，这些所谓的"政治科学"就是柏拉图和亚里士多德这样的哲学家在消遣的心态下，为那些穿着国王的衣服的"疯子们"写出来的。也就是说，游戏的生命态度比"严肃"更重要，也"更正经"。

在看透了政治本身的"肮脏"之后，帕斯卡尔和蒙田一样，不准备用这些道理启发人民（告诉人们政府存在的基础是多么的荒谬和野蛮）以内战的方式造反，因为这会导致无政府状态（甚至最坏的政府也比无政府要好，暗含着帕斯卡尔和蒙田对人类在政治问题上的智慧没有信心）。也就是说，不要去推翻既有的政治秩序，即使或正因为这些法律和习惯是荒谬的，才应该去服从它们。为什么呢？因为"推翻"旧政权所建立起来的，只不过是一个略微不同

---

① Nannerl O. keohane, *Philosophy and the state in France*, Princetn university press, 1980, p. 270.

② Ibid.

③ "《法律篇》和《政治学》变成了伟大的人物在闲暇时，为了滋养我们的想象力，为了保存我们的好奇心而写就的政治淫秽作品。"（Nannerl O. Keohane, *Philosophy and the state in France*, Princeton university press, 1980, P.271.）

的"新"的"旧政权"。这个政治见解，几乎与莱布尼茨如出一辙：现有的政治秩序已经是一切可能秩序中最好的了。这当然是一种深刻的、建立在人类已经有的历史经验基础之上的怀疑主义，是对"普遍的正义"的深刻怀疑——因为永远不会有"共同的意见"。"共同的意见"越是"共同"，就越抽象，越没有使用价值。帕斯卡尔以下的口吻简直与蒙田一模一样："毫无疑问，自然法是有的，但是这种美丽而腐败的理性已经腐败了一切……正义和真理是如此细微的两个点，以至于我们迟钝的工具绝不会精确地碰到它们。一旦我们试图接触它们，它们马上就变得模糊不清，使我们碰到的总是谬误而非真理。"[1] 这是理性的丑闻！不是因为理性无能，而是由于人的本性就是腐败的。"公正"不过是一个旗号或象征，它服从在它背后的某些非理性、不公正的因素，这对人类的智慧是多么大的讽刺啊！于是，最聪明的立法者这样说服追随他们的人：我所建立的规则是真正永恒的真理。其实，在帕斯卡尔看来，在任何情况下，正义都是由背后的强力决定的（作出解释的）。

三、公正、强力、人的本性

"只有遵循公正的东西才算是公正的，也就是说，必须服从最强有力的东西。没有强力做后盾的公正是无力的，没有公正的强权是暴君。所以，必须把公正与强力结合起来。为此，就要使公正具有强力，或者使强力更加公正。公正的关键是要对争论敞开大门。强力是容易被识别的、不容置疑的。也就是说，由于强力与公正相冲突，不可能把强力赋予公正（即不能以强力压制争论，靠强力说某某是不公正的，这样的情形本身就是不公正的——译注）说某某是不公正的，而它自己是公正的。所以，重要的与其说是使公正变成强力，不如说要致力于使强力变得公正。"[2]

---

[1] Nannerl O. Keohane, *Philosophy and the state in France*, Princeton university press, 1980, P.272.

[2] Ibid.

人的支配他人的本性，或者说是"某样东西是属于我的"的本性是如此强大，以至于我们绝对不要指望通过祈祷公正来改变这种本性。帕斯卡尔指出，从小孩子哭闹着喊"那只猫是我的"，我们就能"开始窥见到篡夺整个地球的影子"。财富的每次分配都只能具有抽象的公正性，人们会自然而然地顺从强势的一方，即强势者获得的总是多些。所以帕斯卡尔说，"不可能把公正强势化，我们只是要把强势公正化，以便最终达到强势与公正的和谐，和平共处，这样的主权，就是善的主权。"①

这是对人类本性比蒙田更为悲观的看法，人生来就渐渐学会了把自己的真实面孔掩盖起来。换句话说，一切社会的规则都具有"虚假性"。一方面，这种"虚伪"是必须的。为了避免与他人同归于尽，人必须对自己"恶"的本性加以掩饰与遏制。另一方面，必须的"虚伪"总是无法战胜"自私"的本性。但是，在我看来，说人的本性是"自私的"，仍旧是一个只看表面现象的说法，更准确的说法，应该是人的本性琢磨不透，是任性的，社会的规则或理性终究不能战胜人的任性，以至于人类历史总要在纠正由于人的任性带来的灾难过程中循环往复。这并不是说我们已经彻底掌握了人性，事实上我们不可能认识我们自己，这甚至是人活着的最大趣味之一。比如，人的力量能力、感受力与思考力、给予事物秩序的能力、寻找刺激与快乐的能力，等等。

帕斯卡尔强调人的根本动机是获得幸福——这种目的论的模式，也是古典哲学的典型模式。也就是说，似乎人的目标始终如一。"人不可能离开这个目标一小步，人活动的动机是为了获取幸福，甚至那些上吊的人都是如此。"② 目的论的解释，也是一种"第一原因"的解释，问题是我们能否对动机的性质下如此确定的判断，能否确定人真是"为了什么而活"这样一个模式。不清楚自己为什么而活就不是一个清楚的人？不能实现自己理想目标的生活就是悲惨的一生？如果事实上所有人都是这样想的，那么是否相当长的历史中支撑人

---

① Nannerl O. Keohane, *Philosophy and the state in France*, Princeton university press, 1980, P.272.
② Ibid, P.274.

类活下去的方向有问题？问题不在于应不应该寻找幸福，也不在于对什么是被寻找的幸福的理解五花八门，而在于目的论性质的思维也许并不合理，因为如果这样，就有太多的痛苦被没有实现大小人生目标暗示出来。但我认为这只是社会强加给我们的心理习惯，而没有了这样的心理习惯，人生将变得更加芬芳动人、更加充满情趣。也许还有一个更深刻的问题，即也许无动机的动机、精神与举止活动的散漫状态、不刻苦努力或只沉醉于"无动机的动机"或游戏状态，是幸福的更美好状态。同样的道理，关于人的本性是爱自己或爱快乐的说法也是目的论的或单调的。反面的提问是，如果没有以性欲为代表的人类欲望推动，人活着的乐趣何在呢？但是，我认为问题在于，也许欲望可以被分解为以非欲望的形式存在，或者说，"欲望"并非准确地击中了人内心的实际状态，人并不真的清楚自己想要什么。在多数情况下，所谓"人生目标"是文化传统和社会习惯从外部强加给人的。实现了这些习惯赋予的"人生目标"，我们会获得一种得到幸福的心理暗示——但是这些暗示得到的与我们本来感受到的真实之间，并没有画等号——我们会很快厌烦自己得到的东西，或者这些东西给我们的"幸福感"并非像事先想象的那样强烈。换句话说，我们的一生过的极不真实，不仅自己欺骗自己，而且人之间相互欺骗——这也是人的本性吗？

四、"消遣"中孕育的"异化"思想

在以上基础上，帕斯卡尔接触到非常深刻地影响着近现代西方思想的"异化"概念。他写道："我们不满足于自己已有的生活，我们希望过一种在别人头脑里想象的生活，我们迫使自己显得不是本真的自己，以满足他人对我们的想象。我们不停地劳作，以为了保持和装饰想象中的自己，完全忘记了真实的自己。如果我们安详、慷慨、忠诚，就会极力使别人知道我们有这些美德，以便于把这些美德嫁接在别的东西上。为了强化这些美德，我们会很高兴使这些美德离开我们。假如我们有勇敢的美名，就应该幸福地做个胆小鬼。应该绝妙地认定我们自己其实什么都不是，没有别人参与我们决不会心满意足，得为了'彼'而强化'此'"。① 这里强调的，是一些不真实的或者远离我们的存在，我们正是从这些存在中获得"我们自己"的"幸福"。"自私"或"自爱的"本性却是"不自私"或"不自爱"的。换句话说，那些"不真实的或者远离我们的存在"，就是我们的消遣——这使得"消遣"（divertissement）成为一个真正具有哲学意义的概念，它意味着疏远、增补、转移——它类似于卢梭的 supplément（增补性）或 aliénation（疏远）概念和黑格尔的 entfremdung（异化）概念——这个思想的灵感，还是与蒙田有关，蒙田曾经这样写道："再没有什么比无所事事更令人难以忍受的了，人不能没有热情、不能无事情可做，不可以没有消遣、没有目的。如果那样的话，人就会感到完全空虚，被世界抛弃、不满足、无所依赖、没有能力，备感虚无。一旦心灵卷入其中，人就会厌烦、忧郁、悲伤、自贱，甚至绝望。"② 用黑格尔的话说，你的真理在你的"对立面"那里。我认为这揭示了寻找或从差异中获得乐趣，是人的又一天性。选择差异并非是择优弃劣的过程，只是变化"怎么"和"如何"的问题。用帕斯卡尔的话说，人类的一个基本倾向是回避自己的真实情况，把注意力转移到别的地方（这有点像被追赶的鸵鸟最后一头扎进沙堆；又像是一种走神的天性）。换句话说，人的天性就是不严肃的。所有的严肃都是为了避免过分的不严肃造成的恶果。一旦这样的警报解除，人的记忆力马上重新变坏，又不严肃起来。为什么人的记性不改呢？因为只要人一考虑自己，就会变得十分忧郁——在这个意义上，由于人与他人在一起才快乐或者与别人分享才有快乐，人的自私本性也在无形中远离开自己，变成了别的什么。究竟变成了什么呢？任何事情！"我们的本性就是动，完全的休息就意味死亡。"③ 这里的"动"当然可以分成身体与思想的运动，它们之间的关系并非是对称的。无论身体还是思想的运动，都是克服死亡的良药，速度越快就越能延缓死亡的到来。死是件非常容易的事情，死盯着死亡却是一件让人无法容忍的事情。死亡并非像人们想象的

---

① Nannerl O. Keohane, *Philosophy and the state in France,* Princeton university press, 1980, P.274.

② Ibid.

③ Ibid.

那样，是一个多么了不起的"危急时刻"，死只是人一生要遇见的无数事情中的一件事情，既不渺小也不伟大。换句话说，倘若我们能以习惯上面对死亡的心情，面对生命中每天遇见的事情，那我们的生活将到处充满创造性的心理享受。

消遣不仅是排除孤独，还是弥补我们自己独处时所缺乏的东西。"唯一能安慰我们免受凄惨之苦的事情，就是分心。然而，这本身却是我们最大的不幸，因为正由于此，我们就不能严肃地思考我们自己，在不能认识自己的情况下迷失自己。可是，倘若不分心，我们就会沉溺于烦恼，这又加重了我们回避烦恼的决心。正是分心使我们快活，使我们无意识地忘记了死亡。"[1]在这个意义上，同样吊诡的是，由于对痛苦的记忆是导致不快活的重要源泉，回避或"丧失"记忆反而成了幸福的一个前提，尽管美好的记忆是使人快乐的一个重要原因。"消遣"的另一个含义，在于所从事的事情并不是真的需要，只是为了打发时间。但是，这种"不是真的需要"会成为人每天离不开的事情，即变成了"真的需要"。这时候，某一层次上的"异化"就完成了。一切生活中的意思，都是人想象或创造出来的，而且要花样翻新，要刺激出新的意思。顾名思义，要想让一个人绝望，就是使他再没有"念想"。

五、消遣与道德

兴趣、欲望、消遣，这些都是同义词，它们的害处是麻痹我们，使我们忘记关于人本身的"真理"——但是，如果这个"真理"就是消遣呢？——我们人类为自己感到骄傲的道德，原来就建立在这些消遣性的欲望基础之上（把道德也看做了一种消遣）。"人类从欲望本身中设计出一种私生的道德，这是对仁慈的秩序的一种颠倒的解释。帕斯卡尔惊叹'人类从自己的贪欲中设计出一种令人赞叹的制度。这制度是对仁慈本身的模仿，足见人之伟大'。"[2]这种

---

[1]　Nannerl O. Keohane, *Philosophy and the state in France,* Princeton university press, 1980, P.275.

[2]　Ibid.

虚假的道德使我们的行为看上去似乎是仁慈的，作出很虔诚的样子，好像是很关心别人的需要。但是其中的动机却是完全相反的，因为人只是为了满足自己的私欲。可是，根据卢梭和德里达的理论，人的动机与事情的效果之间的不一致，是普遍现象而非例外。也就是说，人类甚至要感谢和鼓励各种不一样的"自私的兴趣与选择"。取之有道或者自己获得的同时不损害他人——时至今日仍旧是一个理想而已，这样的公正也就以不公正的方式显示出来。"以别人的幸福作为自己的幸福"的现象并不是没有，而且曾经在人类 20 世纪历史中上演的波澜壮阔的伟大事业，但是却成就了一种浪漫主义的悲剧化的政治运动。公民社会与专制社会比较的最大好处，就是人之间关系中的尊重别人与被别人尊重之间权利与义务的对等关系。要争取被尊重的权利。社会中的人之所以有能力相互服务，来自每个人都是他自己，有差异。保持自爱有独立见解不盲目羡慕别人的情形将促使整个社会的活力。人是以希望获得别人赞扬（得到名声或支配他人的地位）的方式离不开别人的，自爱与竞争是孪生的。

美德是自爱的装饰，各种事物中无不浸泡着人类的贪欲。但是，帕斯卡尔观察到，可以利用个人的贪欲服务于公共的善，从那里建立起社会公正的规则。他说，我们的美德全是由恶行组成的，我们"不可以借用自己的力量在美德问题上自我辩护，而只能借助于两种相互反对的恶行。我们矗立在两股相反的风向之间，如果一种邪恶被铲除了，我们就陷入另一种邪恶。"[1] 政治机构不过是一个能最大限度地满足更多人欲望的分配委员会罢了，一个人有了这种分配的权力，就显得有力量。丧失了这样的权力，他就什么都不是。所以对于人来说，靠外在的东西是支撑不住的。因此，帕斯卡尔对权力者的告诫是：一方面，在臣民面前要尽量保持权威的形象；另一方面，要清楚地知道自己并不是什么王，而是和所有人一样，是在上帝面前同样悲惨的人。人是"精神分裂型"的，集美德与邪恶于一身，既伟大又渺小。

帕斯卡尔认为，"相信上帝"的精神状态比"无神论"状态更积极，因为

---

① Nannerl O. Keohane, *Philosophy and the state in France*, Princeton university press, 1980, P.276.

后者心灵空空。这就是他著名的"打赌的逻辑"：有两种可能性，上帝存在或者不存在。相信上帝存在，得到的回报是永恒而无限的快乐；认为上帝不存在，尘世的生活就丧失了神圣的满足感，因为到头来一切都是身外之物，等于什么都没有得到，或者得到的是无限的痛苦。我们已经上了道，也就是说，不能选择"不选择"，因为"不选择"不仅也意味着选择，而且意味着选择眼前的世界。怀疑的结果是给人希望，即无论上帝存在的可能性多么微小，微光总比没有光要好。在这个意义上，从不相信到相信是一种解脱、精神的解放。即使上帝不存在，相信者也并没有真的损失什么；而上帝万一真的存在，相信者就赢得了一切，而无神论则丧失了一切。在帕斯卡尔看来，这是一种区别于"几何学精神"的"微妙精神"（l'esprit fin）。也就是说，"非理智的"态度或者"神圣的逻辑"要高于哲学与形式逻辑。

但是，帕斯卡尔的这种"二分法"并不是"辩证法"，它更像是精神的魔术，从一样东西变出意料不到的东西。如果不借助于类比等"精神魔术"，无数原始个别的愿望如何能过渡到普遍的共同的愿望呢？不可以把帕斯卡尔的"二分法"理解为非此即彼，因为他像克尔凯郭尔一样徘徊于二者之间。精神的魔术活跃于两者之间。上帝是以非神学的方式得到信仰的。帕斯卡尔相信，幸福只能来自相信点什么："有些人在权威那里寻找幸福，有的从好奇心、从科学、从肉欲中寻找幸福。更接近幸福的人意识到，必须要有所有人都希望的普遍的善……"[1]总之，共同的善才是大善，孤独的只属于个人的善难以自保。一个单独的个人要荣辱社会才有幸福可言，这样的思想从 17 世纪经过 18 世纪的卢梭一直到 19 世纪的马克思那里。但是，20 世纪第二次世界大战后欧洲哲学家的思考却与克尔凯郭尔和尼采有诸多相似之处。

---

[1]　Nannerl O. Keohane, *Philosophy and the state in France*, Princeton university press, 1980, P.280.

卢梭教育学思想中的政治哲学思想

林　泉*

　　明年,2012 年,是伟大的思想家让 - 雅克·卢梭诞辰 300 周年。他的思想,在这两百多年的历史长河中愈久弥光。历史证明,卢梭以《论人与人之间不平等的起因和基础》和《社会契约论》为核心的社会政治理论不仅撼动了 18—19 世纪的法国社会,而且也广泛而深刻地影响了整个人类近代政治思潮的进程和政治制度的构建。实际上,卢梭有关人类与社会的政治思想也渗透在他的所有著作中。本文将以卢梭的教育著作中的政治思想为线索来窥其政治哲学思想的一斑,并以此文纪念这位浪漫多情而又极富论辩力的思想天才。

一、卢梭的教育思想与其政治思想的关联

　　让 - 雅克·卢梭(Jean-Jacques Rousseau,1712—1778)的教育学思想集中体现在他的著作《爱弥儿,或论教育》(*Émile, ou De l'éducation*,1762)一书中。这本著作不是一本简易的教育手册,仅仅用来指导育婴员或老师如何处理教育中的具体问题;它是从卢梭的政治哲学思想中生发出来的教育学著作,讨论在理想的政治社会中人何以成长为人的问题,是卢梭成熟的政治哲学思想的一个理论实践。

　　卢梭的教育学思想是卢梭到生命的最后 20 年才整理出书的,这时,他的哲学思想已经臻于完善。从《论科学与艺术的复兴是否有助于敦风化俗》(*Si*

＊ 林泉,自由撰稿人。

le rétablissement des Sciences et des Arts a-t-il contribué à épurer les mœurs? 1750）和《论人与人之间不平等的起因和基础》（*Discours sur L'origine et les fond-emens de L'inégalité parmi les hommes*，1754）到《社会契约论》（*Du Contrat social, ou Principes du droit politique*，1762），这三部著作一脉相承，且不断延伸，共同构成了卢梭有关自然和社会思想的一个总论，也筑建了其政治哲学思想的大厦。尽管在时间上卢梭先是在 1757 年动笔写《爱弥儿》，后在 1759年开始写《社会契约论》，并于 1762 年同时出版这两本著作，但从思想性质上看，可以说《爱弥儿》一书顺承了以上三部著作的思想，并且是以上三本著作的一个结本。

在卢梭的一生当中，他的思想一直是连贯的，他自始至终都在追求人的"本性"和"完整性"，追求社会状态下的"自然法则"，猛烈抨击背离自然法则的"腐化的社会"。卢梭一直关注人在"自然状态"和"社会状态"中的处境以及人在两种状态下发生的转变，探索如何实现人在社会状态中的协调生活，这些在他的上述三部著作中尤为翔实和具有论证力地得以阐述。卢梭之所以关注考察这两种状态，是因为它们是人必不可缺的生存环境，是人类生存的外在条件，是能够补偿人的消耗、提供人类生存能量的唯一源头，为了考察人的幸福生活，必须研究人生活于其中的环境。对这两种状态的定义，既是卢梭寻求人类幸福的方法，也构成了卢梭哲学的基本内容。

而卢梭关于自然状态和社会状态下的人的学说，实际上也是他教育学理论的基础。究竟如何在社会中实现人的和谐生活状态，如何把一个自然状态下的自然人逐渐培养成一个社会状态下的完整而不分裂或被异化的人，便是卢梭在《爱弥儿》中要解决的问题。

卢梭在《爱弥儿》一书中借助他假想的教育对象"爱弥儿"阐述了他的自然教育思想，并通过对爱弥儿的整个教育过程剖析人的概念，分析社会现象和政治制度。《爱弥儿》英译版的译者、美国哲学家阿兰·勃鲁姆（Allan Bloom，1930—1992）在英译版《爱弥儿》的序言中称："《爱弥儿》不是一本教育手册，它比柏拉图的《理想国》更堪称为对统治者的忠告。两者都采用了一个惯例——城邦的建立和对男孩的养育——为了表述人类的整个状况。它们是为哲学家而著的书，只有当认真的读者情不自禁改变他们通常的视角时，此书才会发挥实践效力。"①勃鲁姆把《爱弥儿》看成"是全面而又提纲挈领的稀有书作之一，是一本读者可以据之生活的书，是一本会随着读者的愈加深刻而愈加深刻的书，是一本堪与柏拉图的《理想国》相媲美的书，它意在与之相匹敌或取而代之。"②勃鲁姆认为，"尽管卢梭自认为《爱弥儿》是他最好的书，并且康德也认为它的出版可与法国大革命相提并论，但实际上该书并未受此殊荣。在卢梭的主要著作中，《爱弥儿》是被研究和评论得最少的，好像该书全部的力都作用在康德、席勒这类人物身上，只留一些古怪的残余力在从事学校教育的教师身上，借此来维护自己的声名：郑重其事地反对襁褓束缚，支持母乳喂养和学习交易。"③

因此，若要真正理解卢梭的教育学思想，使《爱弥儿》"随着自己的深刻而愈加深刻"，必须厘清作为卢梭教育学思想基础的政治哲学思想，从教育学思想与政治哲学思想的交错中，发现卢梭对人的认识以及对公民社会的构想。

二、作为卢梭教育思想根基的政治哲学理论

1. 作为一种方法论的"自然状态"

"自然状态"与"社会状态"是卢梭哲学思想的两个核心概念，对这两个概念的区分和解析既构成了卢梭构建合理政府的理论起点，也是卢梭研究人的理论策略。卢梭借助这两个概念来说明人存在的环境条件，阐释人的自然本性和社会的功能。在社会状态下，人的生存环境中包含着相互交错的自然因素和变动的人为因素，在多种因素的包裹下，很难揭示人性的内容和源头；但在自然状态下，人的生存条件简单、单纯，带有必然性；卢梭借两种状态将人的生

---

① Rousseau, *Emile or on Education*, trans. by Allan Bloom, Basic Books. 1979, P.28.

② Ibid, PP.3-4.

③ Ibid.

存环境层层分离，先剥离各种变化的因素，从一种最基本的生存条件，即自然状态下的生存着手，再逐渐加入各种不断变化的、新增的因素，逐渐过渡到社会状态的人类生存环境，由单纯而复杂地对人进行条分缕析。

要对社会的状况做一番研究，就需要追根溯源，研究社会形成的基础，在卢梭之前和与之同时代的许多哲学家都对人类的原始状态——自然状态做过论述，以此作为进一步论述人性与政治哲学的基础。卢梭从霍布斯和洛克那里拿来自然状态的概念，但是在卢梭那里，这个概念要更加彻底化，更加远离现实的社会。为了揭示腐化的社会中存在的偏见、人类文明的弊端，找到问题的症结所在，卢梭设想了一幅不受社会制度和舆论干扰的自然状态的图景。卢梭的独特之处在于，他不是借自然状态来指称历史的真实，或是将人类社会的一些状态抽取出来作为人类原初的面貌。卢梭反对先前这些有关自然状态的研究理论，认为以往的哲学家在考察自然状态下的人时，总是带着社会的眼光，将社会生活中"文明人"才有的恶行加到原始人身上，他认为，"他们各个都不厌其烦地在书中大谈什么人类的需要、贪心、压迫、欲望和骄傲，把人类只有在社会状态中才有的观念拿到自然状态中来讲：他们说他们讲的是野蛮人，但看他们笔下描绘出来的却是文明人"。[①] 卢梭认为人性本善，是腐败的社会阻碍了人之本性的进展，所以他要尽量避免先入为主的"文化"与"文明"的侵扰，为了指明社会中的偏见，对社会进行行之有效的批判，卢梭试图撇开社会灌输的那些先入为主的观念，从自然的角度去研究自然，把自然人当做自然人看待。

卢梭把自然状态说成是"现在已不复存在，而过去也许根本就没有过、将来也永远不会有的状态"[②]。他对有关自然状态问题的研究态度是，"首先让我们抛开事实不谈，因为它们与我们探讨的问题毫无关系。切莫把我们在这个问题上阐述的论点看做是历史的真实，而只能把它们看做是假设的和有条件的推

---

① 卢梭：《论人与人之间不平等的起因和基础》，李平沤译，商务印书馆2007年版，第46页。
② 同上书，第35页。

论，是用来阐明事物的性质，而不是用来陈述它们真实的来源，这和我们的物理学家在宇宙的形成方面每天所作的推论是相似的。"①从卢梭的字里行间可以看出，自然状态的意义存在于逻辑推理和研究方法中，而不在于要还原历史的真实。如果说卢梭的自然状态更倾向于哲学的理论研究，那么，他的社会状态则更具有现实的真实性。法国社会学家爱弥尔·涂尔干（Émile Durkeim，1858—1917）认为，卢梭的自然状态概念是一种心理问题，而非历史问题，它不是源于对原始人过分乐观的观念，而是来自构成我们心理基本成分的欲望；它不是一个虚构的感伤的幻想，也不是对黄金时代的古老信仰的哲学复辟，而是一种方法论上的策略，如同笛卡尔的怀疑方法一样，剥去大厦周围层层碎石，寻找大厦依赖的坚固基石。尽管卢梭使用这个方法时，可能会曲解事实，使事实更符合他的个人感受。②可以说，卢梭构架的自然状态是一个完美社会的逻辑起点，从个人心理而非社会现象着手，如同物理学家那样，从一个前提假设出发，一步步推理出一个理想社会的结论。

如果说自然状态不是在时间上先于社会状态出现的事实状态，那么，自然状态下的"自然人"也并非真实存在过的人，他只是现实中的人可以还原到的一种原本状态下的人。自然状态与自然人究竟是否存在过，或者曾存在过多久，并不是卢梭关心的问题，它们是卢梭进一步研究社会状态和公民的基石，是卢梭研究社会和人的方法策略。

2. 从"自然状态"到"社会状态"的变迁

卢梭从自然状态及其变迁推理出社会状态的出现和存在。从《论人与人之间不平等的起因和基础》到《社会契约论》，一以贯之的论题就是"自然状态"与"社会状态"之间的关系。他认为，人在两种状态中在表现形式上并没有多大区别，主要差异在于两者依存力量的不同，人的自然状态是一种依赖自然力的个

---

① 卢梭：《论人与人之间不平等的起因和基础》，李平沤译，商务印书馆 2007 年版，第 47 页。
② 参见爱弥尔·涂尔干：《孟德斯鸠与卢梭》，见《涂尔干文集》第五集，李鲁宁、赵立玮、付德根译，渠东校，上海人民出版社 2006 年版。

体孤立状态；在社会状态下，人则要依赖一种新的力量，新的力量包括自然力以及在自然力之上又增添的后来形成的力；这两种力都具有普遍性和必然性。

卢梭通过观察动物联想人的自然状态。卢梭为书写《论人与人之间不平等的起因和基础》一书，钻到树林深处，独自遐思，他远离尘嚣，观察自然，借助想象把自然人安置在摆脱文明社会干系的环境中，逐渐发现自然人的特征。在《论人与人之间不平等的起因和基础》一书中，卢梭拿没有形成社会的动物的生存和自然状态下野蛮人的生活作类比。卢梭看到，自然界向人类提供了充沛的物质条件，肥沃的土地，茂密的森林，充裕的饮食和栖息场所。人没有固有的本能，但他学会了各种动物的本能，模仿它们，从而在自然界中生存下来。野蛮人没有任何工艺，没有简单的知识，依赖纯粹的感觉行事，唯一的工具是身体，因此在生存中锻炼了体力，增强了身体的灵巧性。

卢梭笔下的自然状态是一种平衡状态。自然状态下，人的欲求与能力相平衡，仅仅从自然环境中就足以获取生存条件，与周围的自然环境相互协调，每个人都是独立的存在，都是一个纯粹的物质的存在。自然人只关心当下的物质需求，只寻求在当下自然环境中能够找到的东西，他们不具备反思和抽象的能力，不会去想象更远的东西。

既然自然状态下的人自足，与环境协调一致，那么就不存在战争的诱因。因而，卢梭反对霍布斯关于自然状态是一种"一切人反对一切人"的战争状态的假设。

但卢梭提到的自然状态下人的幸福，不是指单纯地满足兽性需求即是幸福，更不是提倡人类走向原始、无知的兽类，而是指自然状态下人生活在和谐的秩序当中。卢梭凭借与动物生存的比较、想象和推理，不仅观察到自然状态下人的身体状况是自足的，而且对他们从精神和道德上进行观察。动物完全依据本能行事，受自然的支配，而人并不是完全听命于自然，人比动物多了选择的自由。而这种选择力和对这种力量的认识在卢梭看来即为精神的作用。人与动物的区别在于人有自我完善的能力。"这个能力，在环境的帮助下，可以使其他的能力不断发展；这个能力，既存在在我们种类中间，也存在在个人身上。"① 由此，可以看出，卢梭通过将人与动物比较，发现了独属于人的潜能，人不像动物那样具有固有不变的本能，完全受制于自然，人通过学习模仿动物从而在原始条件下生存，但是人有选择的能力，有进一步完善的能力。因而，人是一种可能的存在，不同的外界环境和引导可以造就不同的人。那么，一旦环境发生变迁，人就有了脱离原初的自然状态的可能。

虽然可以从自然人"无固定本能和具有模仿能力"的特征上发现人类发生转变、进入社会的潜能，但是社会的出现依然无法在逻辑上单从人的自然状态中推断出来，它既不是自然人在自然状态下向往的状态，因为自然人尚未有筹划将来的能力，也不是自然状态在无外力作用下自然而然的过渡。

卢梭首先从外部寻找社会形成的起因。他认为，自然状态下的人自足、完满，唯一依赖的是自然环境，因而只有自然环境才会对自然人造成影响，只有自然环境发生了变迁，自然人才会变更已有的生存模式。人们为了抗拒自然环境的变迁给人的自然状态下的生活带来的阻碍，必须另辟生存途径；他们被迫联合，结束自然状态下的原子个人状态，相互间开始发生关系。卢梭强调，一旦自然环境发生改变，人类如果执意保持原始的生存方式，孤立生存，不与他人发生交换和建立关系，而又由于个人天然能力所限，无法独自克服自然状态中出现的生存阻力。那么，这样便不是在坚持自然状态，而是背离了自然状态，因为这违背了自然状态的第一法则即自我保存的法则；因此，为了在新的环境下顺应自然的法则，人必须结合成共同的力量以维持生存。而恰恰在新的状态中，人摆脱了原初的懒散状态，人的改造潜能逐渐释放出来，不断产生新的技艺，新的观念。所以，正是自然环境的变化，促使人的理智发展，开始对抗自然阻力，并学会与他人结合起来共同对抗生存危机；人类的才能逐渐得以显现、发挥，产生了技艺，并出现了劳动成果，心灵中也开始产生新的观念。

因此，新的人类状态的产生是由于外界环境的变化导致人类生存条件发生巨大变迁，并使人类遭遇到新的生存阻力；人类要在新的环境下生存，就必须

---

① 卢梭：《论人与人之间不平等的起因和基础》，李平沤译，商务印书馆 2007 年版，第 58 页。

以一种新的生存方式生存，联合起来共同对抗生存障碍，这就促使了人的结合，并随着结合的产生出现了新的现象与观念。

　　然而，既然自然人过着一种没有反思的生活，那么人何以能够从孤立的个体阶段进入到共同协作的集体生活阶段呢？人因模仿的能力便具备了学习的潜能，但人朝向另一个阶段发展不仅需要技艺上的潜能，更需要引导技艺发展的精神潜能，如此才具备了自我完善的全部潜能。在卢梭看来，人所具备的一种进入社会的潜能是感受能力——同情——能感受到其他人正在经历的痛苦。卢梭认为，我们由于身体的柔弱和缺陷才需要与他人结合，由于有共同的苦难才产生了对他人的爱，他说："如果我们的共同的需要能通过利益把我们联系在一起，则我们的苦难可通过感情把我们联系在一起"①。列维-施特劳斯认为，卢梭的同情"源自对另一个人（another）的认同，看到他是一个人。此外，任何生物也同样在生存。另一个人不仅仅是指父母、亲属、同胞，而是任何一个人。这样，人就开始将自己和他的同类等同起来，无论是否会发生人口膨胀，他也绝不会忘记这个原初的经历。"② 所以，在卢梭那里，同情心的产生是人走出自身，走向同类，形成社会的关键一步；同情心成为人类建立联系的一个基础点，人因为它才意识到同类的存在，感受到共同的痛苦体验，产生出"和我同样"的认同感，是以后建立一个共同的群体的心理基础。

　　由于自我完善的种种潜能，尤其是形成人与人之间联系的同情心的存在，自然人具备了进入社会生活的潜能。卢梭把利益和同情共同作为社会形成的纽带，这样，人类不仅在理智的生存算计中结合，而且是在情感中相互理解，生存的本能、理智和感性便共同构成了社会的基石。

　　如若人始终保持孤立的个人状态，并且有充沛的自然资源供给，那么仅仅依赖本能和模仿动物的能力就足以维持生存，但是人群的不断壮大和自然资源的不遂人意，迫使人联合成群体，共同重新加工利用自然环境，从中获取更多

---

① 卢梭：《爱弥儿》，李平沤译，商务印书馆2006年版，第303页。

② Claude Lévi-Strauss, *Structural Anthropology 2*, trans. by Monique Layton, Penguin, 1978, P.38.

的生活资料。这样，不知不觉中就产生了社会的萌芽，而后又在人从经验中获得的意识的安排下形成并巩固下来，并且在人的安排下变得愈加复杂。一言以蔽之，从自然状态过渡到社会状态，是人类生存平衡点的漂移，旧的平衡点由于环境因素的变化遭到破坏，此时需要一定的条件来建立新的平衡状态，到达新的平衡点，卢梭的政治理论即是在寻找这一新的平衡点。

从自然状态到社会状态是一个不可逆转的过程，社会中的人不可能完全摒弃既存的社会制度，彻底抹除社会对人的熏染和影响，再走回到空白的状态，这正如成人的心智不可能再退回到婴幼儿时期一样。人类有发展的潜能，但人从不完善到完善的过程并非无为地、顺其自然地演变，这种转向需要人类积极的行动。在卢梭看来，一旦人显露出潜能，将它们发挥出来，产生的影响就无法再抹除，因而与他人的结合形成习惯后便难以再恢复独立生存。卢梭把"习惯"作为持续结合的原因的分析明显带有感性色彩，而非单纯从理性中去寻找解释，这也体现了卢梭身上的浪漫主义色彩。

3. 合乎情理的"社会状态"

必须强调的是，卢梭虽然向往自然的和谐与质朴，批判现存社会中的偏见，但他从未否定社会的出现。相反，在他看来，社会状态虽然导致了战争状态，但它同时又是防止混乱的契约场所，因而是有合理性的。

然而，仅仅合乎理性的社会是机械的，卢梭不单从"理性"出发，而且混入"情感"因素来研究社会状态，这也符合了卢梭的浪漫和多情的性情。为了解决既存社会中出现的种种腐化和弊端，卢梭志在从理论中探索一种更为"合乎情理"的社会，并且培养能够在这样的社会中生存和生活的公民。理与情的融合奠定了卢梭一切思想的基本论调。

虽然同情心是人与人能够建立联系的一个基础点，但仅凭同情心不能构成社会。在卢梭看来，社会是超出纯粹个体心理之上的，个体感受会带来人与人之间短暂的联结，但不具备稳固持久性，社会的构建脱离不了理性。卢梭声言："由自然状态进入社会状态，人类便产生了一场最堪瞩目的变化；在他们的行为中正义就取代了本能，而他们的行动也就被赋予了前此所未有的道德性。唯有当义务的呼声代替了生理的冲动，权利代替了嗜欲的时候，此前只知道关怀一己的人类才发现自己不得不按照另外的原则行事，并且在听从自己的欲望之前，先要请教自己的理性。"① 可以看出，在卢梭那里，好的社会状态的持续需要理性的介入，社会状态中人的行为需要道德的规范。在自然环境中，人依赖本能生存，在社会环境中，还必须附加上感性和理性，需要有共同的准绳作为社会秩序的保障，保证个人利益和共同利益两者不相悖逆。

人类因共同的利益而协作，但在公共的协作生活中，由于个人利益的不一致性，会导致冲突，无法进行协作；所以，要维持社会状态的和谐性，必须要调和正义与功利，以处理个人与他人的关系，确保意愿和义务不相分离。正义以理性为基础，是理性思考与忖度的结果；功利则是个人生存所需的利益，是激情的结果。因此，卢梭在政治上要实现的正义与功利的调和也是理性与感性的调和。

社会状态的主要特征是人与人之间发生了交换协作。为了使交换能够合理和持久地进行，就需要遵守一定的规则，使得交换能够满足各交换方共同的利益。卢梭认为，"没有交换，任何社会都不会存在；没有共同的尺度，任何交换都不能进行；没有平等，就不能使用共同的尺度。所以，整个社会的第一法则就是：在人和人或物和物之间要有某种协定的平等。

"人和人之间的协定的平等，跟自然的平等迥然不同，为了要实现这种平等，就需要有成文法，也就是说需要有政府和法律。"②"要寻找一种结合的形式，使它能以全部共同的力量来卫护和保障每个结合者的人身和财富，并且由于这一结合而使得每一个与全体相联合的个人又只不过是在服从其本人，并且仍然像以往一样的自由。"③ 这就是社会契约所要解决的根本问题。

卢梭抛弃了用暴力作为人与人之间发生关联的契合点，他用共同利益和情

---

① 卢梭：《社会契约论》，何兆武译，商务印书馆2006年版，第25页。
② 卢梭：《爱弥儿》，李平沤译，商务印书馆2006年版，第252页。
③ 卢梭：《社会契约论》，何兆武译，商务印书馆2006年版，第19页。

感来建立人与人之间的枢纽，以此为根基形成一个有序的社会。卢梭在以利益和同情作为人类社会结合的纽带时，也意识到它们作为社会联结力量的缺陷。为了弥补感性力量的不足，他求助于理性，诉诸政府与法律，来维持一种平衡、和谐的社会状态。

卢梭让代表共同利益的主权者立法，而在执行法律，面对个别对象的时候，用政府机构作为中介执行法律，联系主权者和人民。这样，保证社会中的人虽然丧失了天然的自由，但却获取了社会中道德的自由，"以道德与法律的平等来代替自然所造成的人与人之间的身体上的不平等；从而，人们尽可以在力量上和才智上不平等，但是由于约定并且根据权利，他们却是人人平等的"①。

三、卢梭的教育理论与政治哲学理论的呼应

卢梭在他的教育学著作《爱弥儿》中以小说叙事的口吻，借对一个男性爱弥儿从出生到成年的成长教育为例，来阐述他的教育思想，并生动地展示了一个教育过程。卢梭的教育过程实际上是人类两种状态的具体化。正如在胚胎学家看来，受精卵在母体中从单个细胞发育为成熟的胎儿是人类进化的一个缩影一样，在卢梭那里，一个人从出生到成年的过程也构成了人类发展的一个缩影，影射了人类从原初状态到社会状态的过渡和转化。

在对爱弥儿的教育过程中，卢梭实践了他的哲学基本理论。卢梭一直试图调和感性与理性，自然人与公民，个人与社会，寻找协调的平衡状态；而之所以要协调这些相互间存在着张力的概念，是由于他意识到前后两者之间的矛盾，并且意识到不能简单摒弃任何一个概念，而应该在事物的进程中分析和解决矛盾，达到一种完整的完满状态，防止分裂的出现。这些正是卢梭教育学思想所遵循的基本原则。

---

① 卢梭：《社会契约论》，何兆武译，商务印书馆 2006 年版，第 30 页。

卢梭试图通过一个人的成长和受教育过程，揭示人性发展中从感性到理性、从感觉到知识以及从自然到文化的恰当发展过程，并以爱弥儿为范例，说明对人的培养的过程中所必不可少的教育步骤，即把感性与理性的完美结合当成一个非常重要的目标。

1. "自然人"法则下的初期教育

卢梭虽然认为自然人不具备进行抽象思维的理智，不懂得算计，更没有道德观念，"在自然状态中的人似乎彼此间没有任何道义上的联系，也没有什么大家公认的义务，因此，他们既不能被看做是好人，也不能被看做是恶人；他们既无邪恶之心，也无为善的美德，只有从生理意义上来理解这两个词，我们才可以把对保护自己的生存有害的品质称为邪恶，把对保护自己的生存有益的品质称为美德，而且，在后一种情况下，我们还应当把最不反抗天性的冲动的人称为最有美德的人。"① 但是，自然人却生而具有充分的感受力，而人最初就是单纯凭借感受力在自然中生存。自然人只有本能，只具备当下的感觉，没有未来的概念，不会想象与他人结合。社会中的人拥有的财产、习惯、家庭及语言能力等各种在社会中生存和发展所具备的资本和能力，自然人对这些一无所有，他只有大自然的给予、从其他动物那里模仿而来的本能，除此之外，还有进入精神生活、发展理智与技艺的潜能，当然也有腐化的潜能。进入哪种状况，并没有必然性，需要人的选择、行动来实现最终的状况。

虽然卢梭的自然人不受习俗和偏见的束缚，但这决不意味着人应放任自流，自生自灭，人有多种潜能，有多种可能的方向，会遇到多种选择。倘若要达到一种理想的状态，就需要一个合格的教育者来指引。

首先要说明作为教育者的人的身份。显然，教育者的品性已从他的教育理念和对他人的教育过程中体现出来。在卢梭那里，立法者是伟大的，能够为一个民族设立一套法律，并且能够创造条件使得民众联合起来，把孤立的个人教

---

① 卢梭：《论人与人之间不平等的起因和基础》，李平沤译，商务印书馆2007年版，第70页。

育成公民，产生一个政治共同体。立法者需要权力，而本身又不是权力。在
《爱弥儿》中，教育者即扮演着立法者的角色，首先按照人性的自然进程，保
护个人不受腐化的环境的影响，培育一个不受偏见约束，能够特立独行的完整
的个体；然后，将这个孤立的整体培养成一个更大整体的一部分，成为共同体
中的一员。在教育爱弥儿的过程中，卢梭即扮演了这样一位教育者，之所以如
此，是为了避开种种舆论的相互干扰，防止社会中偏见的侵袭，在一种人与大
自然这两种教育者不相冲突的教育环境下教育爱弥儿。

与自然人的理论相呼应，在对爱弥儿成年之前的教育中，感受力先于理智
的培养是卢梭坚持的一个重要原则，在他看来，如此才是顺应了自然的法则。
卢梭始终坚持感觉的出现在时间上比理智具有优先性，他在《忏悔录》中说：
"我先有感觉后有思考，这本是人类共同的命运。但这一点我比别人体会得更
深。"因而，他强调感觉的培养自然而然应先于理智的培养。

正是由于卢梭对自然人感受力的推崇，坚持感觉先于理智，因而他认为，
人的智力和欲望密切相关，后者是前者的动力，而又以前者为实现自身的条
件。精神的进步也是由人在自然中的需要引起的，与满足这些需要的欲望成正
比。卢梭反对禁欲主义，反对人为的压制各种本能需求。他要人遵照自然行
事，不过不及。

并且，正如自然人有模仿的能力一样，人生而是具有学习的能力的："我
们生下来就是有学习的能力的，不过在生下来的时候什么也不知道，什么也不
明白罢了。"[①]因此，自然人有各种发展的可能，有完善的可能，这种完善对于
个人的成长而言，指的是各种能力综合发展所达到的状态，即为理智的判断力
的形成。具备学习和完善的能力，这也是教育能够进行的必要条件。

《爱弥儿》一书首先要完成一个对自然人的引导过程，阐述初期教育的指
导思想。初期不是一个精确的时间段，按照卢梭的说法，这一阶段要从孩子出
生持续到大致 12 岁的时候。

---

① 卢梭：《爱弥儿》，李平沤译，商务印书馆 2006 年版，第 43 页。

　　爱弥儿则是一个出生名门、身体健康的孤儿。之所以选择这样一个学生，其一，出身名门是因为卢梭认为穷人的生活环境迫使穷人劳动和节制，自然地接受了教育，而富人则无法从环境中接受"可以使一个人适合所有一切人的环境"的"自然的教育"，这样就拯救了一个为偏见所腐化的人；[1] 其二，是个孤儿是保证爱弥儿的教育仅在卢梭一个人的引导下进行；其三，身体健康是免于把精力都花费在保全身体却忽略了精神的陶冶。这样，卢梭在对爱弥儿的教育中就集母亲、父亲的职责和权利于一身，遵循自然的原则引导爱弥儿的成长，杜绝腐化的社会的干扰。

　　卢梭在《爱弥儿》的第一卷讲述自己的教育计划之前，提到"现在要谈一谈家庭教育或自然教育了"。由此看出，他是把自然教育和家庭教育等同起来，这是有别于柏拉图的公众教育或共同教育的。卢梭把个人初期的教育仅仅放置在家庭环境中，这同卢梭向往小国寡民的共和国的思想是吻合一致的，此外，家庭教育也突出了情感的因素。

　　既然最初孩子接触到的只有父母，那么父母就责无旁贷地应当承担起教育孩子的责任，母亲是最好的保姆，父亲是最好的教师，这是自然的法则。卢梭认为，造物主把乳汁赋予女人，因而女人无可辩驳地担负哺乳的任务，担负着对小孩的最初教育，好的母亲应该保护孩子的天性，在孩子的周围安上栅栏，抵挡舆论和偏见的侵袭。卢梭反对保姆的哺乳，提倡应该由生母哺乳，教育孩子，发展孩子自然的情感，而由保姆喂养这种反自然的做法会导致孩子漠视与生母的情感或对乳母的忘恩负义。另外，母亲对孩子的爱"不及和过"都是反自然的。所以，卢梭坚决反对襁褓束缚，反对对孩子的溺爱与过分的保护，认为孩子应该从婴儿时期就依据内在的感觉和需要自由活动，学会忍耐自然造成的身体上的痛苦。

　　如同自然人的性情一般，孩子最初只有纯粹的感觉，没有记忆和想象，只有肉体的活动，没有精神的活动和善恶的观念；也如同自然人一般，没有远见

---

[1]　参见卢梭：《爱弥儿》，李平沤译，商务印书馆 2006 年版，第 32 页。

和谋划，只有眼前看到的东西才能影响他。而孩子也正是从最初的感觉中积累了生活的经验，作为以后智力发展的材料储备。在这一时期，老师要做的是指出感觉和造成这些感觉的事物之间的联系，而不应该妨碍孩子接触感受事物。孩子应该根据自然的需要去行动，大人不应强施规矩约束孩子，使孩子养成不必要的习惯，增加新的需要。

卢梭在《爱弥儿》的第二卷中阐述了"幸福"和"弱者"与"强者"的概念。他认为人的幸福只能消极评定，快乐大于痛苦就是幸福，而痛苦的根源又在于欲望大于满足欲望的能力。"弱者"和"强者"也不是单纯地指自然的体力大小，而是表示一种关系，"需要超过体力"即为弱者，而"体力超过需要"即为强者。而社会中充满了依附和奴役，那些看似命令他人的人，实际上也是奴隶，是弱者，只有自在行事，按自己的能力生活的人，才是真正幸福的人。卢梭把这些理论应用于教育得出他的种种教育法则。基于这些，卢梭认为，在教育儿童的时候，应该保证他们自由地发挥自己的体力，不加过分的约束，也不过分地溺爱，以免造成他们更加柔弱。初期教育的目的是要教会孩子学会合理地利用自己的体力，知道身体同周围物体的关系，不做力不能及的蠢事，这实际上就培养了孩子的一种判断力。

在初期教育中，卢梭本着"感觉先于理智"的原则，实施的是"消极教育"——"它不在于教学生以道德和真理，而在于防止他的心沾染罪恶，防止他的思想产生谬见"[1]。他认为理智官能是其他各种官能综合发展的结果，理性的完善是最终的目的。因此，不应用理性的法则去教育孩子，规范孩子的日常生活。一言以蔽之，感性是理性发展的基础，理性是个人发展的最后结果，而不应该把理性作为教育孩子的手段。儿童时期是人的理性睡眠期，它如同人在生活当中必要的睡眠，如果为了更多利用时间，占用了睡眠，只会适得其反。所以，遵循自然的进程，判断善恶的能力、义务，职责这些概念都不适合灌输给童年期的孩子。同时，卢梭也不主张在这一时期让孩子学习语言、历史等这

---

[1]　卢梭：《爱弥儿》，李平沤译，商务印书馆 2006 年版，第 96 页。

些表面上只是一些符号，实际上蕴含着观念的学问，认为孩子的经验和理智还不足以理解这些东西，这样只会造就沉郁的或玩弄花招的儿童，或使孩子对读书产生反感和恐惧心理。卢梭写道："大自然希望儿童在成人以前就要像儿童的样子。如果我们打乱了这个次序，我们就会造成一些早熟的果实，它们长得既不丰满也不甜美，而且很快就会腐烂：我们将造成一些年纪轻轻的剥蚀和老态龙钟的儿童。"[①]

在初期，卢梭虽反对灌输给孩子义务的观念，但主张教导孩子认识到自己的权利。因为，保存自我，追求个人幸福的自爱是我们天生的欲念。卢梭在具体实施教育的过程中，让爱弥儿通过亲自劳动，与他人发生关系，从而接触到财产观念，认识到第一个人以劳动占有土地的权利和通过协商重新划分土地的途径，实际上就是引导爱弥儿认识到财产起源和订立契约的观念。

在具体的教育实施过程中，卢梭认为，对婴儿仅仅应当进行体格教育，让孩子接受自然的空气，自在地活动，接受自然的考验，不要人为地娇养和包裹。在对待孩子最初的声音语言——哭声上，卢梭认为最初的哭声是由于孩子自然的需要未能得到满足，大人应该知其所需，知道如何帮助他，在这一过程中培养孩子量力而行，欲望和能力相一致的意识，防止服从和奴役的观念产生。对已经开始说话和走路的孩子，应该让他们自由地游戏，尽情享受短暂而天真烂漫的童年，而非为了一个看似合理的目的，规范孩子的现在，扭曲儿童天真的性情。孩子应自在地到自由的空间去，因为这样他们才能学会忍受遇到的可以忍受的伤痛，锻炼勇气，积累生活的经验，同时最重要的是获得了快乐的童年；此外，孩子在没有约束的氛围中才能充分展示自然的性格特质，教育者应该充分观察孩子的天性，而后才能因材施教。这实际上也是让自然的教育先行一步，先让孩子接受自然的教导，观察自然的教导，而后人再接手这种教育，以免和自然的教育相冲突。卢梭同时提醒虚假的聪明人不要把放纵同自由、快乐的儿童联系起来。

---

① 卢梭：《爱弥儿》，李平沤译，商务印书馆 2006 年版，第 91 页。

因而，教育者不要将短暂的人生耗费在对渺茫的、不可靠的未来的远虑上，徒然牺牲现在。他呼吁人类："为了不追逐幻想，我们就不能忘记怎样才能使我们适合于自己的环境。在万物的秩序中，人类有它的地位；在人生的秩序中，童年有它的地位；应当把成人看做人，把孩子看做孩子。分配每个人的地位，并且使他固定于那个地位，按照人的天性处理人的欲念，为了人的幸福，我们能做的事情就是这些。其余的事情就实要以各种外因为转移，但是，外因却不是我们的能力可以决定的。"①

卢梭始终认为，时下的社会造成了人的分裂、异化与腐化，而完满的状态是原本的自然给予，是未经人矫揉造作、画蛇添足地改造的状态。"遵循自然，跟着它给你画出的道路前进"②即是卢梭在对他的学生爱弥儿成年之前的教育过程中贯彻的一个主要原则。卢梭在《爱弥儿》上卷的第一卷的起笔处写道："出自造物主之手的东西，都是好的，而一到了人的手里，就全变坏了"。③

但卢梭的自然教育思想不是要求作为教育者的人无所作为，更非要培养获取某一社会地位的人，而是要求教育者依照自然的目的调整步伐，教育出能够超越生活的无常，从而可以在各种人的环境下生活的人，他写道："生活，这就是我要教他的技能。从我的门下出去，我承认，他既不是文官，也不是武人，也不是僧侣；他首先是人：一个人应该怎样做人，他就知道怎样做人，他在紧急关头，而且不论对谁，都能尽到做人的本分；命运无法改变地位，他始终将处在他的地位上。"④卢梭的教育观念显然不同于柏拉图在《理想国》中表达的教育思想，柏拉图首先是要培养一个公民，把人培养成共和国整体中的一个部分，而卢梭的自然教育则是首先要培养一个独立完整，没有分裂的个人。卢梭坚决反对同时实施这两种相互冲突的教育，认为这样只能培养一些表里不一，表面上为别人，实际上处处为自己的伪君子。

---

① 卢梭：《爱弥儿》，李平沤译，商务印书馆 2006 年版，第 74 页。
② 同上书，第 23 页。
③ 同上书，第 5 页。
④ 卢梭：《爱弥儿》，何兆武译，商务印书馆 2006 年版，第 13 页。

2. 知识教育与自然人的潜能

知识教育是对物质关系的教育，停留在对物的认识和操作上，目的是要让爱弥儿认识事物的真相，培养他形成自己的认识和判断力，防止他不加思考地接受他人灌输的看法，使他受制于偏见。知识教育不是道德教育，不涉及对人和社会习俗的认识。

依据卢梭"感觉先于理智的原则"，感觉官能是最先成熟的官能，通过学会合理使用各种感觉官能，获得各种感觉印象并将它们加以比较、相互印证检验，从而学会如何使用体力，培养感觉判断力。如自然人能够学习和模仿，孩子也能从感觉获得简单的观念，对它们进行比较综合就形成了复杂的观念，在卢梭看来，即是培养了第六感觉。在此基础上，孩子就逐步发展了理智。

随着童年时期对触觉、视觉、听觉、味觉和嗅觉这五种感觉的培养，爱弥儿逐渐长成了一个"成熟的孩子"，有了相对充足的体力。按照卢梭的"强者"的概念，爱弥儿已经成为一个强壮的孩子了，根据自然的步伐，他可以开始学习知识了。卢梭在教授爱弥儿科学知识的同时，依然不脱离感觉，他首先使爱弥儿在实际生活中产生运用科学知识的需要，再通过爱弥儿自己的观察、实践，发挥各种感官的能力，最终获得知识。

爱弥儿的头脑和判断力是在完成自我保存之外，把富余的体力应用在其他方面，在与物接触的过程中，由经验积累自然而然发展增强的，他的认字能力也是因为现实的需要自发要求学习的。爱弥儿的学习和进步没有受到任何人的强迫，是一个由于需要而自然发展的过程，或者说是现实的利益在驱动着爱弥儿做能力所及的事。因此，卢梭没有把社会上引以为时髦的东西，诸如背诵一些东西作为说辞和谈话的风度等教给童年的爱弥儿，但这并不意味着在孩子的教育中无所作为，使爱弥儿长成一个愚昧无知的人。卢梭是在谨慎地跟随自然的脚步，避免因急于求成或周围人的言论导致紊乱了自然的进程，要让孩子在观察中出现的好奇心作为引导孩子求知的动力，杜绝受制于社会偏见的华而不实的教育。

在实施知识教育的具体过程中，教育者要善于安排教育的场景，使孩子意识到知识在生活中的用处，引导孩子的好奇心。重要的不是交给孩子具体的东西，而是培养孩子自己寻找答案的能力，这种思想即是"授人以鱼，不如授人以渔"的思想。

现在的爱弥儿头脑中没有填装谬误，并且随着智力的发展，开始能够理解事物间的复杂关系，能区分工作和游戏，能正确作出选择，并能持之以恒地完成自己的选择。他获得了各种具体的物的观念和物品交换的观念，已经具备了进入社会生活的基础认识和理解力。

3. 培养"公民"的成年教育

成年教育是不可避免的，正如人类生存环境不可逆转地发生了变迁，人类不可避免地进入到社会状态，爱弥儿随着年龄的增长、经验的增多和理智的日趋成熟，最终要脱离童年，走向成年，步入社会。卢梭要把爱弥儿培养成社会中的自然人，而非原始状态下的自然人，因为后者在社会环境中不能生存。卢梭这般培养爱弥儿，不让爱弥儿固守纯粹原始孤立的自然状态，并没有违背自然法则，因为最重要的一条自然法则是自我保存的法则。

卢梭培养的人是这样一步步进入社会、成长为公民的：先是具备自爱的本能，学会处理人与物之间的关系，并且由于理智的成长和经验的积累，逐渐意识到人与人之间发生的交换关系，产生契约的观念；接着发展到爱对自己有帮助的、同自己亲近的人；而后由于天性中的同情心，同情他人的苦难，开始爱其他人；最重要的是由于爱情的产生，开始与他人发生更为复杂的关系，卢梭正是借助爱情最终把爱弥儿引入社会生活之中；最后，从爱憎的情感发展到具备了善恶的观念。这样，人就进入了社会的道德生活。

无论是自然人，还是尚处于自然状态下的爱弥儿，都是仅仅因实际物质需要而行动的人，虽然简单，没有社会中的各种成见，但却是冷冰冰的人，是唯实用为目的的人。卢梭在对人的教育上，并没有就此止步，他在初期教育的最后说："我们在开头锻炼了他的身体和感官之后，又锻炼了他的思想和判断能力。这样，我们就能使他把四肢的运用和智力的运用结合起来；我们训练了一个既能行动又能思想的人，为了造就这个人，我们还需要做的事情只是把他教育成和蔼与通情达理的人，也就是说，用情感来使他的理性臻于完善。"① 这就意味着已经完成了从感觉培养到判断力培养，即教育出一个既懂得利用本能又具备理性的人，他有了自己的判断力和看法，具备了生活的技能；为了教育出一个完整的社会状态下的人，教育者还需要运用情感的因素，用感性来调和理性，防止受教育者变成一个机械式的人物。卢梭要把爱弥儿培养成一个理性和感性的完美结合体。在成年教育时期，卢梭阐述了历史、寓言以及宗教在研究人中的意义，在各个方面他依然坚持尊重事实，避免说教和虚伪的形式信仰，依然要考虑到自己的能力所及和行为的现实意义。

卢梭在《爱弥儿》中成年教育的开始处写道："我们可以说是诞生过两次：一次是为了存在，另一次是为了生活；一次是为了做人，另一次是为了做一个男子。"② 因此，爱弥儿在完成个人生命的保存后，不能够再仅仅依靠本能生存，只关心自己的存在，而要开始进入一种社会环境中生活，在完成了学习对人与物的关系的认识后，开始学习认识人与人之间的关系。

在成年教育中卢梭关注的主要有两点：一是防止自爱转化成自私和虚荣，保持个人的完整性；二是如何进入爱情和婚姻生活。

卢梭认为，"自爱心所涉及的只是我们自己，所以当我们真正的需要得到满足的时候，我们就会感到满意的；然而自私心则促使我们同他人进行比较，所以从来没有而且永远也不会有满意的时候，因为当它使我们顾自己而不顾别人的时候，还硬要别人先关心我们然后才关心他们自身，这是办不到的"③，所以，卢梭培养出的人是一个真实而朴实的人，没有浮夸的特征，没有虚荣的攀比。在防止对人的情感狭隘化上，卢梭从自爱的情感出发，认为人从自爱延伸到爱保护和帮助他的人，他又借助同情的原理，使爱弥儿认识到人类的苦难，从而体恤人类，把自爱心扩展到爱他人，产生博爱的情操。而同情整个人类，

---

① 卢梭：《爱弥儿》，何兆武译，商务印书馆 2006 年版，第 275 页。
② 卢梭：《爱弥儿》，李平沤译，商务印书馆 2006 年版，第 286 页。
③ 同上书，第 290—291 页。

爱人类，在卢梭看来即是同情正义，爱正义，便具备了美德。这种建立在自爱基础上的社会不是一个人与人之间充满纯粹的利益纷争和竞争的社会，而是一个个人与他人相协调的社会。

可以看出，在对爱弥儿的教育中，卢梭虽然要使他摆脱社会偏见的规范和约束，摆脱神学的说教，但这并不意味着怀疑一切，抹杀精神的指导，从摆脱偏见的束缚到用意志和理智战胜欲念的支配，这个过程中美德的渗透依然是教育的一个主要精神，这也体现了卢梭身上的古典气质。在尼采眼中，"虽然卢梭把恶的问题从神学领域转换到了伦理与政治领域，但其思想依旧坚持一种形而上学信仰，即坚持世界实际上是按照一个道德世界旧秩序来建构的。"[1]

防止自爱之心被社会腐化，首先要在社会中保持个人理智的独立性，用自己的心和观点来评判事物，不把别人的观点不加思考地接受为自己的观点。而且自爱的人在与人相处时既不是命令他人的主人，也不是逆顺他人的奴隶，而要在社会中作为一个具备完整自我的个人。自爱之人步入社会也保持自己生存的独立性，即远离寄生和依附的生活，发挥自己的能力，依赖自己的技能，在社会中生存。

爱弥儿爱他人，与他人发生关系。在社会中与他人种种的爱和关系之中，最强烈和典范的是对情人的爱，进入社会成为公民的成年教育伴随着性意识的觉醒。卢梭认为，人对伴侣的需要是使人摆脱孤独状态的一个先决条件，是打开和其他人关系的一个切入点。卢梭通过给爱弥儿寻找一个相匹配的伴侣，把爱弥儿全面引向社会之中，使他成长为社会的成员，履行他的社会义务。爱弥儿要既成为一个情人，又成为一个好人，为此他要研究他的同胞的处境，研究习俗、法律和政府，了解和进入政治生活。卢梭以对爱弥儿进行公民教育为形式，在《爱弥儿》在最后一卷结尾处对政治理论做了一个纲要性的说明，重复并延续了《社会契约论》阐述的政治理论。

---

[1] 凯斯·安塞尔—皮尔逊：《尼采反卢梭——尼采的道德—政治思想研究》，宗成河等译，华夏出版社 2005 年版，第 28 页。

卢梭在对爱弥儿的爱情与婚姻教育中，指出了有关男女两性差异的理论，卢梭认为的一个理想的男性即是他培养的爱弥儿，而与男子相比，女性则更处于被支配的地位，一个女人不仅要服从自然法则，而且她是否优秀有德，还要有赖于男性对她的态度和社会舆论："一个男人只要行为端正，他就能够以他自己的意愿为意愿，就能够把别人的评论不放在眼里；可是一个女人，即使行为端正，她的工作也只是完成了一半；别人对她的看法，和她实际的行为一样，都必须是很好的。"[①]卢梭眼中的贞淑女人没有男子的判断力和理智、抽象的能力，但是充满实践的智慧和敏锐的观察能力，是爱家、自重的少女或者善于持家的家庭主妇。总而言之，有德的女人既有内在的良知，又能获得他人的好评。卢梭将妇女排除在自我立法的任务之外，女性扮演的是服从而非"命令"的角色。女人纯粹活在人间，而不会想象天上的生活和理论。

在男女之爱中，双方都要处理好理智和感官欲望的关系，并且在择偶之前，须具备优秀的审美能力，才能意志坚定地寻找到理想有德的终身伴侣。一个人如果在童年时期养成了良好的性格和习惯，并保持依靠自身的理智和判断的思维方式，不受社会偏见的污染和左右，那么培养真正属于自己的，而非追逐时髦的审美力无须再花费大量力气，而是水到渠成之事。而如若一个人在童年和少年时期已受到不良风气的腐化，那么，试图培养好的审美力很可能是在徒劳地改造个性。卢梭让爱弥儿的审美力说话，就免除了社会上的不良风尚和欲念对爱弥儿的引诱和败坏。爱弥儿在寻到一个在自然条件和德行上与自己相匹配的爱人之后，便开始为了建立家庭而去学习社会的知识，更加彻底地成为一个社会之人。

卢梭对爱弥儿成年时期的教育实际上是在培养一个理想的公民。公民存在于与国家或主权者的关系之中，是主权的参与者，虽然人有保存自身的自然权利，但有别于霍布斯和洛克，卢梭认为遵守公民社会法律的义务不能源自私利。公民的利益与公共利益相一致，因此，公民不是表面上装作关心他人，实

---

① 卢梭：《爱弥儿》，李平沤译，商务印书馆 2006 年版，第 538—539 页。

际上是为一己之利的伪君子；作为公民，不仅仅要能够完成生命的保存，懂得根据需要，运用理性处理人与物之间的关系，而且要具有情感，能够爱人，尤为重要的是不受社会的偏见束缚，摆脱虚荣和浮华，依然尊崇自然的法则，根据事实和真实的情感在社会秩序下生活。

卢梭在完成自己的教育任务时，培养了这样一个人，他"除了大自然和法律的束缚以外，就不再给自己带上任何枷锁"[1]。

显然，卢梭对爱弥儿的教育带有很强的假设性。由卢梭安排下故事场景，没有其他人的干预，并且爱弥儿要服从的只有他一个人，他的教育工作带有浪漫主义基调。但现实中因地理环境和时代差异，教育背景是有很多偶然性的，卢梭选择了一种情况作为爱弥儿受教育的背景，他的教育方法在实施的过程中遇到的并非必然条件，但我们不应因此指责卢梭的教育是一种空想；我们应该关注的是卢梭借这种教育过程所传达的遵循自然的教育思想，在实际生活和具体的环境中采取特定的引导方式。例如，现实中的孩子所受的初期教育时间会大大缩短，孩子几乎一出娘胎，接触到世界的空气，就要步入尘世，并且愈是文明发达的地方，孩子接触周围社会的时间就愈要提早，理智教育就相应提早，这虽不同于爱弥儿初期阶段保持在自然的环境中的时间那么长久，然而，在理智教育阶段同样可以贯彻卢梭的理智教育的培养原则和方式。爱弥儿的环境和接受的教育方式都是最理想的状态，现实中的自然教育只能趋近理想的状态。

"卢梭企图让孩童和少年脱离衰败社会建制的腐化，以使其自然之善繁荣成长，从而实现人的基本自然本性，获得与自然的统一。尼采认为，卢梭没有认识到自然的黑暗和可怕的力量，为了获得与自然的和谐关系，这种黑暗和可怕的力量必须克服。"[2] 可以说，这是卢梭对现实的疏忽，然而，我们还是应该透过理想的教育场景，领悟卢梭要表达的思想。显然，卢梭并非仅仅将《爱弥

[1] 卢梭：《爱弥儿》，李平沤译，商务印书馆 2006 年版，第 726 页。
[2] 凯斯·安塞尔—皮尔逊：《尼采反卢梭——尼采的道德—政治思想研究》，宗成河等译，华夏出版社 2005 年版，第 25—26 页。

儿》一书作为纪实性小说去书写。"《爱弥儿》是恢复世界和谐的一个实验，它要重整人类的学识，避免由之带来的不平衡，并实现人类潜能的彻底现实化。卢梭认为这是一个特殊的时刻，在这一时刻，人类的全部技能都得以显现，另外，人类首次获得了人性原则的知识。《爱弥儿》是一块画布，卢梭试图在上面描绘出能使灵魂的全部激情与人的自然完整性并行不悖的学习方式。"①

正是《爱弥儿》所蕴含的颠覆时代性的政治哲学思想，使得它的问世在欧洲即刻引起轩然大波。巴黎高等法院把《爱弥儿》定为禁书，在日内瓦，它又和卢梭的政治学著作《社会契约论》一起惨遭当局焚烧，卢梭的晚年也从此陷入躲避追捕、四处逃亡的厄运。因此，只有从政治哲学的角度理解卢梭的教育学，才能真正感受到他的教育学思想中所蕴含的核心力和撼动力。

---

① Rousseau, *Emile or on Education*, trans. by Allan Bloom, Basic Books. 1979, P.3.

"将事件糅进思想，将历史哲学融入历史本身"

——我读托克维尔的《回忆录：1848 年革命》

陈家琪*

从 1848 年 2 月 24 日到 1852 年 12 月 2 日，总共也就不到 4 年 10 个月的时间；但法国在这段时间里发生了多少让人眼花缭乱的历史事件啊；我曾无数次想通过列表的方式把这一段历史梳理清楚，但最终还是放弃了，因为那些先后担任过政府首脑的大人物如基佐（Guizot）、梯也尔（Thiers）、巴罗（Barrot）、莫莱（Mole）、拉斐特（Laffitte）、佩利耶（Perier）、布罗伊（Broglie）和那些彼此在相互争斗中又不断联合的政治派别如正统派、奥尔良派、共和派、新山岳党人、秩序党人、左翼反对派、右翼激进派等还是把我搞糊涂了，因为这些人名与派别对我来说还是生疏了一些，他们所要维护的价值在概念上也很抽象，不生活在那个时代的人几乎无法搞明白它的实际含义与具体所指，就与现在刚刚入学的大学生们听到"文化大革命"时的"联动"、"井冈山"、"八一八"、"北斗星学会"、"省无联"、"湘江风雷"、"百万雄师"时的感觉一样。

托克维尔是一位极为敏锐、深邃的思想家，他的《论美国的民主》与《旧制度与大革命》这两本书不但列入"汉译世界学术名著"，而且无疑会被人们长久阅读下去，就如他自己所说："倘若我要在世上留下自己的某些痕迹，这主要得靠我的写作而非我的行动"——尽管他参与了这一段历史的全过程，而且一直是议会议员，还担任过外交部长。当然，马克思在《路易·波拿巴的

---

* 陈家琪，同济大学哲学系教授，博士生导师。

雾月十八日》一书中也点到了他的名字：可是，"这些议员通过自己的报告人托克维尔一致声称：国民议会无权建议废除共和国，这个权利只能属于为修改宪法而召集的议会。此外，他们声称，宪法只能在'合法的'基础上，就是说，只有在按照宪法规定的四分之三的多数票赞成修改时才能修改。"①

马克思为什么要在这里引用"某一派"议员的报告人托克维尔的这一声明，这一声明在全部事件中有何意义，这在下面再说；这里只指出这样一点：在《马克思恩格斯选集》第1卷中，马克思共有四篇文章讨论的就是发生在这一时期的法国，它们分别是《六月革命》、《巴黎〈改革报〉论法国状况》、《1848年至1850年的法兰西阶级斗争》（其中又包括四篇文章）和《路易·波拿巴的雾月十八日》。他的许多最为重要的观点也就是在这一时期形成的，比如历史唯物主义的问题、阶级与阶级斗争的问题、无产阶级革命策略问题、国家学说与无产阶级专政问题。马克思和托克维尔生活在同一时期，关注的是同一问题，写作的时间也相差无几；所不同的只是托克维尔是当事人，马克思是旁观者，也许真的是"旁观者清"，但不管怎么说，当事者的回忆（托克维尔极其注意对细节、人物性格及自己当时心情的描写）还是为我们提供了一个可以相互参照和比对的文本；而且，我们并不大在意对具体事件如何进展的记述，我们更关心的是事件后面的观念（我觉得我们今天在谈论过去所发生的事件时，也应作如是的清理）。事实上，无论是托克维尔还是马克思，在谈到这一时期的历史时，也都如托克维尔自己所要求的那样，做到了"将事件糅进思想，将历史哲学融入历史本身。"②

马克思的思想与历史哲学已如上述，我们重点关注的是就这同一时期、同一事件而言，托克维尔作为一个当事人又表达了怎样的思想与历史哲学。

托克维尔的《回忆录》只写到1849年6月新内阁诞生（他就任外交部长）后的一些活动，不包括1852年12月2日的路易·波拿巴政变（但书中已有

---

① 《马克思恩格斯选集》第1卷，人民出版社1995年版，第673—674页。
② 托克维尔：《回忆录：1848年法国革命》，上海世纪出版集团2005年版，"序言"第14页。

对这一结果的暗示);而且,相比较于马克思的论述,托克维尔无疑低调得多,他说这本《回忆录》只能在他死后出版,而且,他要反复说,这本回忆录"记忆之描述仅为我自己","它绝不是我为公众创作的一幅画。对此,即便我的密友也将一无所知,因为我要自由地描绘自我和他们……",他想让这本书作为一面镜子,"我乐意在镜子中注视与我同时代的人和我自己。"①

更准确一点的说,他就是要在镜子中注视出现于各种事件中的"与我同时代的人和我自己"。

不说以后,仅就1848年后两年而言,发生的事件就太多了,从君主立宪、帝国、复辟王朝、七月王朝到七月王朝的崩溃、二月革命、六月起义、路易·波拿巴上台到各种政治派别间的争斗、共和国的诞生与失败等,在所有这些事件中,在托克维尔笔下,糅进了他深思熟虑的思想的一个历史性事件是什么呢?

其实就是一件平时看起来很平常的事情:请客吃饭;在当时,这被称之为"宴会运动"。

成了"运动",可见频繁,而且显然具有了政治意味;这意味其实就是针对着当时不准举行公共聚会这一法令而来的。

不准公共聚会,更不能示威游行,那么,请客吃饭总可以吧?于是,所有赞同选举与议会改革的人就开始不断"请客吃饭","在看来颇有节日气氛的名流聚会上,主张改革的人士围坐在长长的餐桌旁抒发政见,抨击官方,为共同的改革目标干杯。据统计,至1848年2月革命前夕,法国各地共举行过70次这样的聚会。"②

在社会名流频频举杯,抒发政见后面,有着人们在宴会桌上所看不见的社会底层的涌动,有着远远大于这一数字的民众正聚集在一起的各种各样的革命激情,有共和主义的,也有社会主义的,他们不是在抨击政府,而是想推翻

---

① 托克维尔:《回忆录:1848年法国革命》,上海世纪出版集团2005年版,第45页。
② 同上书,"中文版导言"第9页。

暴政；他们也并不想改革议会或推翻某个内阁，而是要改变现今社会的整个基础，从根本上解决社会不公问题。

托克维尔自己并没有参与这种"宴会运动"，尽管他也常常会去参加各种盛大舞会，但并不愿意在这种场合"抒发政见，抨击官方，为共同的改革目标干杯"。是害怕吗？显然有危险，但他并不是因为害怕。在一个舞会上，他见到了"宴会运动"组织者之一的奥哈纳（Hauranne），就对他说："鼓起勇气，我亲爱的朋友，您在玩着一局危险的游戏。"这位朋友的回答是："请相信，一切都将顺利进行，再说，确实应冒些风险，不经受如此考验就没有自由的政府。"托克维尔说：在我们这个除了人们狂热追求私利之外几乎没有任何激情的时代里，无私与真诚是两种罕见的优点。[①] 他对此表示敬佩，但依然不会参加。

为什么？

他承认自己的理由有些站不住，而且认为这只是自己个人的独特感受，但他坚持这样认为："宴会运动在政治上是拙劣导向，政客们的所作所为让我们产生了这种独特的感觉。"[②]

为什么？

正是在这里，托克维尔表达了自己下述的思想：

复辟时期的法国，"在这个如此组成、如此运作的政治世界中，最为缺乏的就是政治生活本身。在后期尤其如此。政治生活不大可能在一个宪法所划定的圈子里诞生；也无法在内维持下去，旧制度下的贵族阶级被征服，人民被排斥。由于一切事务均根据唯一一个阶级的利益，按照它的观点，在它的内部成员之间，人们无法找到各大党派可以相互论战的战场。立场、利益，由此而导致的观点等的异常一致，支配了基佐称之为合法的国家，剥夺了议会辩论的全部的独创性和全部的现世性，从而失去了全部真实的激情。"[③]

---

① 参见托克维尔：《回忆录：1848 年法国革命》，上海世纪出版集团 2005 年版，第 59 页。
② 同上书，第 57 页。
③ 同上书，第 49—50 页。

这是总的情况。在此背景下，当时的国王路易·菲利普正是利用了对手所犯或所不得不犯下的一些"低级错误"（比如举办"宴会运动"）开始在在国家事务中获得了优势。他公开指责说宴会运动的发起人是一些被盲目或敌对激情所煽动的人①，于是他就使得人们产生了这样一个印象：他代表着"秩序"，"为了不与成功失之交臂，就绝对不能过分背离这位亲王的思想"，这样一来，议会中的辩论也就只能化作了字面上的纷争，而全体国民又十分厌烦听到他们的声音；上层的颓废、无能、停滞、无聊，与下层政治生活中开始显露的狂热的、不稳定的迹象，就把法国划分成了两个完全不等的区域。国家机器均匀而平静地运行着，国王深信只要他不步路易十八的后尘，不把手放在这个美丽的国家机器上面而让它自行循规运行，就可免于一切灾难。"他一心只顾保持它正常运转，按自己的目的使用，相信"革命的激情就会逐渐湮没在对物质享受的贪婪之中"②作者说，这是路易·菲利普亲王毕生的理念。在国家机器的运转中，他已经完全忘记了支撑这台精巧机器的社会本身；就好像一个只要钥匙还装在口袋，就拒绝相信有人已放火烧他的房子的人。"③

谁在放火烧社会这座"房子"？当然是社会的下层民众，是那些既不会在宴会上高谈阔论，抨击时政，也不可能在议会辩论中说些颓废、无能、停滞、无聊的话的人。

托克维尔是在写完《回忆录》后三年才动手写他的《旧制度与大革命》的，但我们相信在《回忆录》中，他就已经对1789年的法国大革命有了一个确定的认识，这就是大革命之所以会爆发，就是因为社会中的两大集团无法沟通，并分别生活在仇恨与懵懂不知之中。在他看来，社会已然被划分为上层与下层；上层就应该包容全国的政治生活，通过它们来体现下层的政治诉求和对这种诉求的有效限制（这正是当今西方社会两党制的社会基础）；而下层民众本身呢？托克维尔无奈地说：在法国大革命过去了半个世纪以后，"他们不久

① 参见托克维尔：《回忆录：1848年法国革命》，上海世纪出版集团2005年版，第61页。
② 同上书，第100页。
③ 同上书，第51页。

前所做的一切足以证明他们不可能也不配自由的生活"，因为"他们依然如故，依然浮躁，依然不动脑筋，依然如他们的父辈一样，面对儆戒无动于衷，在危险面前鲁莽轻率。时代非但丝毫没有改变他们，而且把严肃的大事，如同过去把无关紧要的小事一样，草率地留给了他们。"①

在托克维尔的话语系统中，"不可能也不配自由的生活"就指的是"不可能也不配享有政治生活"，他们需要有人代表；事实上，经过了"二月革命"的巨大社会动荡后，无论托克维尔多么厌恶身边的政治家，也无论他已经意识到前面的路多么凶险，他还是回到了自己的家乡参加新的选举，并在大约12万位投票者中获得了110704张选票②。他相信他就可以代表他的家乡民众在议会中发出他们（其实也就是他自己）的声音。

他对民众自己的声音一直心存疑虑。

但这显然是一种典型的、与马克思截然相反的理想化了的、精英主义立场；它也告诉我们，所谓的民主、共和，都是精英圈子里的运作，我们只能从他们代表了哪个阶层的利益来作出归属的判断。

在托克维尔看来，社会最可怕的就是当它被切成两块时，一无所有的人因欲望而结成一体；略有资财的人则因恐惧而结为一体③，于是争斗就不是发生在议会中，而是发生在社会上，它也就显现出一切革命即将逼近的迹象。

法国大革命就是因此而爆发的，它取消了一切特权，废除了一切专权，但却让其中的一个残存了下来，这就是所有权。

托克维尔认为正是所有权才为社会筑起了一道围城，包括1789年的法国大革命，都没有人想逾越这一界限；但这并不等于说它就是一道无法逾越的围城。事实上，当1848年2月革命临近时，深入社会下层民众心灵的学说"都以否认所有权为主要特征，至少，都旨在限制、削弱、废除它的行使"。④

---

① 托克维尔：《回忆录：1848年法国革命》，上海世纪出版集团2005年版，第103页。

② 参见上书，第129页。

③ 参见上书，第131页。

④ 同上书，第52页。

马克思的学说就不说了，比如蒲鲁东在《什么是财产？》（1840 年）一书中就断言"财产即盗窃"。托克维尔的许多言论其实都是在抨击类似的说法。在他看来，"人们向这些可怜的人们断言富人们的财富几乎都是从他们的身上窃取的，人们向他们断言，财富不均既有悖于伦理、社会，又与天理相悖。在需求和激情的推动下，许多人对此信以为真。这种含糊、错误的法律概念，与暴力混为一体，把某种潜能、某种韧性以及某种纯粹的武力永远不能具备的威力注入其间。"①

托克维尔为什么如此看重所有权问题？

这就涉及政治革命与社会革命之间的区别与联系，涉及什么才是一个社会维持稳定的根基。

法国大革命是政治革命，所以并没有逾越所有权这一道围墙；而现在临近的革命则已经把热情从政治转向了社会，开始认识到目前为止人世间的财产划分本来就是不公平的，所有权得以成立的基础也并不公正，于是革命的目的也就不仅仅是为了推翻一些法律，改变某届内阁，而是针对这个社会本身，是要动摇它目前赖以支撑的基础，（请参见后面马克思的有关论述）。②

所以，托克维尔说，他之所以不愿意参加"宴会运动"，背后最深层的原因就在于情况已经与当年的法国大革命时完全不同，因为现在所爆发的任何革命都将是针对社会而来，都与所有权的废除有关；而这一点又是所有参与"宴会运动"的人（我们相信这些人都是一些略有资产的人）都无法预料也无法控制的。当他参加在当地的竞选时，有人就曾厉声质问他为什么会脱离反对党的立场，他说："我不想参加宴会运动是因为我不愿看到革命，而且我敢说，所有出息宴会的人倘若跟我一样预测到从中即将爆发的事件，他们恐怕没有一个人会出席这些宴会的。因此在你们和我之间，我看到的唯一区别就是，我清楚你们在做什么，而你们自己却茫然不知。"③

① 托克维尔：《回忆录：1848 年法国革命》，上海世纪出版集团 2005 年版，第 164 页。
② 参见上书，第 52—53 页。
③ 同上书，第 124 页。

但反过来看，"在宴会中集会的权利，又是我们最不容置疑、最必不可少的权利之一；如果否认这种权利，那就是践踏自由，就是蹂躏宪章"；所以当国王禁止再举行这样的宴会时，革命就爆发了。

就发生在政治革命领域里的革命而言，托克维尔说他的目标非常明确："除了自由和人类尊严之外，我并无其他立场要捍卫。借助共和原则能够给予新政府的力量来保护社会种种旧法律，反对革新者发扬光大法国人民那显而易见的意愿，遏制巴黎工人的激情与欲望，因而以民主战胜愚民政策，这就是我唯一的目标。"①

相对于这一目标而言，他说，个人的正义感与荣誉感不但远远高于"保住部长之位的需要"②，而且也高于何种政体最好的所有争论；在他心目中只有一个温和的共和政体才能满足他对于自由、尊严、正义感和荣誉感的希求。

1848 年 2 月 24 日爆发的"二月革命"推翻了国王路易·菲利普的统治，恢复了共和体制（史称"第二共和"）；在这一意义上，托克维尔认为"二月革命"是法国大革命的继续，它不但赶走了国王，而且让法国历史上最腐败（几乎所有的人都在追求公职以靠税收生活，托克维尔说，这是法国民族本身最重大的缺陷，也是民主立宪与中央集权相结合的产物）③同时又是最不血腥的一个政府自行倒下。所以他不认为这是一场骚乱，而把它定义为真正的革命，并在蜂拥而至的民众中喊出了"改革万岁！"的口号。

同年的"六月起义"却具有完全不同的性质。从现象上看，这场起义的爆发与 4 月 23 日的议会选举有关，因为在选举中，工人代表在 880 个议席中只有区区 18 席。所以，这场"起义的目的就不在于改变政府的模式，而是在于变更社会秩序。说实话，它并非一场政治斗争（就迄今为止我们给予这个字眼的含义而言），而是一场阶级斗争，一种奴隶战争。从事实上看，起义显示了二月革命的特征，正如社会主义理论在思想上曾经显示二月革命的特征一

① 托克维尔：《回忆录：1848 年法国革命》，上海世纪出版集团 2005 年版，第 137 页。
② 同上书，第 215—216 页。
③ 参见上书，第 69 页。

样，……人们不应从起义中只看到工人的反应是激烈的、盲目的这一点，而应从起义中看到，他们为摆脱被人们称之为非法压迫的生存环境，为了开辟一条通往他们向往的幸福生活——很久以来人们就给他们指出，那是他们的权利——的道路而不惜使用武力，工人的这种力量是强大的。"①

　　"二月革命"成功了，"六月起义"失败了（或者说被镇压下去了），后面的原因到底是什么？

　　简单一点说，"二月革命"的目标是推翻国王，恢复共和，参加者是一大群"手无寸铁、毫无反抗能力的市民"，领导者则就是那些"宴会运动"的参与者；面对的则是国王与军队。托克维尔说，"我一向留意到在革命时期最易失去理智而且往往也就是最懦弱的人，那就是军人"。于是，当曾经下令向民众开过枪的布若（Bugeaud）元帅也下令现在的指挥官贝多（Bedeau）将军镇压民众时，听着民众乱哄哄的呐喊，"再加上看到自己的士兵犹豫不决，有时还与对方暗中配合时，……此时的贝多就已方寸大乱：无人知晓他的慌乱会带来什么后果；无人知晓一小撮人怎么就攻占了议院，而且他们就在守卫议院的骑兵队手枪射程之内；其后，也无人知晓议会又是怎样被宣布罢免的，临时政府又是如何选举产生的。"②

　　相对来说，"六月起义"的被镇压却简单得多；起义者多为工人，他们的目标是废除所有制，没有明确的领导人（国民议会中的山岳党人也不敢赞同起义，他们对通过另外的途径来达到目标还存有幻想，但布朗基的影子一直都在起着实际的指导作用），只是一场"一个营垒的国民反对另一个营垒的国民的暴乱"（其中女性很多，而且坚持到了最后），在短短四天时间里，就聚集起十余万手持武器的人，他们大都轮番接受过军事训练，而且"巴黎半数的工人曾在军队中服过役"，所以操纵各种武器没有任何问题。站在他们对面的是国民自卫军，是立即宣布巴黎进入紧急状态（戒严）的国民议会（难能可贵的是

---

① 托克维尔：《回忆录：1848 年法国革命》，上海世纪出版集团 2005 年版，第 163 页。
② 同上书，第 78 页。

最反对这场起义的托克维尔此时对戒严令却投了反对票，他是这样说的："此举与其说是出于深思熟虑不如说是出于本能。我生来蔑视和反感军事专制，这种情感是如此强烈，以至于一听到戒严，心中顿生蔑视反感，盖过了危难所产生的情感。在这方面，我犯了个错误，幸好，学我样的人还不多。"①，是源源不断来自法国各地的各个阶层的人，他们多是农民、资产者、大业主和贵族，"大家混为一体，不分彼此"②。其中最无精打采的是士兵，因为他们还摆脱不了二月革命的阴影；最积极、最活跃的国民自卫队（来自各地的自愿军）和旧贵族、旧乡绅，包括业主、律师、医生、农夫。

农民进城与工人开战是镇压"六月起义"中一个最无法让我们理解的特点；按马克思的说法，他把农民定义为（占法国人民大多数的名义上的所有者）③，所以当起义涉及所有权时，农民们就站了出来保卫自己"名义上的所有权"。

"六月起义"就这样失败了，但作者说，他还是对这场胜利产生了深深的恐惧，因为他知道这场危机过后，国民的性格将会发生某种改变，这就是"对自由政体的恐惧或者对它的厌恶行将取代对独立的热爱。自由既已滥用，矫枉必然过正"。作为一个热爱自由与独立高于一切的人，在胜利后感到的是深深地悲凉，觉得所有的人，"不管是社会党人、山岳党人、共和党人还是自由党人，全部陷入威信扫地的境地，直至对1848年革命的独特记忆远去、淡忘，直至时代的普遍精神重新树立起来为止。"④

但马克思并不这样看。

马克思是这样分析问题的：七月王朝时的路易·菲利普集团所代表的只是资产阶级中的一个集团的利益，这个集团指的就是"金融贵族"，包括银行家、交易所大王和铁路大王、煤铁矿和森林所有者，他们"都不过是流氓无产者在

---

① 托克维尔：《回忆录：1848年法国革命》，上海世纪出版集团2005年版，第173页。
② 同上书，第177页。
③ 参见《马克思恩格斯选集》第4卷，人民出版社1995年版，第400页。
④ 托克维尔：《回忆录：1848年法国革命》，上海世纪出版集团2005年版，第190页。

资产阶级社会上层的再生罢了"①。那时的工业资产阶级只能算做反对派中的一
个组成部分；"二月革命"就是工人与工业资产阶级联合起来共同进行的斗争，
因为"工人企图在资产阶级旁边捍卫自己的利益"②。当工人发现自己的利益在
资产阶级共和国中并未能得到实现时，"于是，原先无产阶级想要强迫二月共
和国予以满足的那些要求，那些形式上过分而实际上琐碎的甚至是资产阶级性
质的要求"，就不得不"由一个大胆的革命口号取而代之，这个口号就是：推
翻资产阶级！工人阶级专政！"③

　　在马克思看来，这就是"二月革命"受到普遍赞美，"六月起义"则受到
一致诅咒的原因所在。他说："1848 年 2 月 25 日强迫法国实行共和制，6 月 25
日强加给法国。在 6 月以后，革命意味着推翻资产阶级社会，而在 2 月以前，
它却意味着推翻一种国家形式。"④

　　"总之，只有六月失败才造成了所有那些使法国能够发挥欧洲革命首倡作
用的条件。只有浸过了六月起义者的鲜血之后，三色旗才变成了欧洲革命的旗
帜——红旗！"⑤

　　"因此我们高呼：革命死了，革命万岁！"⑥

　　（"文化大革命"时的大字报，基本上模仿的都是这样一种分析方式与语
气，当笔者在电脑上重新打出这些话时，产生了强烈的时空倒错的感觉）

　　我们可以看到，尽管托克维尔与马克思在基本立场上完全对立，但二人对
问题的分析以及对"二月革命"和"六月起义"的不同在根本点上的把握基本
上是一致的。

　　于是也就有了两个人在历史哲学上的对立。

---

① 《马克思恩格斯选集》第 4 卷，人民出版社 1995 年版，第 396 页。原文就加有着重号，请高
　　度注意马克思的这一论断。
② 同上书，第 401 页。
③ 同上。
④ 同上。
⑤ 同上。
⑥ 同上。

"历史"或指过去所发生的事件，或指对这些事件的记载、研究；"过去所发生的事件"不经记载则无所谓存在；而任何记载又都离不了记载者的研究（立场、观点、方法，如《史记》中每节后面的"太史公曰"）；既然对事件的记载离不了研究，而研究又离不了他所依据的若干原则，那么所谓"历史哲学"，作为对历史的整体性把握，按照黑格尔在《历史哲学》中的说法，就应该区分为原始的（记载）、反省的（对自身所依据原则的反省）和哲学的（对历史目的的阐明或辩护）。历史有无目的，这一目的是什么，这就使得历史不再与"过去"有关，而是与"未来"有关；这一点，显然得益于基督教的教诲。卡尔·洛维特在《世界历史与救赎历史：历史哲学的神学前提》的"绪论"中甚至认为"一切历史都毫无例外的依赖于神学、即依赖于把历史看做救赎历史（Heilsgeschehen）的神学解释。"于是他认为"现代的历史哲学发源自《圣经》中对某种践履的信仰，终于末世论（eschatologischen）典范的世俗化。"正是这种"圣经信仰的世俗化"给了我们一种理解历史行为和这种行为所可能具有的意义的理论尝试；换成现代的语言，也就是让我们相信历史有一个不断进步的过程。洛维特说，人们只有在有所期待的时候，才会产生失望；"进步"的观念给了我们希望，使我们有所期待，但也同时给了我们失望，使我们相信可能就终极意义而言，历史并没有目的，于是也就没有了进步。

"末世论典范的世俗化"即虚无主义；"进步"观念的另一面就是"轮回"。

也许终其一生，马克思与托克维尔都还没有感受到这一点所带给人们的困惑，因为他们都还生活在一个乐观向上的时代。

对马克思来说，革命、红旗、推翻资产阶级、工人阶级专政就是历史的目的或必然，因为他已经在"二月革命"为什么会发展为"六月起义"中看到了这一必然性。

相对而言，托克维尔要悲观一些。这种悲观可以划分为好几个层次：首先，就是他所理解的"共和政府，就是经选举产生的行政权"，由于国民的素质或其他原因，选举又总会与权力的不稳定联系在一起，所以"我一向认为，共和国是一个无在野力量的政府，它总是承诺给予更多的自由，但实际上在这方面尚不及君主立宪制"。但他现在只有选择共和制，因为大多数国民的激情都表现在"对旧制度的憎恨以及对旧特权阶级的戒心"上，所以在没有看到任何其他已成熟的或更适宜的体制之前，他说他只能是一个"真诚维护共和政体"的人。① 其次，30 年来工业革命的发展，使得人们对物质享受的渴望日益强烈，加上"中央集权将所有革命活动都化简为占据巴黎以及攫取已装配完好的统治机器"上②，这就使得"所有历史事件都依存于种种被一根宿命的链条相互串联在一起的重大的首要原因"，大家都以为只要解决了这一"首要原因"（也就是攫取了最高权力）就能解决一切问题，包括贫穷问题；托克维尔说，这在历史哲学上导致了一个完全错误的结论，就是一切重大历史事件只能用环境的偶然性来加以解释，而一切偶发事件又都归咎于"首要原因"；当"首要原因"没有解决时，人们就只能生活在对偶发事件的恐惧之中。最后，就是前面说过的，他发现"六月起义"的失败使得法国人民的民族性格业已发生了某种改变，即"对自由政体的恐惧或者对它的厌恶行将取代对独立的热爱。自由既已滥用，矫枉必然过正"。③ 他说，只有当人们对 1848 年的独特记忆渐渐远去、淡忘时，时代的普遍精神才可能重新树立起来；这里所说的"时代的普遍精神"其实就指的是作者所信仰的自由、独立、正义感、荣誉感，而这种"普遍精神"又恰恰只有通过对其的限制才能获得实现（"继一场如此猛烈的革命之后，唯一能采取的拯救自由的办法就是限制自由"④；这就等于使得人们永远也无法淡忘对 1848 年的独特记忆。所以，当他临危授命，就任新一届内阁的部长后，就已经意识到"我们的胜利当前就肯定会导致我们的垮台。一旦我们恢复了秩序，我们就变得无用且碍手碍脚"。⑤

这其实就是他们这些"胜利者"在路易·波拿巴上台后的命运。

---

① 托克维尔：《回忆录：1848 年法国革命》，上海世纪出版集团 2005 年版，第 222—223 页。
② 同上书，第 98 页。
③ 同上书，第 190 页。
④ 同上书，第 239 页。
⑤ 同上书，第 294 页。

路易·波拿巴是全国选民于 1848 年 12 月 10 日直接投票选举的总统。

正是这位全民直选的总统在上台两年多以后，就又通过全民投票选举，实现了他的"雾月十八日"；到 1852 年 11 月 21 日，再经过全民投票，780 万人赞成帝制，6 万人弃权，25 万人反对。这样，"第二共和"就完全合法的变成了"第二帝国"。

马克思在《路易·波拿巴的雾月十八日》中所引述的托克维尔的那段话，就是针对路易·波拿巴上台不久就想解散由共和派议员控制的"制宪议会"而发表的言论。路易·波拿巴打出的旗号是"把完全实现国民主权的可能性还给国民"[1]，而托克维尔，我们知道，从来就不相信这种所谓的"国民直选"，他更相信的是议会或议员中的四分之三多数。但马克思却在这里发现了托克维尔们的矛盾：路易·波拿巴既经合法选举产生，就具有了宪法所赋予的合法性，而议会中代表奥尔良王朝和正统王朝派的秩序党也就立即站在了波拿巴一边；波拿巴想修改宪法，无非就是想延长总统掌权的期限，托克维尔们站在议会一边反对修改宪法，意在限制波拿巴，但这样一来又等于是在以议会对抗宪法。马克思说："所以，当波拿巴撕毁宪法时，他的行动是合乎议会精神的，而当他解散议会时，他的行动又是合乎宪法精神的。"[2]

马克思能如此锐利，就在于他既不是"议会迷"，也不是"宪法迷"，他完全不相信仅靠议会、宪法这样一些条文或机构能限制住路易·波拿巴的个人野心。对他而言，就是面对"全国直选"这一结果，他必须回答这样一个问题："像法国人那样说他们的民族遭受了偷袭，那是不够的。一个民族和一个妇女一样，即使有片刻疏忽而让随便一个冒险者能加以奸污，也是不可宽恕的。这样的言谈并没有揭开这个谜，而只是把它换了一个说法罢了。还应当说明，为什么一个 3600 万人的民族竟会被三个衣冠楚楚的骗子偷袭而毫无抵抗地做了俘虏。"[3]

---

[1] 《马克思恩格斯选集》第 1 卷，人民出版社 1995 年版，第 656 页。
[2] 同上书，第 657 页。
[3] 同上书，第 590 页。

至于托克维尔，作为路易·波拿巴麾下的一位内阁成员，他上任不久就意识到，一切困难中最大的困难就是如何处理与这位民选总统的关系："必须给他一个'合法'的未来，以免他去寻找一个不合法的未来；因为，别指望他会甘于一个暂时的总统职位，想都不要这样想"，但又能怎么办呢？这是一个"城府之深足以比得上一个一生都在罗织阴谋中度过的人"，他面部僵化，不露声色，双眼呆滞、浑浊，头脑里充满着各种伟大而不协调的思想。"总之，可以说是他的疯狂而不是他的理智，在时势的推动下造就了他的成功与力量：因为世界就是一个奇特的舞台，在上面表演的最拙劣的家伙往往最获成功。"①

这能算是对马克思所提出的问题的一个回答吗？显然不能。但又正是这句话，让我想起了林毓生先生回忆殷海光先生时所讲过的一段话："有一次课后，殷先生和五六个学生在台湾大学文学院大门口的草地上，大家的谈话开始涉及中国近现代史上的种种失误。我脱口发表自己的见解：'中国近几十年来，凡是发生大影响的人，无一不是糊涂虫！'殷先生听后很激动，站起来严肃地对我说：'毓生，我可以为你这句话写二十万字的注解！'"②

也许，无论是马克思还是托克维尔，他们就路易·波拿巴的雾月十八日所发表的议论，在某种半真半假的意义上，也可以视为是在为"这句话"所做的注解。

当然，这里的"糊涂虫"与马克思所说的"衣冠楚楚的骗子"，与托克维尔所说的双眼呆滞、浑浊，"头脑里充满着各种伟大而不协调的思想"都应该具有某种特殊的意味。

---

① 托克维尔：《回忆录：1848 年法国革命》，上海世纪出版集团 2005 年版，第 225、298 页。
② 详见《东方早报》2009 年 8 月 2 日的相关"访谈"。

重新解读普鲁东[*]

达缅（Robert Damien）/文　邓刚　崔欢/译[**]

在当下的社会主义谱系之中，普鲁东（1809—1865）是最为令人不堪的。当然，必须说明的是，这里面有他自己的原因。他的思想隐晦而分散、喜欢引经据典、往往是为着检举揭发而写，人们就可以理解为何这种思想名誉尽失。人们轻率地解释说，他的作品总是前后不一、充满了出尔反尔。

我们只记得唯一的、充满煽动性的话语：财产权，乃是盗窃。如同刻在大理石上一样，这句话深深地印入了后人的脑际，然而，同样是针对财产权，普鲁东宣称自己是反社会主义者："社会主义什么都算不上，从来都不曾是什么，将来也不会是什么"，因为，如果摧毁了财产权和竞争，也就取消了"经济的真正动力、一切财富的非物质基础……正是这些动力和基础，使得在人与人之间创造出一种完全没有个人色彩的团结一致，使人们得以通过一些比同情和契约更坚固的联系而最终联合在一起"。

当然，与亚当·斯密以及自由主义者相反，普鲁东不认为自由个体之间的关系的恰当形式乃是契约的天然特征。他并不认为自发的同情乃是获得他人的认同的第一需要。但是，他对"共产主义的、政府的、独裁的、专制的、空谈的体系"的批判是始终不变的，因为这种体系的原则，乃是"个体服从于集体"，将会摧毁"有才能者的贵族制"（l'aristocratie des capacité）。由此，导向一种对共产主义"共同体"的无情揭露："这是一种紧凑的民主制，显然是奠

---

[*]　本文为作者在 2010 年 3 月 20 日法国哲学会（Société française de philosophie）上的学术演讲稿。

[**]　达缅（Robert Damien），法国西巴黎拉德芳斯大学教授，研究生院院长；邓刚，法国巴黎第一大学哲学系博士生；崔欢，法国西巴黎拉德芳斯大学哲学系博士生。

基于大众的专制……以及基于权利的集中，一种吸引式的集中；这会导致对一切个体的、行会的、地方性的思想的摧毁；类似于宗教裁判所的警察制度；无名的暴政；庸人将在其中占支配地位……"

这是一种预见？我们简单回顾一下，他在 1846 年 5 月 17 日写给马克思的信："如果您愿意，让我们一起来寻找社会的法则，以及这些法则实现的方式，以及遵循这种方式我们最终渐渐发现这些法则，但是，上帝啊！在摧毁了一切先天的学说之后，我们不要妄想能够灌输给人民以某种学说……我们也不应该用新的泥浆、为了新的目的而对人类进行修剪改造……我们不要成为某种新的不宽容的主人，我们也不要把自己设置成一种新宗教的使徒，哪怕这种宗教是逻辑的、理性的宗教。"

这个"可怖的人"（Homme terreur）令托克维尔和雨果都备感厌恶，他不求甚解地阅读康德、黑格尔、费尔巴赫，然而，他却是他那个时代的哲学和政治的最重要的对话者之一。无法对他归类，是自由主义者，还是社会主义者？是无政府主义者？还是乌托邦主义者？他的形象有着乌托邦主义者、无政府主义者、社会主义者等无数投影，使得对他的一切评价都失去了效力，正如皮埃尔·勒鲁（Pierre Leroux）所说，他真是"社会主义的逆子"（l'enfant terrible du socialisme）。

在普鲁东诞辰两百周年之际，重新对上述看法加以审视就显得尤为必要。我们能否从他的思想中获得一些有益的教导，从而以便于今天的我们重新思考社会秩序和政治秩序？

普鲁东的作品野心勃勃、卷帙浩繁，我们要从中理出三个主要的哲学命题：一、工业劳动是一种行动的形而上学（une métaphysique en action），这种形而上学的行动和机巧的一系列的综合，积极地生成了复多的合理性（des rationalités plurielles）以及多样的一体性（des identités multiples）；二、只有与某种协作团体相联系时，人作为主体才会存在，这种协作团体产生了互助的义务，共同组建为一个"我们"，来参与自身的命运；三、只有在表达了某种实现的正义的多重关系的互助式的扩充之中，自由才得到真正的肯定。

我希望重新审查这三条主轴线，从而更好地澄清现实的兴趣。普鲁东，能否为一种崭新的政治哲学提供资源呢？

当代的政治哲学，无论是共和派的，还是社会主义的，都处在危机之中，而普鲁东普遍地遭到忽视。必须说明的是，这有他自身的原因。曾当过排字工人，经常流离失所，他真正地体验过雇佣劳动的辛酸和苦难，他也从未忘记所曾遭受的种种屈辱。他自学成才，因此不能算是严格意义上的学者。他如饥似渴地阅读各类书籍，在贝赞松王家学院的一份奖学金的资助下，他进入学校学习时已经年纪不小，（他自己说，因为没有像样的鞋子和帽子，在学校里饱受嘲讽和取笑）不过最终以优秀成绩毕业并获得业士文凭。

在极其艰苦的生存条件下，他所受到的这种教育，在我们看来意味着，那些在社会中丧失地位的人，以一种粗野的风格所进行的充满愤怒的介入。虽然有着无法磨灭的贫穷出身，后来普鲁东总算摆脱了贫穷。他拒绝贫困时期的习惯。对他来说，贫困会引发游手好闲和意志薄弱，贫困不是富有教益的，它增加了蔑视，蔑视命运。和其他人不一样，他从来都没有以匮乏为恩典，也不将其树立为使人们有幸从占有欲和患得患失之中解脱出来的朴素德行。在末日审判之际，上帝将回报给穷人们以补偿，普鲁东从未承认这种命运。这种作为遗产而被允诺的满足给穷人们以等待的耐心。服从的智慧使之能在造物的奇迹经济学中获得位置。这种智慧给予其希望的德性，这种顺从的回报，将是穷人获得救赎。在现世的分配之后，如何能够要求追回另一部分，要求分享另一部分？

上述这种关于贫穷所做的神学的、主观的哲学解释，普鲁东总是对其大加指责，而他的时代充斥着这种哲学，以一些令人难以想象的方式不断重新出现。他从未停止与之作斗争，虽然他身边为数众多的人，寻求依附在这种社会天主教和基督教社会主义之上。[1] 贫穷是某种导致了贫困的原因的一个不

---

① See Sur cette décisive question, voir les travaux majeurs de Jean Baptiste Duroselle, *Les débuts du catholicisme social en France jusqu'en 1870*, Paris, PUF, 1951 ; P.Haubtmann, *P.J. Proudhon, Genèse d'un antithéiste*, Paris, Mame, 1969 ; H. de Lubac, *Proudhon et le christianisme*, Paris, Seuil, 1945.

公正的结果。科学能够在一系列原因之中认识到这种原因及其力量，并且科学能够进行秩序重组从而对其结果加以控制。于是，贫穷不再是一个无法解决的社会问题，不再是某个超越者在不平等的造物的秩序之中所给出的作为神意的神圣的不平等的结果，而变成一个科学问题，对这一问题的解决将产生一门行动的科学，这门行动的科学产生各种福利并交换这些福利，借助于其基本词汇、逻辑句法和连接的操作：这是一种政治实践学（une praxéologie politique），这门实践学的理性化能够解放社会经济实践的智力："今天的逻辑学，就是政治经济学的逻辑学……经济学语言，乃是人类智力的基础，一切哲学的出发点。" ①

一、无法归类的普鲁东

普鲁东与他那个世纪的形形色色的革命者有所不同，他几乎关心所有的问题，在自己并不知情也没有意愿的情况下，发展出一种关于政治行动的各种策略斗争的真正的百科全书，他无所不谈：税收和所有权，铁路与宗教节日，技术工业的词汇与手工制作的原则，妇女卖淫问题，原始语言的语法，投机商的证券交易所，基督教信仰的利益，神权统治的危害，无息信贷的好处，互助合作的促进，国家所控制的，应该是一个互助信贷的体系，而不是生产商品的企业主，国际法的必要性，对联邦制的力量的赞颂，拒绝共和制的整齐划一，捍卫意大利和波兰的民族主义者（这些人却欺骗了他），等等。

他的作品凝聚了沉重的 19 世纪的社会政治思想的全部秘密，卷帙浩繁却主题分散，因此仍然是一个未解的谜。于是，他被人们忘记，被研究者和政治家们遗弃。他的思想是一种隐晦而分散、喜欢引经据典、往往是应景式的论争、充满了自相矛盾的断言，人们就可以理解为何这种思想后来名誉尽失。这

---

① *Economie ou nouveaux principes d'une philosophie sociale*, Manuscrit 2863, Bibliothèque municipale de Besançon.

使得人们总是对他充满了怀疑和好奇。人们轻率地解释说，他的作品总是前后不一、充满了出尔反尔。我们只是记得其中的少部分，这一部分也已经使他在现代人的眼中大大贬值。

他总是故弄玄虚，这加倍地增加了对他的不信任。他曾经历过多种不同的制度（帝国、极端天主教式的复辟王朝、立宪君主制、保守的、专制的共和国、反叛者的共和国，等等），在某些时候甚至有生命之虞，这些制度，或者是产生于代议制选举，或者来自反叛者的暴乱，在他看来这已经是第二位的了。他只是在保卫自己的团体时才参与到制度之中（1848年，议员），他揭露出普选制只是一个民主神话，是充满暴力的令人致死的幻相："我再也没有见过，比在本能驱使下的平民的狂欢更令人悲哀的景象了"①。

此外，他对国家也不抱幻想，哪怕这个国家是共和制国家，是作为以共同的法律为手段建构起的集体利益的机构："在君主制下面，法律是君主意志的表达；在共和制度下面，法律是人民意志的表达。除了意志的数量有所区别外，这两个体系是完全一致的；从此到彼，错误是一样的，也就是说，法律是某种意志的表达。然而，法律应该是某种事实的表达"。②"综合政府"其实是某种绝对主义（absolutisme）的面具罢了，这种绝对主义以自由主体的意志的最高统一性的名义，去压制不断变化的矛盾，窒息团结协作的发明。

因此，他控诉法国大革命，控诉它的局限性（以一种有钱的资产阶级的封建性取代另一种封建性），它的原则（独立于财产的个体主体的优先性，这不利于"无产阶级贫苦大众"），它的手段（暴力反抗总是反对既定的秩序，普选制的民主选举使得保守主义具备了合法性）。神秘化的、人权的大革命，首先就征服了主体，这个主体已经独立于财产之外、自己主宰自己，是宇宙的一分子，但这样的主体既不走向平等，也不走向博爱，因为主体所保留的仅仅只

---

① *De la justice dans la révolution et dans l'église*, Rivière, 1926, Tome II, P.102.

② *Qu'est ce que la propriété?*, Le livre de poche, 2009, P.154.

有决定、合法化和判断的权力而已。工业和金融革命的推动下的商品经济的发展，亦无法确保共和制的这些价值的实现。

对国家和议会皆不存在幻想（因此人们误将他视做无政府主义者），他的天才在于发明了行动的实践逻辑，以便于具体地澄清行动的秩序。他分析了技术的变迁，鼓励技术在生产中的应用可形成一种社会联系的新资源：协作使得不同的人联合起来，这种协作是某种"新教式"社会的范式，这种社会把效果和情感联系起来。劳动经济的技术社会秩序，是某种具体的博爱的核心。技术化的"生产的科学"和政治组织的科学，是某种实践的"理性的绝对权力"（souveraineté de la raison）的基础："人对于人的权威，与智力发展的秩序正好相反……这种权威的可能的延续期限，可以在某种统治的或多或少普遍的欲望的基础上加以计算，也就是说，根据科学来计算……意志的绝对权力让位于理性的绝对权力，最终在某种科学的社会主义之中被取消。"①

但是，财产权是一种盗窃，从而否认财产权；然而，同样是针对财产权，普鲁东宣称自己是反社会主义者："社会主义什么都算不上，从来都不曾是什么，将来也不会是什么"，因为，如果摧毁了财产权和竞争，也就取消了"经济的真正动力、一切财富的非物质基础……正是这些动力和基础，使得在人与人之间创造出一种完全没有个人色彩的团结一致，使人们得以通过一些比同情和契约更坚固的联系而最终联合在一起"②。

当然，与亚当·斯密以及自由主义者相反，普鲁东不承认契约的天然特征乃是自由个体之间的关系的正确形式。他并不认为自发的同情乃是获得他人的认同的第一需要。但是，他对"共产主义的、政府的、独裁的、专制的、空谈的体系"的批判是始终不变的，因为，这种体系的原则，乃是"个体服从于集体"，将会摧毁"有才能者的贵族制"（l'aristocratie des capacité）。由此，

---

① *Qu'est ce que la propriété ?*, Le livre de poche, 2009, PP.426-427.

② Ibid, P.410.

导致一种对共产主义"共同体"的无情揭露："这是一种紧凑的民主制，显然是奠基于大众的专制……以及基于权力的集中，一种吸引式的集中；这会导致对一切个体的、行会的、地方性的思想的摧毁；类似于宗教裁判所的警察制度；无名的暴政；庸人将在其中占支配地位……"

这是一种预见？我们简单回顾一下，他在 1846 年 5 月 17 日写给马克思的信："如果您愿意，让我们一起来寻找社会的法则，以及这些法则实现的方式，以及遵循这种方式我们最终渐渐发现这些法则，但是，上帝啊！在摧毁了一切先天的学说之后，我们不要妄想能够灌输给人民以某种学说……我们也不应该用新的泥浆、为了新的目的而对人类进行修剪改造……我们不要成为某种新的不宽容的主人，我们也不要把自己设置成一种新宗教的使徒，哪怕这种宗教是逻辑的、理性的宗教。"

他也反对神权，他认为教会保护神恩下的神圣秩序中的不平等，但是，他却也是一位神学家，满怀激情地阅读《圣经》，他主张一种关于信仰的社会宗教："信仰的人，能够看到一些认知的人所看不到的东西"。因此，信仰不可以简单化为一种将被理性摧毁的迷信，信仰包含有一种狂热的、信仰的力量，而任何社会和政治的秩序都不能缺乏这种力量。

他被女权主义所激怒，他在这种所谓的解放之中，发现了一种"色情专制"（pornocratique）的权力，这是一种强制的诱惑所要求的，基于某种新的公开卖淫的法律之上。公开地卖弄身体从而出卖身体，这正好响应了男性消费者的欲望，然而这就是从男性力量的监护之中解放出来的女性所展示的东西，仍然屈从于享乐原则。于是，为了拯救这些家庭主妇，他主张一种贞洁的配偶关系的宗教，通过公共机构的婚礼仪式使之仪式化，"比爱情更美好"。在婚姻这种合法的政治关系中，他看到它可以作为一种工具，来避免女工们在工厂里超时工作到 17 个小时，通过卫生良好的社会住宅来保护她们的生殖力。从此，工人们也有了一个住址、一个家，他愿意回去的家，一个如蒙田所说的"属于自己的家"，也就不会流连于城镇里买醉取乐。

让好心肠的人们无法原谅的，是最后一次的出尔反尔。1848 年，他被选为议员，1849—1852 年他身陷监牢，在拿破仑第三时期，他又被迫流亡，但是他寻求要以力量的合法权利的名义为政变进行辩护，而他的论点之一，就在于在战争中看到了，某种近似于神意的东西的永恒表达，这种神意通过强者的胜利表现出来，也就是说胜者为王。

这个"可怖的人"（Homme terreur）令托克维尔和雨果都备感厌恶，他不求甚解地阅读康德、黑格尔、费尔巴赫，然而，他却是他那个时代的哲学和政治的最重要的对话者之一。无法对他归类，是自由主义者，还是社会主义者？是无政府主义者？还是乌托邦主义者？他的形象有着乌托邦主义者、无政府主义者、社会主义者等无数投影，使得对他的一切评价都失去了效力，正如皮埃尔·勒鲁（Pierre Leroux）所说，他真是"社会主义的逆子"（l'enfant terrible du socialisme）。他笔下常常充满了愤怒的咆哮，他反对傅利叶，宣称自己是世纪天才，他想要说服马克思，而马克思曾在《神圣家族》中对他有所赞词，后来在《哲学的贫困》之中则对他进行了严厉的指控和批判。这就是他的确定的形象？无论如何，他仍然被低估，不可避免地被视做"小资产阶级知识分子"。

然而，让我们回忆一下，他对他的民众来源所作的忠诚的抗议书，这见于1838 年 5 月 31 日，他递交给贝赞松学院的申请奖学金的竞选资格信。在呈交了一份哲学研究计划之后，29 岁时他才通过他的业士文凭，他写道："在工人阶级之中出生和长大，我的心灵和情感也仍然属于这个阶级，特别是我和他们共享苦难和祈盼，先生们，如果我成功地获得了你们的投票，毫无疑问，我最大的欢乐，将是用我的意志的全部能量和我的精神的全部力量，毫不停止地进行科学和哲学的工作，以致力于我称之为我的兄弟和我的同伴的这些人的智力和道德的提高；在你们的谨慎的领导下，我期待我的努力会获得成功，某种程度上，在我这里，你们已经看到了他们的一个代表。"[1]

---

[1]　*Correspondance, Tome* 1, Paris, Lacroix, 1875, PP.32—33.

二、重新阅读普鲁东①

然而，从这些繁多的作品中，我们到底能够获得何种教益？我们不是说过，普鲁东老是出尔反尔，一再推翻自己以前的观点？这似乎有点类似于审判中的开场戏。普鲁东，在反复摇摆的过程中，把握到了所有制、商品交换、工业劳动、国家权力的变动着的含糊性质。这些东西，和一切现实一样，都是多种不稳定关系的某一体系的变动着的结果。永远持有异议，是因为他总是想要辩证地思考各种二律背反，但这却使得普鲁东几乎无法被把握。他的分析的目的，在于保持各种综合的不稳定性，从而迫使各种力量处于运动之中，从而不至于绝对化，不至于陷入机构的不同形式的硬化、行政的惯例化，或者构成一切"综合政府"的逻辑的实体目的论。在各种论争之中与不同对手联系在一起，这些分析增加了力量，而又不至于僵化："每种力量都通过与相反力量的斗争而不断变化、不断成长"②。

普鲁东一直所关心的，正是这些力量本质上倾向于绝对化，这种倾向，使得历史的主体成为一个"元主体"（Méta Sujet），成为一个普遍性的阶级，成为一个实体化的国家，或者成为绝对的所有制。他的所有介入，都是由这样一种相对性原则来要求的，这种相对性原则知道如何将对立面连接起来，并把绝对化了的神意的封建残余加以扬弃。由此，导致了普鲁东在政治哲学史之中的形象的模糊性：一位无政府主义者，但热爱秩序；一位共和主义者，但也是一位金融家和商人；一位民主主义者，但蔑视普选。这样，人们才能够更好的理解他的立场明显的歧义性，这使得他提出了一些自相矛盾的表达：一种共和制

---

① See Les textes de Proudhon ont connu, à l'occasion du bicentenaire, de nouvelles publications. On attend avec impatience la réédition critique des œuvres avec de nombreux manuscrits inédits, entreprise par notre collègue et ami Edward Castleton à l'université de Franche Comté, par la maison de l'homme et de l'environnement.

② De la création de l'ordre, Rivière, 1927, P.347.

的市场，一些充满竞争的互助组织，一个多中心的或者去中心的联邦制国家，一种无息的或者利息很少的银行信贷，一些互相合作的工厂，工业化的创造，社会的宗教，世俗化的基督，如此等等。

在不稳定中取得平衡，他的这一意愿并不是沾沾自喜的折中主义或者中庸之道的共识（consensus de juste milieu），而是一种对各种机构进行修正的愿望从而防止这些机构堕入完全的必然性之中。在普鲁东的各次断裂之中，有着某种反讽式的英雄主义，从而使之总是能够衡量各种偶然的分量，以及对立的双方的益处。也就是说，任何一个主体，就其存在、功能、性质、潜力而言，都不可能完全对应于实体性的完成，这种完成是神意的或者哲学的，通过一种宇宙秩序或者某种历史目的性得到指明。对于普鲁东来说，关键就在于，把多样的潜在的变化保持在相互对抗的力量的发展之中，这些力量要求人性的更高级别的完成。为了服务于这一使命，我们就能理解为什么他不断地重复、修正、重组，这一使命使得他因为他所做的可疑的调和而饱受嘲笑。在慷慨与务实之间，为了使其他人认识到差异性的益处，他的态度有时令人备感不快，从而导致他与之进行妥协，名誉受损。然而，普鲁东却热衷于思考这种进步的变动的合理性，在衡量这种进步的实效性同时，也要认识其脆弱性。

毫无疑问，关于社会的提升，他仍然保留着关于引力和分裂的双重情感，同时，对无安全感和无合法性的体验，是社会形象变迁的标志。他发现了社会联系是必要的，社会联系既是合作的，又是保护性的，从而这些联系建立了主动的认同和令人尊敬的忠诚。唯有关于力量关系的共同劳动之中的集体行动，使这种联系成为可能。

通过这些对生产者劳动的分析，普鲁东揭示出，这与现代政治哲学关于人权的现代主体是完全不相容的，这种人权为自由的个人主义奠基，完成了个人自主的大革命。公民主体，是有意志的施动者，对其自由负责，被迫、被判定为自治的主权者，同时受到法律的支配，必须遵守法律。与自身相联系，自治的主体建立了义务的政治权威，他自己给自己这些义务，他自己设定这些义务，他把这些义务视做所有主体都自由地接受和承认："找到一种联合的形式，这种形式以所有的公共力量来保卫个人以及每一位联合者的财产，通过这种联合每个人与所有人联系在一起，从而只服从于他自己，却仍然如同以前一样自由"（卢梭）①。卢梭的幽灵在普鲁东的作品中游荡。他的全部野心，就是在自治意志共建契约这一论述之外寻找另一种方案。对于普鲁东来说，这就要思考另一种契约，一种建立在交换的规范理性之上："寻找某种形式的交易，这种交易把多种多样的利益汇成一体，使个体利益与普遍利益相一致，取消因为教育不平等所造成的自然不平等，解决一切政治和经验的矛盾；在这种形式下，每位个体，都同时既是生产者又是消费者，既是公民又是统治者，既是管理者又是被管理者；在这种形式下，个体的自由不断地增加，而又不需要异化任何东西。"②

为了澄清这一野心，普鲁东有三个主要的哲学论点。

三、工业劳动：一种行动的形而上学

普鲁东的第一个命题，是有关于工业劳动的首要性。工业提供了社会秩序的多技术的"词汇"（l'alphabet）："正如同创造或者建设，就是连接、联系、团结、平等、树立，instruere 或 industruere，从这里产生了 industria，也就是在自身之内进行组织化和机器化"③ 认识，就是对于这些转变的"系列有所领会"，认识是"众多职业中最小的职业，从而在认识之中已经有着专业性和系列，实在地包含着整个形而上学，能够成为起点和基础，以便在抽象和综合的最高表达的层面上提升工人们的智力"④。理性的多元论以及互助的义务，以变动的方式内在于工业劳动的过程之中。一切劳动都是协同合作的，一切行动的

---

① Rousseau, *Contrat social,* I, 6.

② *Idée générale de la Révolution au XIXe siècle*, 1851, P.203.

③ *De la justice dans la révolution et dans l'église*, Paris, Rivière, 1926, III, p.115. C'est Proudhon qui souligne.

④ *De la création de l'ordre dans l'humanité*, Paris, Rivière, 1927, P.128.

社会形式，无论是生产还是消费，居住还是分配，都是某种相互关联的相关性。由此产生了他的野心，想要描述这种合作的规则，概括出基本的运动和顺序安排，从而区分出工业操作的优先模式，以及清点出导向行动所必需的种种控制的类型。普鲁东哲学的目的，就是澄清这些合作与相互关系的某种普遍法则，这种语法完全是当时统治着政治经济学的、基于利益的功利主义法则的反题。

普鲁东自己也进行商品生产的工业活动，但他并不赞赏手工业之中的工具的简单性、本真性的物质的可贵、手工制作的独立性。所有这些神话揭示出一种神秘化的怀乡症。这种怀乡症所称颂的，乃是某种自足的主观自我，这个自我不依赖于任何人，蔑视大企业等机构，认为一切工具都将破坏由自身进行的自身创造。独立的、绝对的主体，被设定为彼此分散的主体，无法成为社会秩序的起点。这种主体只能作为社会的结果而出现，并随着历史而屡屡变迁，通过对动力因和运转过程的认识之后再进行重新组织的产物。个体化是在相互关联的行动之中的某种未完成的、开放的结果，通过解放的能力使之成为主体，而至于成为一个只是实现其预定存在的实体。

四、贸易的铁路革命

当时流行着形形色色的反技术潮流，普鲁东却总是反其道而行之，总是想方设法改变科学范式的责任，从而建立建构一种集体行动的认识论，这种集体行动是工业生产的具体体现。工业的驱动范式并不是力学，而是生理学：生产，就是运动，使得各种运动着的一体性循环起来并得到提升。铁路是工业的重要工具，在普鲁东看来，它改变了文明的基础，因此它变成了工业秩序及其各种形态的母体。"铁路，如同现代的大部分发明一样，是超越所有人的、普世的、去中心化的，它的品质在于它的行动的持久性和快速性"[1]。随着运动的

---

[1] *De la création de l'ordre dans l'humanité*, Paris, Rivière, 1927, P.263.

多元性，人的自由增加了，随着贸易的技术能力，人与人的相遇更容易实现
了：“进步的理论，就是自由的铁路”①。

自从 1845 年起，在一部题为《论铁路与水路的竞争》的论文中，普
鲁东回答了里昂科学院的一个问题：修建铁路对于里昂市而言，所导致的将有
哪些利与蔽？他参与了这个“不幸的问题”的讨论。不幸的是，因为人们从
“一切国有”过渡到毫无节制的“一切私有”。然而，国家刚刚给几个私人以
特许权，因为某种铁路，而增加了从索恩河到罗讷河的水路运输。对于里昂会
导致什么结果？“火车穿过，城市衰落”？在尊重相关区域的文化丰富性的同
时，如何思考不同交通方式的互补性？

铁路自身的特征，提供了某种社会政治的原则：“铁路取消了间隔，使人
们不得不彼此面面相对：因此，人们就可以如同帕斯卡尔谈及宇宙那样说到国
家，中心无所不在，而没有边界。它使得所有的地点和气候的不平等都被取消
和碾平，在平原的小村庄与河流旁边的大工厂之间不再有任何区别。”②

普鲁东是一位谨慎的、保守的革命者，他从来都不想完全地摧毁社会经济
的结构。相反，他想要强化各个地区中心之间的社会联系，从而更好地避免王
权式的、资本主义式的集中。普鲁东上升到一种流通的政治本体论原则，以
便澄清某种革命性的组织逻辑：“铁路，其本性在于服务和发展，触及到一切，
决定一切”。铁路决定了文明的基础：“火车机车，沟通了交通与交易，工业与
农业，通过火车机车，社会中的秩序得以产生。”③

在另一本书《论铁路开发及其可能产生的后果》中他指出，铁路开发的后
果，或是增加了铁路公司的收入，或是降低了交通的价格，促进了社会的经
济发展。他把交通技术视做加强人与人的关系以及人与物的关系的首要原因：
“火车工业，这种优秀而宏大的工业，没有这种工业也将没有社会，没有人

---

① *Philosophie du progrès,* Paris, Rivière, 1946, P.43.

② *De la concurrence entre les chemins de fer et les voies navigables,* Paris, Garnier, 1845, P.264.

③ Ibid, P.297.

类。"①

如果说，"生产，就是运动"，那么，无论就理论还是实践而言，交通方式"优先于一切工业；它形成了工业的基础、本质和顶峰，交通的法则，在经济科学中占有一个极高的位置，高于劳动的区分"。在流通的词汇中，铁路是一系列列车的结合，最早的列车是由人力来拉动的，接下来是借助于畜力，直至发展到四轮马车，而铁路，一旦启动近乎自动运行，最大限度地解放了驾驶员。

交通的铁路技术是一种"无中生有"（ex nihilo）的创造，但却是人为的创造，为了满足大众的迁移和工业商品流通的需要。铁路幸运地跨越了自然力的阻力、地形的限制以及宇宙的规定性（日与夜、季节都被取消了）。通过对其技术术语的理解，铁路发明了一个新世界，某种网状文明的技术世界。

当然，铁路还没有获得与其概念完全相符的现实，它仍然屈服于经济的、政治的压力，这些压力根据保王派和独裁资本主义的双重运动来反对铁路，反对生产的逻辑及其革命性的目的。于是，政治和经济的绝对化拒绝这种网状的反思。这种绝对化，不是把流通的不同方式的潜力连接起来，以形成一些多中心的集合体，而是把铁路网封闭在专营权之中，如同河运一样把铁路边缘化。

在哲学上，在深思熟虑的情况下，铁路能够被揭示为积分、横贯线、聚合、联邦的，它不断增加十字路口，清除阻塞，增加联系的强度和流通。在缺乏反思的情况下，产生的却是相反的东西，铁路网变成了一种由政治上的金融寡头的经济陷阱。

一方面，铁路被运用为雅各宾派进行中央集权的工具，根据某种金字塔式的阶层制进行指挥："如同阳光一般，我们所有的铁路都将从中央政府所在地出发……这样，在棋盘式的网络上，形成联邦式的平等的网络，包括陆路和水路的网络，重叠在中央集权式的铁路网络之上，并且倾向于使外省屈从于首都，于是，使得一个原本自由的伟大国家，变成一个由官吏和农奴构成的民

---

① *Des réformes à opérer dans l'exploitation des chemins de fer*, Paris, Garnier, 1855, P.60.

族，这显然是与经济学的最为确定的一般规律，特别是交通工业的一般规律背道而驰的。①

另一方面，以一种反对经济的自由主义的名义，铁路曾经交给一些垄断的大公司来支配，这些公司只关心如何获取最大可能的利益，而不是公共服务和公共利益。这种不平衡，在"高速列车"的夸张的票价中变本加厉："为了赚钱，这些大公司丧失了它们机构最宝贵的一面，也就是教育民众，通过有节制的交通，在国家之中创造出经济而洁净的正常生活。正如同一切错误都会造成匮乏，它通过好奇的乘客所获得的，也将因为票价的昂贵而丧失。"②

这可谓真正的启示录，因为把车厢和服务分几个等级，这增加了阶级的不平等："这样，人们就弄了专列和混合列车，一些给资产阶级的车和一些给老百姓的车……铁路本应该是使事物变得平等的，难道又要重新变成人与人之间的不平等的新工具？"③

把中央集权的权威主义和非竞争的自由主义联系在一起，这种逻辑是否本身即是摧毁性的？这样一种误入歧途，是否有可能得到纠正，从而在所有相同的维度之中都圆满地完成铁路革命，从而创造一种新的政治和社会文明？为了回答这个问题，必须好好衡量由铁路网络带来的各种变化。必须完成多项革命并使之融为一体：经济、政权、商业、社会、城市、政治、能源、艺术。普鲁东的全部野心，就在于促进这种科技革命，并反思这种革命所带来的各种矛盾。

铁路带动了商品和人员的大量流动，铁路促进了资本主义的量变和质变。通过铁路，资本主义就变成了宏观经济，获得了更大的资本："从这里我们可以理解大企业，理解那些在宏大尺度之上、通过大众的努力所形成的各种事业，大企业和事业都需要合作与联合"。普鲁东，主张这种集中应该以各人的创意的集中为条件，而不是某种力量的垄断，后者将重新导致某种封建性：

① *Des réformes à opérer dans l'exploitation des chemins de fer,* Paris, Garnier, 1855, P.113.
② Ibid, P.184.
③ Ibid, P.187.

"个体行为需要自身，从而发展自身，都需要基于团体，基于利益的团结和集中。因此，需要一部分个体的力量都集中起来，从而形成一个强有力的有机体，这样才能够承担起人的劳动、人的生存的必然性所强加给人的重担。"①

这种为了保证生产者的产品运输的经济力量的集中，是否应该由国家来实施？当然不行，普鲁东会奋起反抗。国家不应该包揽生产的功能，更不应该包揽企业功能。② 相反，国家应该承担的是，从法律上保证国家与企业的融洽，确定各种特许权，对私人开发所造成的效果加以监控。这就是国家在新的政治经济学之中所担任的角色。从此，通过这种角色，就可以思考"在一个参与社会之中的工业的重新公开化"③ 了。

更为必要的是，由铁路革命所引发的，这种国家担任调整功能的社会政治经济学将导致商业的革命。商业变成了分配，取消在生产者和消费者之间的中间商，将货物集中在仓库之中："铁路以其服务的持续性和规律性，以及在电报通信的帮助下，铁路的效果是能够形成直接的联系，不论生产者和消费者之间多远的距离，因此就可以取消中间商。"④

无独有偶，正如普鲁东所强调的，相对于通讯的电报技术，铁路革命彻底地改变了贸易，给市场以一种文明母体的力量："于是，在它们之间通过交通网络联系在一起，通过电报时刻保持联系，这些新的交流工具，使得整个法国成为一个大厅，一个统一的市场，一个经久不衰的交易所，一种均一的运动……整个商业体系从头到尾都发生革命性的变化。"⑤

这些由铁路所引起的经济的、政治的、商业的变化，会导致一种社会革命："社会的各个阶层之间，财富和地位不断被重新划分，阶层间不断发生自由流动，从而总是处于沸腾状态。"⑥ 每一个人，都有能力摆脱其出生地的自然

---

① *Des réformes à opérer dans l'exploitation des chemins de fer,* Paris, Garnier, 1855, P.291.
② Ibid, P.272.
③ Ibid, P.274.
④ Ibid, P.293.
⑤ Ibid, P.295.
⑥ Ibid, P.304.

规定性和地域规定性，民主在这些变动之中找到了其必然性："这些人的运动之中的起伏不定，见证了在社会的最深处所完成的革命。"①

机会的平等应该找到其收益。普鲁东因此建议一种火车采用一种均一的、混合的车厢，有两层，每层用一个个小隔间隔开，这样可以取消对旅客的阶层分类。②

所有的城市也屈服于这种革命。城市丧失了其集中的功能，而郊区和农村则充满活力："因为铁路服务的快捷、规律、准时，这些导致了商业的革新，给予农业和工业以动力，大城市的人口大量增加，同时大量人口四处流动。"③

随着便捷的交通，通讯的便捷，城市郊区出现了："通讯的便捷，首先是与企业主的利益相关的，与此相似，交通的便捷，使得工人们有可能不需要离开自己的村庄就进行工业劳动，同时兼领工业的薪水和农业的收益，比起迁往我们称做人口中心的城市，留在父辈的土地具备更多优势。交通的完善，对于国家而言，增加了商业的总量，并且把这些商业分散到各处，从而减轻了城市作为仓库的功能，这一点非常关键。"④

关于物流革命的潜在力量，我们只需要记住他所作的诊断："唯有经济状况的改变，才能够解决政治问题，而这种改变是通过铁路完成的。在这种不可抗拒的压力下，社会的重心移动位置了。"

五、艺术的力量：一种"来料加工"式的劳动

工业生产的专业化，使得在自然中完全不存在，甚至上帝也没法创造的一些事物得以诞生，正是这种艺术式的加工劳动成就了工人生产劳动的全部，通过这个"巅峰"（pointe，le sommet），工人得以把握整个世界。劳动生产中的

① *Des réformes à opérer dans l'exploitation des chemins de fer,* Paris, Garnier, 1855, P.309.

② Ibid, P.187. à 190 avec un schéma de construction et de fonctionnement.

③ Ibid, P.336.

④ Ibid, P.338.

每一项专业化都是工人们用以支配、调整整个社会经济的巅峰，工人们也由此成为社会经济的中心和观察者。"因此，劳动中的一切专业化，就其关系的多样性而言，都是无限的"①。

创造的过程，是分类的过程，也就是"对共同体中相异的组成部分进行分析的过程"。分类学用标签、清单、表格、等级、目录来对构成总体的各种元素加以分类，是归纳整理的最重要原则。它的目标是通过对构成元素的关系进行分析，从而获得一种恰当的计算结果。经济学原理建立在一种相互制约的义务之上，如果没有投入必然一无所获，投入资源的目的在于获得产品，投入服务是为了换取服务，投入资金是为了获取更大利益。"理性精神"是对付出和收获的比例所作的精确计算。生产就是在计算中取得各项变量的平衡："这个通过计算取得平衡的过程是一种私人性的、同时也是社会性的道德约束力。有些人无视这种依存关系，盲目对他人许诺一切，保证一切，试图提供、给予一切，比如指令、工作、交换、遗产、财富、安全，这些不恰当的现象正是由于他们缺乏对这种道德约束力的认知。"②

分类的艺术和取得平衡的能力就像是一位仁慈的专制君主，自我制约并主动放弃了某些爱好，从而作出某种自愿的选择。在这之上，普鲁东否认了社会主义者只有奉献而实用主义者单纯享乐的理论。他的目的在于借助于"对真理的形而上学研究"重新梳理人类创造价值的过程。工业生产并没有灵魂，但是它却被一种理性力量所支配，在这种理性力量的支配过程之中普鲁东参透了机械论的结构方式和运作原理，并将他们进行综合概括，使其像正义一样具有一种严整的结构性。

普鲁东的目的是将生产劳动和工业生产定义为一种词汇创造。对于普鲁东来说那些用于拆分和对话的工具就像处于联结和循环中的词语③，是一种工业生产活动的形而上学原则。他提升我们的生产力，并通过句法转换推动我们

---

① Ibid, P.187. à 190 avec un schéma de construction et de fonctionnement.

② *De la capacité politique des classes ouvrières,* Paris, Rivière, 1924, P.204.

③ See *De la création de l'ordre dans l'humanité,* Paris, Rivière, 1927, P.297.

的创造力。作为一名分类学家，普鲁东如同居维叶（Cuvier）或者于斯留（Jussieu），很好地贯彻了语言创造者和工业生产工具之间的结构性转换关系。[1]

普鲁东试图绘出一张"经过理性推理的表格"[2]并且建立一种革命性的有层次的理论系统。这个理论系统就像一个纲要性的汇编，其中的每个环节和程序都能为工业生产的实现提供一个语言学支持。在不合常理的组成元素、未经过编辑的质料、自由的交换和错综复杂的组成部分浮现的过程中，一种循环往复的自由性构成了各种关系处理技巧、革新运动的推动力量和人文化过程的发展模式。

艺术的力量还是一种参与的过程，因为对于普鲁东来说，艺术家并不是手握魔法棒，被造物主赋予灵感的群体，他们不能借助神力的帮助洞察原初始因和原初语言。缺少了确定性、功能性和实用性的支持，艺术家所具有的个人感知自由只能提供一种单纯的情感表达的快感。[3]这种参与性的特征使得艺术具有了和上帝等同的价值，艺术作品因此具有了神圣的不可言说性和不可触碰性。

美学不应该成为神学的代用物，艺术家也不是创造者的代名词。艺术家是如同手工艺人和工人等生产者一样的劳动者，将自己投入到一种程序化的合作、创造、实施过程中。"名画如同《最后的晚餐》或者《耶稣升天》，以及梅耶尔的歌剧名篇，卡纳瓦的大理石雕塑都只是一种进行创造、组合、实施的程序过程，他们都服从于一种形而上学的演算。"[4]

为了反对新神秘主义[5]所谓的具有神秘性的创造力量，普鲁东希望为艺术活动注入一种"理性主义根基"，就如同给美学判断加入理性支持一样，因为

[1] See F.Dagognet, *Trois philosophies revisitées, Saint-Simon, Proudhon, Fourier*, Hildesheim. Zurich, NewYork, 1997.

[2] De la justice dans la révolution et dans l'église, *op. cit*., Ⅱ, P.321.

[3] See *Du principe de l'art*, Paris, Garnier, 1865, P.44, 123, 219, 253 sq.

[4] De la création de l'ordre dans l'humanité ou principes d'organisation politique, *op.cit*., P.144.

[5] See Du principe de l'art, *op.cit*.; P.267 sq.

"没有哪种审美能力会反对理性"①，或者说"就是非理性主义扼杀了艺术"②。为了证明这一点，他赋予艺术以多元论结构化的特征："用合作化的生产者去反对囤积居奇的财产占有者"③。艺术，在语言化的工业生产④中重新找到了自己的位置，借助于此，那些潜存于未来之中的可以被想象和感知的潜在性更加快速地完成了现实化进程。艺术的创造活动确认了一种借助理想主义——它将我们的感知分类，支配着我们的判断，并由此左右创造活动——对现实进行解读的过程。"正是由于艺术批评的存在，人类才得以进行自我反省"⑤。

艺术是加工创造的发展性过程，这也是人类区别于物的关键。"人类所做的一切，一切他们所爱或所恨，一切他们能够感知并抱有兴趣的事物，都可以成为艺术的素材。人们对这些素材进行整理，挖掘，使之协调。自然界毫无作为，只有生物才有对外物进行改造的能力，不对外物进行改造，便不能引起人类的兴趣，一切人类所触碰到的东西都要被整理、改正、提炼和创造。"⑥

这个存在于并超越于劳动之上的形而上学定位，由于美学成分的影响得以更加醒目和充满活力。但是这种能力并不是一种"没有规则和指导方向的杂乱训练"肆意发展的倾向，她受到了艺术崇高性的两种规则的制约：这两种规则在于，其一，人类总是处于改变之中；其二，人类在这种自我提高之中自我评价。人类在自我提高的过程中评价自身的转变，这些评价自我排列，同时释放某些组成部分——这些部分负责将人类变化活动纳入一个结构化的活动系统之中。这种系列化的认知积极地加强了人类在生产协作过程中实现自身理想的意愿。这种程式化的分类科学通过自身的理性评价系统，展露了艺术在自我实现过程中的潜在性空间。

投身于可能性的实现过程，就是分享人类创造价值的愉悦，艺术也在这个

---

① See Du principe de l'art, op.cit.; P.15.

② Ibid, P.105, p.188 sq.

③ Ibid, P.249.

④ See De la justice dans la révolution et dans l'église, Paris, Rivière, 1931, II, P.321.

⑤ Du principe de l'art, op.cit., P.310.

⑥ Système des contradictions économiques ou Philosophie de la misère, Rivière, 1923, II, P.13.

过程中贡献了自己的力量并在这个过程定义了自身。这样人文主义的形而上学的书写借助于自身的力量使所有的事物得以可见并赋予每一潜在事物以某种可见性。如同圣主显灵，她将系列化的事实呈现为一幅充满动态的画。[①] 艺术是有效共同体中联结各个组成部分的关键。艺术行为将无序的，杂乱的，未经整理、尚未确定形象的事实理想化、完美化为一种带有神秘色彩的譬喻，更难能可贵的是她并没有因为这种升华而抛弃现实世界，也没有将自己封闭在一个隔绝的空灵空间之中。各项生动的事实[②]通过某种方式得以集合，歌唱"关于某一创造时刻"的赞歌。[③]

"工业生产词汇"（l'alphabet industriel）的逻辑方式，是整理、转化具有可塑性的"规律"（machinations）。通过综合性的清查方式和具有创造力的序列，在某种"合成原则"的指导之下，将各个可能性空间联系起来，并将他们加以排列整理并具体化。我们将这种产物称做"灵性"，它提醒并给我们警示。人文科学的公共图书馆是反省的途径也是精神食粮的提供者，它的功效和用来祷告的教堂相等同，它是一个充满交流和互动的神圣场所。它的宗教特征证明了人类的存在和实在性，同时，我们还可以在其中找到一个共同生存的坚实方向。不断增长的分类学结构给我们信心并能确保一个稳定却具有能动性的未来，在现实中这种分类学结构表现为公益性的场所，难道我们不应该确信这样的观点吗？

除此之外，我们并不需要对艺术有任何畏惧。艺术工作并不将自己呈现为一种"为艺术而艺术"或者说故弄玄虚的形式主义，（就像普鲁东所提到的工业生产活动）。艺术活动完成了动态部分的联结，呈现了崭新的形象，展露了新颖的解读方式。"在艺术创作和工业创作之间没有任何区别。艺术家，创造的是虚无（neant），它所做的是抓取线索、分析形象、联结琐碎，并将各个单

---

① See Du principe de l'art, op.cit., P.144.

② See De la célébration du dimanche considérée sous les rapports de l'hygiène publique, de la morale, des relations de famille et de cité, Paris, Rivière, 1926, P.80.

③ See De la création de l'ordre, op.cit., P.177.

元重新呈现为一个整体，而正是这个过程构成了所谓的艺术创造"①。

卸除对艺术所谓的个体神学的理念设想，艺术是一种"主动积极的形而上学"(une métaphysique positive)②。在这种情况下，艺术不是像我们盲目批评的库尔贝（COURBET）的朋友所想象的平淡的写实主义，"并不仅仅与自己的周边，而是与整个时代，将各种观点和原则统一起来"③，艺术的目的就是提炼现实生活的能动性。

同时，我们在种种可能的共同欢愉中给予艺术活动以无限的信任。也正是因为缺少了苦涩的想象，艺术活动总是建立在形式与内容的抗争之上。艺术表达的是一种张力。在叙事性的事实中，在各种被修改的现实材料和处于运作过程中的各股力量中，艺术活动在形式的原则基础上探索出了一个具有能动性的序列。

对于普鲁东来说，艺术作品是一种颂扬人类自主创造精神的、坚实的乌托邦："人道主义是一种具有现代性和革命性的信仰，她通过自身所具有的力量，在公正的基础之上发展完善她的感知能力，她就是她自身的指导者。她自己支配自己的证明方式。艺术家是这个创造过程的主要代言人，他自己支配自己的创造，他催促、预言、煽动、促进创造过程的实现（或自身实现）。艺术家就是一个创造者，更何况他完美领会了艺术的灵魂并将其完美表达在艺术作品之中。④

普鲁东的社会主义并不是如我们惯常所认为的那样，将政治和社会关系通过一些公共场所——如博物馆和图书馆——转变成一种人人都可以使用的艺术，而是艺术作品本身将自己的影响力加诸于普通市民之上，并由此修改和丰富自身与外在世界的关系。至于艺术所拥有的神秘主义的领域，则需要借助图书馆和博物馆的珍藏得以融合入外部世界。大众的艺术家为这种慷慨的提升提

---

① *Du principe de l'art, op.cit.*, P.275.
② Ibid, P.191, P.228.
③ Ibid, P.275.
④ Ibid, P.276. C'est Proudhon qui souligne.

供了显而易见的证明，每个个体都能在其中发现一些形式和事实，正是通过这些形式与事实，人类得以描述自身的变化并为我们提供珍贵的经验，从而延续人类社会的发展。

艺术工作的历练即她所要求的专注、归类、分配等条件以及普查、关系、分类等程序，是人类学发展的主要推动力，这种人类学的总体准则就是：人类创造自身并改造自身。

对于每个从事艺术活动的个体来说，艺术活动的过程也是各种动态关系不断复杂化的过程，在这个过程之中，个人得以确立并转变为他者，所有的这些活动都在一种调停和超验的场所得以完成，这些也就是所谓的人类的创造活动。不断循环却又集中的情感联结不断精炼和集中，形成图书馆或者博物馆等公共机构，使得每个人都能参与到这些机构所能触及到的任何活动之中。

对于普鲁东来说，这种充满激情的转化过程与神来的灵感并不冲突，但是创造的艺术过程和科学、工业生产过程相同。手工作坊、实验室、图书馆、博物馆都是具有创造性的介质：正是在这些作为介质的点点发生了具有创新精神的转变。所以"我们可以期待有某天，关于绘画、建筑、雕塑等艺术的理论，会像科学理论一样具有精确性"。

但是艺术并不是借助灵感来实现神圣的启示（visitations "phraséurgiques"）[1]，因此艺术家的任务将会是"运用颜色和雕塑刀，在画布上或者石膏上构思出种种不同的观念，这些形态各异的元素是一种总结精神，也是一种超验精神的体现，因为"思考和方法论无限超越了最幸福的本能"，而且"终有一刻，理性创造的光辉超越了天然灵感所能带来的美妙"。[2]

傅立叶对他所憧憬的"共和国"描述中，曾经提到过"共和国形态"的标志，如图书馆的平台和观测台、公园、公共住所，普鲁东着重引述了这些机构的运作过程，并表达了他其中的所蕴含的"激情主义"的恶意嘲讽。

---

[1] See Du principe de l'art, *op.cit.*, P.274.

[2] De la création, *op.cit.*, P.216.

六、关于宗教的理性命题

在普鲁东理论分析的框架之中穿插着另一个能够引起我们极大兴趣的哲学论题，一种与自由有关的理论。对于普鲁东来说，自由并不指向依赖于我思而产生的主观实体，我思并不能保证主观实体的普遍性，但是这个主观实体本身具有能动性并且处在不断变动的状态之中，其功能也不断变化。人只有在自身和在非自身之间反复调整和转变才得以存在。异化之所以产生是因为人们缺乏足够的相互交流而局限在自身之内。主体追求一种可以作为多种存在方式的权利，他挖掘自身与他人相互交流的能力，并以此实现向他人的转变或者实现多重存在。而这个过程如何实现？普鲁东的回答是通过劳动，也就是工业生产合作化。

人只能通过在劳动中不断完善自身与他人的合作关系从而实现自身的存在。存在即是关联。普鲁东罗列出了所有的相关问题并将他们与宗教统一起来。人类通过自身的积极主动性从而在纷繁的关系中得以呈现，这种呈现并不依赖于超验性作用，而是在和教友的社会合作劳动中实现。在劳动生产过程中存在一个主观性的"协作社会"，它是公共场合的基础，正是在这个"协作社会"中，个人不断晋升，并得以被承认，被尊重，被赞美，并支配他人。这个上升过程通过生产劳动"群体意识"得以合理化，是关于社会给予的一种具有合法性的奖励。

这个与社会生产有密切关系的主题揭示了另一种关于商业关系的政治理论，这种理论要求确认工作权利，把工作权利当做人类存在的主要动力。孤立生活完全隔绝了自身与他人，因为自身把自己封闭在一个只存在绝对主体的领域之中。而人的存在只能通过复杂的社会关系去实现，因为社会关系为人类提供了一个充满无限可能的空间。"每个个体在他人的自由中所找到的自由不是像 1793 年的《人权宣言》所宣称的那样是有限的，而是一种自由的必要补充，最自由的人是那些最大限度拥有社会关系的人。"①通过合作关系而实现的工业生产活动是人类自由的母体。尤为重要的是人们在此类活动中找到了一起实现正义的合作者，这个远远要比联盟组织本身更加有意义。创造性地劳动实现了"一种消解了时间的行动的形而上学"（une métaphysique en action sur le plan fuyant de la durée）。关于交换的经济学是为了了解并转变各种操作模式，但是它要了解和转变的不是操作模式的基础，而是操作模式如何得以存在。"在社会中存在有关经济的事实和规则整体，在这个整体中，有一种我们必须绝对尊重的高级理性，也就是所谓的宗教"。这种"国家主义的宗教与1794年所确立的至高无上的人权具有同样的重要性……宗教与军队和监护权一样，服务于一个共同的目标：给予人类自主权"②。

权利的让渡封闭了所有的可能性，因为如此一来，各种循环和交流局限在一个相同的地域之内。"存在是一个整体"。③工业生产的主体表达自己的权利，他想成为众多，即通过运用自身的社会和创造能力而成为与他人无限相关的多重存在，这个过程也是他在作坊中实现创造性劳动的过程。"我们只能通过他人的言行去了解他人"。④自由的真正权利是交换，毫无疑问，个体是这种交换的多重创造者。个体具有扩大自身社会性的无限自由。交换的灵活性，工业以及技术的革新赋予这种"人类社会化"多种实现方式，在这个意义上，交换与工业、技术的关系已经远远超出了"隐喻"的层次。交换是形而上学的政治学的核心内容，工业生产流通以及系列化的技术是人类社会化的基本规则，也是提升人类能力的推动力。

普鲁东这种相互主义的唯物主义（Le matérialisme "réciprocitaire"）十分接近于约雷斯（Jean Jaures）所希冀的那种"具有逻辑性和完整性的个人主义"，这种个人主义服务于"一种不安于现状的愿望，促使人类具有一种高级

---

① *Confessions d'un Révolutionnaire,* Paris, Rivière, 1929, P.249.

② *Système des contradictions économiques ou philosophie de la misère,* Paris, Rivière, 1923, P.34.

③ *Economie ou nouveaux principes d'une philosophie sociale,* manuscrit 2863, f 224, 226 et 52.

④ *Philosophie du progrès*, Paris, Rivière, 1946, P.63.

的存在方式"①。

七、行动的正义

第三个命题与正义相关。自我与他者相互交织，实现了对内在本质的领悟，也确立了社会行为附属在工业生产劳动之中的事实。"正义是一种权利，我们在他者中感受自身的尊严，就如同在自身中感受一样"。② 正义并不来自长途跋涉之后的超验本质，无论是在自然倾向还是在群生社会影响之下的体系中，神圣的超验秩序和正义都是不能被等同的。③ 循环的工业社会通过互动的智慧、联结的行动和义务性的合作系统推动一种合作性的增长发展。工业社会的力量通过对尊严的感知得以表达：人类在自身和他者的关系中首次感受到尊严，并且根深蒂固地产生一种高于自身利益的道德规则。④ 如此一来，社会行动就立刻拥有了的道德伦理意义，因为他们处在合作生产的过程之中。 互动的社会根源就在于它的合作化特征。伦理道德意识不再是一个运算的过程，在自身和自身行动之中，尊严为个人定义，"任何个体都能体会到作为集体中的一员而存在，就如同个人和家庭，个体公民与全体人民，个体和人类的关系"。⑤ 正义"是不同于并高于利益旨趣的他物，这一点必须被承认。所以正义并不是一种剥离了存在的，正义不可以通过演算而被还原的整体，相反正义是一种至高无上的理想范式：它首先是一种标准化的政治事实。

在他者之中感受自我的尊严，这是一种分享喜悦也分享痛苦的能力，是实用理性的建设性力量。这种互相尊重的情感附属在可以转变为"灵魂的力量"的实际行动之中，因为普鲁东用"在他者之中感受自我尊严的能力"建构了

---

① *Philosophie du progrès*, Paris, Rivière, 1946, P.63.

② Jaurès, *Idéalisme et matérialisme dans la conception de l'histoire*, conférence du 12 Décembre 1894.

③ Ibid, P.288.

④ Ibid, P.290.

⑤ Ibid, P.299.

"一种先于实用理性的形式"。[1] 个人的最大幸福并不存在于接受他人膜拜的仪式上，然而这种幸福确实处于人际关系的多重性范围内，借助于这些繁复的人际关系，个人才得以在错综复杂却又以自身为目的行动中，挖掘自身的潜能并实现自身的发展。工业生产工具就是标准的社会化工具，因为她是关于认知、发展和自信的标准化模式："能够完美应对各种场景，满足自身需求，保卫自己的尊严：这就是正义"。[2] 正义是内在的，应为她的复合本质在社会创造和交换活动中得以自我发展，所以正义并不低于或者脱离个体本身。伦理学被规范化的过程，借助于"一个综合的个体，这个个体和我们一致并融入在我们之中，他通过他的影响力和启发性，完成了对灵魂的铸造"。正义"比自我更加宏大"[3]，"社会生活支撑了大量关于社会自由和复合尊严的论断"，正义本身借助于劳动生产中的集体理性力量得以存活。社会关系转变了这种尊严，在行动中完美建构了正义，这些行动基于和约，"和约使得人类以群体方式组合，合约宣称了个体为何物，合约也是确立连带性和相互性尊严的唯一方式，和约使得人们以互相支配的方式相互认知，在承担个人的同时也保证了他者"[4]。

因此，政治工作在于构建一种"互动的服务"和"高速发展的优先权的平衡"。哲学工作的任务是增加"社会生活所假定的报告数值，以此来提升社会化自由的力量"[5]。这并不会消除社会（自由的个体主义），也不会消除个人（共产主义的或共同体的超验主义），一种博爱的秩序诞生在由存在推动并以追求自身发展的工业协作生产中。

普鲁东并不是主张一种有限的自由，也不是在提倡国家主义的共同体，他把自由定义为关于合作活动、交流活动、传递活动的知识，认为正义存在于合作智慧的系统之中，是关于感应性增长关系的认知，是道德的社会宗教的最高

---

[1] Jaurès, *Idéalisme et matérialisme dans la conception de l'histoire*, conférence du 12 Décembre 1894, P.296, P.302, P.317.

[2] Ibid., P.317.

[3] *De la justice*, op.cit., P.414.

[4] Ibid, Tome IV, P.365.

[5] Ibid, 5ieme Etude.

点。伦理学是一种"可见的形式",积淀于"服从于宪法的积极事物",所以伦理学如同可以被破解的文本具有可见性。通过对内在或外在文本的解读,一种"一种关于行动和生活发展步调、表达方式、存在方式的伦理学"[①] 可以并且应该对"各种状态和各种反思中的人类生活的标准条件"加以分类整理。伦理学是融入了各种反思的美学。这些反思表现为可以被解读和分享的灵性,而且系统性地显示为一种可以被实际行动所采用的建议,这种显示通过一种程序以完成,即"关于社会反思的绝对科学"的程序。"伦理学并不是创造而是发现"[②]。普鲁东并不像奥古斯丁那样实施一种建构艺术宗教的活动,也不是还原一种旧的宗教的活动,而是发展一种附属在工业生产活动中的关于协作技能的宗教。

普鲁东的著作无可争议地受到他的职业习惯的支配,因为他曾经身为印刷工人,所以在他的"工业生产词汇"有鲜明的字母排列特性;因为做过会计,他的序列化理论充满了关于产进产出结算的特点。同时,在他的作品中,启发性的力量附属于关于语言的语言学,人类独特的原初语言见证了他所有关于系统学和语言形式的最初尝试,我们可以在他的第一本著作中找到所有这些尝试的痕迹,这部著作以未署名方式被他自己的出版公司出版,"普通语言学的论集"(1837)[③]。通过对劳动生产关系中相互义务和合作增长的分析,普鲁东确信他可以通过创建一种关于人类创造力的美妙语法规则,从而找到"工业生产语言学"。

八、财产权是一种关系

在哲学语境中讨论"关系",和具有建构型特征的正义问题,有助于我们能更好地理解使普鲁声名鹊起的财产权问题。1840 年的论文《什么是财产权》

---

①   De la justice, op.cit., PP.448–449, P.452.

②   Ibid, P.143. C'est Proudhon qui souligne.

③   Ibid, P.82.

中，一个惊世骇俗的论断使普鲁东声名大噪，这个论断就是前无古人、后无来者的"财产权就是盗窃"。

通过"什么是财产权"这个问题，普鲁东提出了一个关于哲学本质的问题，这是一个假设性提问，但却是和理性并存并且自在的问题。普鲁东丝毫没有怀疑私有财产的存在性这个事实，因为他的目的并不是探寻私有财产的存在性问题，因此，财产权是否存在并不是他的旨意所在。他的提问从财产权明确的存在性开始，探讨关于财产权本质的态度问题。在这个提问的过程中，他很好地贯彻了哲学提问中的笛卡尔式方法论，对财产权的形而上学问题展开了论述：如果赋予财产权存在合法性，如何对财产权进行本体论分析即如何给予财产权一个无可争议的合理性，与正义秩序相等同的合理性？以及财产权的本质是什么？

与庸俗意见对财产权问题的回答相比，普鲁东对此问题的回答显得十分粗鲁，因为没有任何论据可以支持财产权的合法性，财产权不能像法律那样任意使用甚至滥用。无论是其起源，还是从其归属，抑或其模态来分析，财产权都是不可能实现的，因为财产权与她自身的存在前提具有矛盾性和不相容性。

没有任何司法、经济或者哲学论据可以在他的原则中给予财产权以合法存在性：关于首先占有的理论和被授权的惯常合法性并不支持其天然存在，因为这些理论都如同承认附属性质一样事先承认了私有财产的存在性（所收获的只是用来制造收获的工具），而没有一种规则可以将土地、产业或者资产收归为己有：除了掠夺没有人可以占有绝对的支配地位。有一种生产劳动，比如开垦土地并亲自耕种它，自愿地将个体特征运用在劳动过程之中，使劳动过程带有明显的个体特征，严格意义上讲，或许这种劳动方式可以解释生产劳动所导致的财产权的实现过程，但是这并不能保证生产资料本身确立了自由财产的合法性。尤其是，我们应该解释，为什么所有的劳动力都是自由劳动，即参与了特征化劳动过程，但并不是每个劳动者都最终得以成为财产占有者。

所以，根本不可能为绝对和无限的财产权找到存在的合理性，但是为什么财产权却被像法律一样被确定下来？而这种又产生了什么样的后果呢？关键要改变看问题的角度：没有一个抽象的证据可以支持财产权的合法存在，恰恰是因为它本身具有不合理性，因此根本就不能将财产权纳入到思想范围之内，更不要说为它的存在找到合法的解释。

财产权无法实现我们所赋予它的本质，它无法与定义了它和它自身规则的"正义"相一致。财产权本身所带有的不平等性和自私性，使它具有反社会性的特征，因为它不可能将人类联结起来；相反，却是在分立、隔绝人们，使人与人之间相互对立，整个社会既没有统一性也没有一个共同实质。财产权确立个体的过程具有绝对的主观性，所以它并不来源于人类，它不可能在人类之中找到"我们"的含义，也不能找到任何归属性和同一性，财产权所支配的社会不存在任何统一的集体力量也没有任何统一的标准理性。

但是，因为"不存在绝对的、无限的财产权"，因此我们就要取消所有的财产权吗？我们可以暂时搁置正义和公平而去想象另一种在形式上多边、力量上相对和有限的财产权吗？存在一种从属性的，受牵制的，可以被取消的财产权吗？如何从"掠夺的私有财产"过渡到"自由的私有财产"？

为了回答这些问题，普鲁东改变了对历史事实发展过程的解读方式，为确保商业市场的正常运转，财产权在历史发展进程作中被定义为一种必要的非正义性，普鲁东认为，在商业经济中，即工业、银行产业的发展过程中：财产权是一种囤积居奇，是一种偷盗。私有财产是"一种意外收获的权力，一种不用劳动就拥有生产能力的权力"，它赋予了金融投资、土地运作、工业生产通过偷盗增加价值的能力。这些中心问题普鲁东没有再进行论证。

马克思赞赏普鲁东，注意他是第一个察觉到并分析此种问题的人，也就是马克思所谓的"剩余价值"。对于普鲁东来说，资本主义私有财产是无形的剥削过程的关键："资本主义宣称，按照工作间支付雇佣工人的工资，或者更精确地表达为，资本主义支付了雇佣工人双倍乃至更多的工资，实际上完全不是这么回事。因为合作生产的方式、工人之间的协作关系、合作力量的会聚、雇佣工人的力量协调所产生的巨大力量，没有得到任何报偿"。资本主义将单纯生产和协作生产之间的差异所带来的剩余价值全部收为己有，这也是被普鲁东称为"运气"的资本主义收益。正是这种掠夺性的生产构建了资本主义资产。

劳动者的集中生产释放出的综合力量远远要高于劳动者从事单独劳动所产生的力量叠加。得益于劳动者的集体化，劳动者以一种统一的形式出现，我们可以将此称作为他们，他们的工作团队，他们的生产车间，他们的公司，他们的工厂，或者就像有时他们自己所称呼的那样：他们的家。更有甚者，两百名工人可以在数小时之内将卢克索的埃及方尖碑从底部竖起；如何想象一个单独的劳动者，即使在两百天内，可以将方尖碑竖起？同时，资本主义的账户中，他们这两种劳动的价值支付是等同的。所以，一块等待开垦的沙漠，一栋等待建造的房屋，一间等待经营的工厂，这些都可以被视做等待被竖立起来的方尖碑，他们都是等待被移动的大山；微薄得不能再微薄的财富，破败得再不能破败的建筑，少得不能再少的工业生产投入，却要求一种综合了各种才能的协作劳动，这种劳动是单个的劳动者所不能胜任的。经济学家们没有意识到这一点真是太让人吃惊。应该在资本家的获得和支出之间寻求一种平衡。

在合作生产的运行方式基础上产生的生产率收益，使得每个劳动者都能创造出比单独劳动更高的产量。这种协作生产状况一旦改变，工人们便几乎只能获得刚好维持最低生活水平的生活资料。而后的"再次协作生产"产生于新的秩序化协作生产活动之中，工作中的技术分工不仅提升了他们的生产力，也同时提高了他们相互协作的能力。

但是，生产资料是一种私有财产，因此资本主义对劳动工人的付酬不是以劳动者作为集体单位而生产的实际价值为标准，而是将单个劳动者在集体劳动中的成果单独化，并以此来衡量他的生产能力。资本主义侵吞了"单个劳动的集合"与"集体劳动"之间的利润差异，此外也掠夺合作化生产所产生的剩余价值，这也就是普鲁东所谓的资本主义通过投机所占去的利润收益。私有财产通过他自身存在的事实，没有进行任何劳动却可以获得酬薪。这种投机的权力是私有财产通过"利息、地租、租金、利率、红利、手续费、贴现、授权、特权、垄断、奖金、兼并、闲差、不正常手段"这些花样繁复的特定机缘和手段实现的。资本主义将这种投机称之为资本利润，他们声称这种资本利润是合作化生产的果实。因此财产是公有的资本，而不是自由资本。

而在共和制的社会主义形态下，所有的经济问题都会以另外的方式解决，剩余价值不再是掠夺性的囤积居奇，也不是依靠资本投资而强夺的榨取，而是以公平的方式被全社会占有和分享，这种占有和分享是个人应得，而不是依靠体制上的权威或者特权来决定的。哪一种私有财产，不依靠资产优势，不依赖国家特权？普鲁东认为，我们应该尽力维护无特权的财产权，因为它天然地具有合法存在性，它以生产劳动为基础而建立，而且它提高了有待分配的产品质量。有没有一种资产投资会承担生产企业投资过程中的风险并减少资产利率？国家在调节财产权过程中应该充当怎样的角色？

为了回答这些问题，普鲁东并没有采取与回答财产权问题相同的分析方式。他的意图是借此回答一个与财产权问题相关联但是似乎更加关键的问题：货币利率问题。保罗借给皮埃尔一笔钱，一个月或者一年之后，皮埃尔也还给保罗一笔钱，但是其金额却高于最初所借的数目。如何解释这种现象？为什么1月份借出的100欧，7月份要返还110欧，或者更长时间后，12月份要返还120欧？为什么货币在没有任何举动的情况下会逐渐增长了价值？是时间提升了它的价值吗？利息就是时间的价值吗？时间就是金钱吗？

而且，这种交易方式经常受到谴责，因为从禁令和严格法律意义上来说，这种行为被哲学家和神学家谴责为一种"坏的精神"。圣经中的一个谚语说：货币并不能繁衍子孙，那些以放贷赚取财产的行为会被耶稣处罚。

但是，虽然被圣经所不容，这种行为却建构了整个经济，它存在于整个人类社会。它是资本主义经济的基础，资本主义借助多种多样的操作方式进行有息资产投资，却不付出任何代价，如此一来私人公司和国家财政将不复存在，股票、债务、市场、银行都将消失。所有的人类社会都建立在货币利息这种强取豪夺之上，但是任何一个社会成员都在不理解或者不愿意的情况下接受了这种榨取方式并实践它，如何来解释这种神秘性，解释这种与私有财产精神共轭的金钱投机精神的存在？

九、投机精神

关于资本主义的货币利息理论，是成就普鲁东的另一个著名观点。卡尼尔兄弟记得普鲁东的会计生涯，在他们的订购之下，普鲁东以匿名方式和另一位经济学专家乔治·杜沙勒合作在 1852 年出版了《证券投机手记》，乔治曾在 1852 年出版小说《百万富翁》，之后在 1867 年出版了另一本司法操作著作《审判席上的投机精神》。

根据乔治本人的总结，这本书主要包含了两个观点。第一部分是"资产投机的方式"，陈述了不同市场上股票的各种运行方式；第二部分则集中讨论了"投机内容"，描述了法国境内和国外的股票和债务，分析了他们的多边的营利方式。

在第三次印刷中，普鲁东又附加一段谴责银行信用和其非生产性的引言，希望借此梳理整个社会的证券经济系统。经济学专家变成了抨击文章作者，面临日益逼近、预兆了世界末日的经济危机，他不再停留于经济学分析，而是转向了"启示录"。在这段引言的结论中，普鲁东呼吁一种合作机制，将经济学秩序建立在工人组织控制的劳动价值基础之上，由工人控制银行利率所得，借此控制资本主义风险投资的报酬，并不可逆转地控制住经济力量的核心。[1]

在英国国教所鼓吹的理想的"工业无政府主义"（l'Anarchie industrielle）之后，来源于圣西门的"国家封建主义"（Féodalité étatique），"工业帝国"（l'Empire industriel）引导了一场前所未有的经济战争，面向"工业共和国"[2]主宰的经济时代，关于财政和证券的问题占据了取代了政治冲突拥有了绝对

---

[1] See Cet essai fût publié en annexe de l'Abbé Bergier, *Eléments primitifs des langues, découverts par la composition des racines de l'hébreu, avec celles du grec, du latin et du français, nouvelle édition augmentée d'un essai de grammaire générale par l'imprimeur-éditeur*, Besançon, Lambert & Cie, 1837.

[2] *Manuel du spéculateur à la Bourse*, éditions Lacroix et Cie, Paris, 1876, PP.417-421.

主导权，难道"将证券共和化"（républicaniser la Bourse）① 开始了吗？我们可以建立一个共和国市场吗？我们可以构建一个共和制的关于交换的经济形式吗？

实际上，普鲁东发现了证券充当经济边缘化产物时的角色和功能，也就是说经济还是受不动产租金或者土地租金支配的时候所具有的特征和功用。他把证券定义为"资金市场"（marché des capitaux）："从利润和财物价值开始产生到运作机缘，所有的资本价值，所有的两合公司股票，所有的流通的债务大量转变成证券，在这种意义证券或许可以被定义为资本市场"②。

证券是加速资金必不可少的角色，在这个过程中证券赋予资金不同的利息率，借此提高赢利，使生产市场投资翻倍："这也使资本像劳动产品一样成为商品，具有更高的流通性，可以比劳动产品更容易被交换。也就是因此，现代人类，25 年之前就开始开凿河床，建设铁路，实施规模庞大的工程，保证工厂供给，在罗马、埃及、亚述、波斯和印度留下了伟大的丰碑。"③

所以，信贷的构建方式是整个工业生产的模型，也是现代工业生产新范式的推动力。"国家经济资本行为"指向资本资金的流通，而不是产品的生产或者说价值的生产："就像血液的流通延续维持了整个人类的身体和生命，就像产品流通延续了维持了社会的生命，我们生存在一个比私有财产更宏大的事实之中和比私有财产更高的规则之中，我们生存在资本循环之中。"④ 从 1850 年就开始的铁路建设保证了流通的进行，资本和证券的流通开启了资本主义新纪元，对于资本主义来说——如同我们所知——"生产就是流通"。

但是，在有息借贷结构组织中，货币被当做价值被投入到可用资本证券中，用以产生剩余价值，这种投机的过程是如何实现的呢？ 普鲁东赞扬了一种刺激货币的投机能力："投机并不是什么其他的东西，它是对整个生产过程，

---

① *Manuel du spéculateur à la Bourse*, éditions Lacroix et Cie, Paris, 1876, P.7.

② Ibid, P.408.

③ Ibid, P.69. C'est Proudhon qui souligne.

④ Ibid.

如生产劳动、利润、运输、交换等各个环节的一个智慧构想。寻求和发现这种构想的过程就是寻求财富积累的过程，资产增值或者通过一些新方式得以实现，或者通过资产、运输、流通、交换的相互整合实现，或者通过创造新需求来实现，甚至通过分散、转移财富的方式实现。"①

普鲁东在他关于投资、投机的学术手记中，展示了证券赢利的生产逻辑，但同时他也分析了投资中为了更快提高营利性而无所不为的腐坏之处。他谴责说：受到惯性的趋势，工业生产支配了所有事实，因为所有好的、不好的生产活动最终都陷入了不公平的财产分配之中。

在生产过程中，好的投资和投资同时存在，但是，二者是难以区分，而且没有任何合法的政治力量，或者强权之下的政治力量足以控制二者。"在投机中的证券运作或者是证券中的大部分投资活动都是为了争取公共资金和今天依然处在沉睡中的工业股票"②。大部分证券投资都以公共基金或者工业证券为对象，或者以基于精心计算所获得的偶然利益为对象，因为这些证券的第一原因皆在于国家，或者基于从公司或者从国家窃取的机密，或者基于对公司管理层或者国家公务员等预先给予的信任、默契，或者基于他们的轻率和被贿买。这时，投机就仅仅只是一个游戏，任何个体都有权利做那些法律没有明文禁止的事情，尽可能谨慎地利用无常变化中的偶然性来获利。这就变成一切商业恶行和犯罪的场所："招摇撞骗、走私舞弊、垄断暴利、囤积居奇、贪污腐败、背信弃义、敲诈勒索"③，等等。

普鲁东将经济危机的原因，类比于康德所阐发的纯粹理性和实践理性危机。源于资本主义自身的矛盾性比其他任何形式的矛盾都还要糟糕，因为我们总能通过灵动的方式寻求不同的方式去解决那些普遍的矛盾。为了引导资本主义经济走出困境，应该如何抵制资本主义自身不可解决的二律背反呢？

---

① *Organisation du crédit et de la circulation et solution du problème social sans impôt, sans emprunt*, 1848, P.140.

② *Manuel du spéculateur, op.cit.*, P.11.

③ Ibid, P.19.

同时又能寻求到一种非机械主义的银行系统去调控债券利率并且制约资本营利性？

但是这种可怕的逻辑不是很令人费解吗？难道资金获利的优先权不是附属于股份经济的一种专制主义吗？货币赢利是一种君主专制，它在民主政治中管理着了一种新的专制主义：货币民主。

真正的社会主义忽视了何种技术事实？普鲁东是否试图通过他对"金钱机器"的分析来纠正这种现象吗？"金钱机器"也就是：通过资本市场上的货币机制，各种货币投资加剧了私有财产的掠夺性，大大增加了债权人通过借贷所获得的收益，如果财产权产是一种盗窃，那么资金利率投资行为就是一种更高程度的盗窃。

银行、证券、投资行为改变了资金交换的性质。对于马克思来说，私有资产的盗窃是一种计算上的失误，是劳动市场中的诈骗，对于普鲁东来说，这种盗窃还波及到其他领域，比如金钱市场，资本家通过利率再次降低了劳动工人的劳动价值，借此来增加自己的资产收益。

在我们试图归类的所有这些分析中，我们可以重新找到普鲁东的哲学思想。这些关联性的主题，和构成这些主题的过渡领域是一种标准化的社会领域。通过合作性、互助性劳动生产，发掘劳动工人的潜能，提高自身力量就是"自由"。这种发掘潜能的过程是政治合作价值、社会法律、合作道德、美学态度、民众力量的潜能，它们建构了人类资源宝库，图书馆和博物馆也是被包括在其中的纪念性建筑。这些新式的标志性场所讲述了、唤起了、宣告了人类自身的创造活动。对于普鲁东来说，我们应该绝对尊重那些被展示出来的作品，因为它们就是"人文层面上的民主制的宗教"。保存这种"精神"是社会蓬勃、公平、繁荣的必备条件。

附：法语原文

PROUDHON, propositions pour une nouvelle lecture

Robert Damien

Dans le bilan actuel du socialisme, Proudhon (1809-1865) est le plus accablé. Il faut dire qu'il y a mis du sien. On comprend le discrédit d'une pensée touffue et dispersée, parfois pédantesque, souvent commandée par l'urgence dénonciatrice. On l'explique aisément tant cette œuvre disparate est parcourue de palinodies.

Retenons en une seule, la plus provocatrice: dénonçant la propriété comme un vol, formule qui lui valut une postérité gravée dans le marbre, Proudhon se déclare pourtant antisocialiste au nom de la propriété même: "le socialisme n'est rien, n'a jamais rien été et ne sera jamais rien" car détruisant la propriété et la concurrence, il supprime "les vrais forces économiques, les principes immatériels de toute richesse … qui créent entre les hommes une solidarité qui n'a rien de personnel et les unissent par des liens plus forts que toutes les combinaisons sympathiques et tous les contrats."

Il récuse certes, contre Smith et les libéraux, le caractère naturel du contrat comme forme juste de relation des individus libres. Il ne pose pas la sympathie spontanée comme un besoin premier de jouir de l'estime d'autrui. Mais sa critique du "système communiste, gouvernemental, dictatorial, autoritaire, doctrinaire" est sans nuance car son principe, destructeur de "l'aristocratie des capacités", est que "l'individualité est subordonnée à la collectivité". D'où une dénonciation féroce de la "communauté" communiste: " une démocratie compacte, fondée en apparence sur la dictature des masses ...indivision du pouvoir; centralisation absorbante; destruction systématique de toute pensée individuelle, corporative, locale réputée scissionnaire; police inquisitoriale; tyrannie anonyme; prépondérance des médiocres..."

Prémonition? On rappellera simplement la lettre à Marx du 17 Mai 1846: "Cherchons ensemble, si vous voulez, les lois de la société, le mode dont ces lois se réalisent, le progrès suivant lequel nous parvenons à les découvrir; mais pour Dieu! Après avoir démoli tous les dogmatismes *a priori*, ne songeons point à notre tour à endoctriner le peuple...ne taillons pas au genre humain une nouvelle besogne par de nouveaux gâchis...ne nous faisons pas les chefs d'une nouvelle intolérance, ne nous posons pas en apôtres d'une nouvelle religion, cette religion fut-elle la religion de la logique, la religion de la raison".

"Homme terreur" qui répugna physiquement à Tocqueville et à Hugo, lecteur approximatif de Kant, de Hegel et de Feuerbach, il fût néanmoins la grande référence philosophique et politique de son temps. Inclassable, est-il libéral, est-il socialiste? Est-il anarchiste? Est-il utopiste? Les ombres de sa statue utopiste, anarchiste, socialiste paralysent tout réexamen de "l'enfant terrible" du socialisme comme le qualifiera Pierre Leroux, l'inventeur du mot.

A l'occasion du bicentenaire de sa naissance, une révision du procès s'impose. Pouvons nous en retenir quelques enseignements pour penser aujourd'hui l'ordre social et politique?

Trois thèses philosophiques majeures nous semblent éclairer cette œuvre ambitieuse: le travail industriel est une métaphysique en action dont la sérialité syntaxique des gestes et des adresses génère positivement des rationalités plurielles et des identités multiples; le sujet humain n'existe que relié à un groupe coopérateur, générateur d'obligations mutuelles et constitutif d'un "nous" acteur de ses destinées;

la liberté ne s'affirme que dans l'augmentation mutuelle des relations qui expriment une justice en acte.

Nous souhaitons réexaminer ces trois axes centraux devant vous pour mieux en dégager l'intérêt actuel. Les sources proudhoniennes peuvent-elles être des ressources pour une philosophie politique renouvelée ?

Version longue

Proudhon: proposals for a new reading of his political and social thought.

When evaluating the merits of the cast of characters populating the history of European socialism, it is easy enough to disregard the contribution of Pierre-Joseph Proudhon (1809-1865). Largely ignored because of the dense and disparate nature of his published writings, often marred by a hectoring polemical style, Proudhon's case is little improved by the deliberately contradictory aspects of his thought. For instance, despite his famous denunciation of private property as theft, Proudhon also proclaimed himself to be an antisocialist in the name of private property, claiming, for example, that "socialism is nothing, has never been anything and never will be anything" because by seeking to destroy private property and competition, it would suppress "the true economic forces, the immaterial principles of all wealth [...] which create between men a solidarity which has nothing personal to it and unites men by relations stronger than combinations based on sympathy or contracts."

Although Proudhon indeed challenged the liberal characterization of contracts as just forms of relations between free individuals and did not conceive of spontaneous sympathy as the consequence of the need to enjoy the esteem of others, his critique of the "communist governmental, dictatorial, authoritarian and doctrinaire system" was equally unqualified and scathing. Proudhon fiercely denounced the entire communist enterprise, describing its end goal in no uncertain terms: "a compact democracy, founded seemingly upon the dictatorship of the masses [...] the consolidation of powers, an absorbing centralization, the systematic destruction of individual, corporate or local thought; an inquisitorial police; an anonymous tyranny; the preponderance of the mediocre. "

This same critique was famously leveled at Karl Marx in a letter, dated 17 May 1846: "Let us seek together, if you wish, the laws of society, the manner in which these laws are realized, the process by which we shall succeed in discovering them; but, for God's sake, after having demolished all the *a priori* dogmatisms, do not let us in our turn dream of indoctrinating the people [...] do not let us leave humanity with a similar mess to clear up as a result of our efforts [...] let us not, merely because we are at the head of a movement, make ourselves the leaders of a new intolerance, let us not pose as the apostles of a new religion, even if it be the religion of logic, the religion of reason."

Deemed by his contemporaries an "*homme terreur*", considered physically repugnant by Tocqueville and Victor Hugo, Proudhon was, despite his questionable knowledge of Kant, Hegel and Feuerbach, considered in his day a major philosophical and political reference to be reckoned with. Yet by contemporary criteria, it is difficult to determine whether Proudhon – the "bad boy [*enfant terrible*]" of socialism according to Pierre Leroux (himself the inventor of the word "socialism") – was a liberal, a socialist, an anarchist or a utopian.

In the actual context of the celebration of the bicentennial of Proudhon's birth, it is necessary to re-evaluate Proudhon's social and political thought. Three themes in his writings seem especially worthy of consideration: that, firstly, industrial labor is a metaphysics of action, in which the division of labor generates multiple rationalities and identities; that, secondly, the human subject only exists insofar as it relates to a social group, itself generating mutual obligations amongst its members; that, thirdly, freedom can only be experienced via the multiplication of social relations caused by the division of labor, relations which themselves express the practice of different forms of justice. This paper examines these three ideas in light of both their actuality and their capacity to contribute to the renewal of contemporary political philosophy.

Version courte

Proudhon: proposals for a new reading of his political and social thought.

When evaluating the merits of the cast of characters populating the history of European socialism, it is easy to disregard the contribution of Pierre-Joseph Proudhon (1809-1865). Largely ignored because of the dense and disparate nature of his published writings, often marred by a hectoring polemical style, Proudhon's case is little improved by the deliberately contradictory aspects of his thought. For instance, despite his famous denunciation of private property as theft, Proudhon also proclaimed himself to be an antisocialist in the name of private property. Although Proudhon challenged the liberal characterization of contracts as just forms of relations between free individuals and did not conceive of spontaneous sympathy as the consequence of the need to enjoy the esteem of others, his critique of the "communist governmental, dictatorial, authoritarian and doctrinaire system" was equally unqualified and scathing. Proudhon fiercely denounced the entire communist enterprise, describing its end goal in no uncertain terms. Although considered a major philosophical and political reference in his day, it is difficult to determine by contemporary criteria whether Proudhon was a liberal, a socialist, an anarchist or a utopian. In the actual context of the celebration of the bicentennial of Proudhon's birth, it is necessary to re-evaluate Proudhon's social and political thought. Three themes in his writings seem especially worthy of consideration: that, firstly, industrial labor is a metaphysics of action, in which the division of labor generates multiple rationalities and identities; that, secondly, the human subject only exists insofar as it relates to a social group, itself generating mutual obligations amongst its members; that, thirdly, freedom can only be experienced via the multiplication of social relations caused by the division of labor, relations which themselves express the practice of different forms of justice. This paper examines these three ideas in light of both their actuality and their capacity to contribute to the renewal of contemporary political philosophy.

Dans la crise actuelle de la philosophie politique, qu'elle soit républicaine, sociale ou socialiste, Proudhon est le plus dédaigné. Il faut dire qu'il y a mis du sien. Ouvrier- typographe, souvent itinérant, il connaît vraiment la misère du travail salarié et il n'oubliera jamais la soumission humiliante qu'il impose. Autodidacte, il n'est pas savant de juste titre. Boulimique de lectures tout azimut, il entreprend, grâce à une bourse du collège royal de Besançon, (mais sans sabot ni chapeau racontera-t-il, ce qui lui voudra moqueries blessantes des fils de famille qui côtoient le rude franc-comtois), des études tardivement et il passe son bac après.

Cette formation bousculée dans une existence par ailleurs souvent brisée, nous vaut de la part de ce déclassé par le haut, des interventions rageuses d'un style parfois hirsute et ce dans tous les domaines. Marqué indélébilement par ses origines, Proudhon n'est pas pauvre comme il convient de l'être. Il se refuse aux habitudes de la détresse. Pour lui, la misère provoque la veulerie des désoeuvrements, elle n'est jamais éducative, elle alimente le mépris qui l'assigne comme un destin. Il n'invoquera jamais, à la différence de bien d'autres, la grâce du dénuement et moins encore l'érigera en vertu des frugales simplicités, heureusement libérées des entraves de la possession et des appâts du gain. On se doute qu'il n' y déchiffre pas non plus le bénéfice du sort qu'un Dieu prévoyant et pourvoyeur récompensera au jugement dernier. Cette satisfaction promise en héritage donne au pauvre la patience d'attendre. La sagesse de son obéissance lui fait tenir sa place dans l'économie admirable de la création. Elle confère à sa vertu d'espérance, la valeur d'une résignation qui est tout le salut du pauvre. Comment oserait-il revendiquer une autre part, vouloir un autre partage et participer autrement à la division des parts ?

Proudhon récuse toute cette philosophie théologique et subjectiviste de la pauvreté si prégnante à son époque et constamment réactivée sous des formes inattendues. Il n'aura de cesse de la combattre malgré les nombreuses proximités avec le catholicisme social et le socialisme chrétien qui parfois chercheront à l'annexer.[1] La pauvreté est l'effet injuste d'une cause qui provoque la misère. Connaissant cette cause et sa force dans le système des causes, la science peut en réorganiser l'ordre et en maîtriser les effets. La pauvreté n'est plus une question sociale, sans réponse recevable dès lors qu'elle est présentée comme le donné incommensurable d'une transcendance ayant inscrit dans l'ordre de la création, les saintes inégalités de la providence, mais la misère est un problème scientifique dont les solutions procèdent d'une science de l'action productive des biens et de leur échange, avec son alphabet élémentaire, sa syntaxe logique et ses opérations combinatoires : une praxéologie politique dont la rationalité construite délivre une intelligence des pratiques socioéconomiques: "Le politique aujourd'hui est de l'économie politique…La langue économique est le fond de l'intelligence humaine, le point de départ de toute phi-

---

[1] Sur cette décisive question, voir les travaux majeurs de Jean Baptiste Duroselle, *Les débuts du catholicisme social en France jusqu'en 1870*, Paris, PUF, 1951 ; P.Haubtmann, *P.J. Proudhon, Genèse d'un antithéiste*, Paris, Mame, 1969 ; H. de Lubac, *Proudhon et le christianisme,* Paris, Seuil, 1945.

losophie ."[1]

Inclassable Proudhon

Confronté aux révolutions multiples de son siècle, ce touche à tout entreprend sans le savoir ni le vouloir vraiment, une véritable encyclopédie des enjeux stratégiques de l'action pratique: l'impôt et la propriété, le chemin de fer et la fériation dominicale, l'alphabet industriel de la technique et les principes de la création artistique, la féminité pornocratique des attractions mais aussi la grammaire des langues primitives, les conseils boursiers au spéculateur, le bénéfice des croyances christiques et les méfaits de la cléricature, les vertus du crédit gratuit, la promotion des mutuelles et des coopératives, les contrôles d'un Etat régulateur comme système de garanties mutuelles mais sûrement pas entrepreneur de production marchande, les nécessités du droit international mais aussi l'apologie de la force, les structures fédératives de l'ordre et le refus des unifications républicaines que défendaient les nationalistes italiens et polonais qu'il décevra, les pièges du droit d'auteur, etc.

On en oublie dans cette apparente dispersion tant cette œuvre foisonnante demeure une énigme où se condense tout le mystère de la pensée sociale et politique de cet accablant XIX siècle si abandonné par les chercheurs et les politiques. On comprend le discrédit d'une pensée touffue, parfois pédantesque, souvent commandée par l'urgence dénonciatrice, faite de polémiques circonstancielles et d'affirmations contradictoires. Elles lui vaudront des annexions douteuses et des accaparements suspects. On l'explique aisément tant cette philosophie disparate est parcourue de

---

[1] *Economie ou nouveaux principes d'une philosophie sociale,* Manuscrit 2863, Bibliothèque municipale de Besançon.

palinodies. Retenons en quelques unes qui le disqualifient gravement aux yeux de notre modernité.

La hantise des mystifications alimentera chez lui une double méfiance. Ayant traversé, en quelques années et souvent au péril de sa vie, plusieurs régimes (Empire, Restauration monarchique ultra catholique, Monarchie constitutionnelle, République conservatrice, autoritaire, insurrectionnelle etc.), la médiation politique, qu'elle procède de l'élection représentative ou de l'émeute insurrectionnelle, est le plus souvent pour lui secondarisée. Il n'y participe qu'à son corps défendant (député en 1848) et dénonce la mythologie démocratique du.

suffrage universel tout comme l'illusion mortifère des violences : "je ne connais pas de spectacle plus affligeant que celui d'une plèbe, menée par ses instincts".[1]

Par ailleurs il n'idéalise pas l'Etat, fut-il républicain, comme instance de construction de l'intérêt collectif par l'instrument de la loi commune: "Sous une monarchie, la loi est l'expression de la volonté du roi; dans une république, la loi est l'expression de la volonté du peuple. A part la différence dans le nombre des volontés, les deux systèmes sont parfaitement identiques; de part et d'autre, l'erreur est égale, savoir que la loi est l'expression d'une volonté tandis qu'elle doit être l'expression d'un fait"[2]. La "synthèse gouvernementale" est toujours le masque d'un absolutisme qui neutralise le dynamisme des contradictions et paralyse l'invention des coopérations solidaires au nom d'une unité souveraine de la volonté d'un sujet libre.

D'où sa récusation de la Révolution Française dans ses limites (une féodalité bourgeoise de l'argent remplace l'autre), ses principes (la primauté d'un sujet individuel, libre de ses propriétés au détriment d'une masse "d'ilotes prolétaires") comme

---

[1]　*De la justice dans la révolution et dans l'église,* Rivière, 1926, Tome II, P.102.

[2]　*Qu'est ce que la propriété ?* , Le livre de poche, 2009, P.154.

dans ses moyens (ni la violence émeutière des insurrections qui réactive toujours l'ordre établi ni l'élection démocratique du suffrage universel qui légitime toujours le conservatisme). La mystifiante Révolution des droits de l'homme privilégie les conquêtes d'un sujet, libre propriétaire et gouverneur de soi même, générateur d'un univers divisé, ni égalitaire ni fraternel car, à lui seul est réservée la souveraineté de décider, de légitimer et de juger. Les valeurs républicaines se trouvent invalidées par l'économie marchande des propriétés que la révolution industrielle et financière a propulsée.

Sans illusion étatique ou parlementaire (d'où son assimilation trompeuse à l'anarchisme), il s'ingéniera à investir la logique pratique des actions pour en dégager concrètement un ordre modifiable. Son analyse des transformations techniques promeut l'application productive comme source et ressource du lien social: la coordination associe et relie les différents acteurs, cette coopération est le paradigme d'une société "religionnaire" qui lie l'effectif et l'affectif. L'ordre sociotechnique de l'économie du travail est le cœur d'une fraternité "concrétée". La "science de la production" technologique et de "l'organisation" politique sont les bases d'une "souveraineté de la raison" pratique: "l'autorité de l'homme sur l'homme est en raison inverse du développement intellectuel...et la durée probable de cette autorité peut être calculée sur le désir plus ou moins général d'un gouvernement vrai c'est-à-dire d'un gouvernement selon la science...La souveraineté de la volonté cède devant la souveraineté de la raison et finira par s'anéantir dans un socialisme scientifique."[1]

Mais dénonçant la propriété comme un vol, il se déclare pourtant antisocialiste au nom de la propriété même: "le socialisme n'est rien, n'a jamais rien été et ne sera jamais rien" car supprimant la propriété et la concurrence, il supprime "les vrais forces économiques, les principes immatériels de toute richesse ...qui créent entre

---

[1] *Qu'est ce que la propriété ?* , Le livre de poche, 2009, PP.426-427.

les hommes une solidarité qui n'a rien de personnel et les unissent par des liens plus forts que toutes les combinaisons sympathiques et tous les contrats."[1]

Il récuse certes, contre Smith et les libéraux, le caractère naturel du contrat comme forme juste de relation des individus libres. Il ne pose pas la sympathie spontanée comme un besoin premier de jouir de l'estime d'autrui. Mais sa critique du "système communiste, gouvernemental, dictatorial, autoritaire, doctrinaire" est sans nuance car son principe, destructeur de "l'aristocratie des capacités", est que "l'individualité est subordonné à la collectivité". D'où une dénonciation féroce de la "communauté" communiste: " une démocratie compacte, fondée en apparence sur la dictature des masses …indivision du pouvoir; centralisation absorbante; destruction systématique de toute pensée individuelle, corporative, locale réputée scissionnaire; police inquisitoriale; tyrannie anonyme; prépondérance des médiocres…"

Prémonition? On rappellera simplement la lettre à Marx du 17 Mai 1846: "Cherchons ensemble, si vous voulez, les lois de la société, le mode dont ces lois se réalisent, le progrès suivant lequel nous parvenons à les découvrir; mais pour Dieu! Après avoir démoli tous les dogmatismes *a priori*, ne songeons point à notre tour à endoctriner le peuple...ne taillons pas au genre humain une nouvelle besogne par de nouveaux gâchis...ne nous faisons pas les chefs d'une nouvelle intolérance, ne nous posons pas en apôtres d'une nouvelle religion, cette religion fut-elle la religion de la logique, la religion de la raison".

Anticlérical, il condamne l'Eglise protectrice des saintes inégalités providentielles, mais il est néanmoins théologien, lecteur passionné des textes bibliques et il en appelle à une religion sociale de la croyance: "l'humanité croyante voit des choses que l'humanité savante ne voit pas". La croyance n'est donc pas réductible à une superstition que la raison détruira, elle recèle une puissance d'enthousiasme et de foi

---

[1] *Qu'est ce que la propriété ?* , Le livre de poche, 2009, P.410.

dont aucun ordre social et politique ne peut se dispenser.

Irrité par le féminisme, il perçoit dans cette émancipation, la main mise d'un pouvoir "pornocratique" commandé par un impératif de séduction et fondé sur un nouveau droit de prostitution publique. S'exhiber publiquement pour se vendre et répondre aux injonctions du désir consommateur des mâles appâtés, tel est ce à quoi est exposée la femme libérée des tutelles de la force masculine mais livrée aux appétits du marché et soumise au principe de plaisir avant la lettre. Il défendra alors pour la sauvegarde des ménagères, une religion de la conjugalité chaste, ritualisée par l'institution républicaine du mariage, "plus doux que l'amour". Dans ce lien politique de droit, il verra l'instrument pour empêcher la femme ouvrière de travailler dix sept heures en usine et la protéger des fécondités abondantes par l'hygiène d'un foyer bien tenu et d'un logement social. L'ouvrier ayant désormais une adresse, un domicile où il voudra rentrer, un "chez soi où être à soi" comme disait Montaigne, n'aura plus la tentation de l'ivrognerie dans les bouges.

Ultime palinodie, impardonnable pour les belles âmes. Député en 1848, il sera emprisonné de 1849 à 1852 puis condamné à l'exil par Napoléon III mais il cherchera à s'en rapprocher en justifiant le Coup d'Etat au nom d'un droit légitime de la force, illustration même d'une de ces thèses qui voit dans la guerre l'expression perpétuelle d'un plan quasi providentiel qui, par la victoire des forts, promeut les meilleurs c'est à dire les vainqueurs.

"Homme-terreur" qui répugna physiquement à Tocqueville et à Hugo, lecteur approximatif de Kant, de Hegel et de Feuerbach, il fût néanmoins la grande référence philosophique du temps. Inclassable, est-il libéral, est-il individualiste? Est-il anarchiste? Est-il utopiste? Les ombres de sa statue utopiste, anarchiste, socialiste paralysent tout réexamen de "l'enfant terrible" du socialisme comme le qualifiera Pierre Leroux, l'inventeur du mot. Sous la fureur bougonne, il se déclare lui-même (contre Fourier), le génie du siècle ce dont il voulut convaincre Marx qui, après l'avoir couvert d'éloges dans la *Sainte famille*, exécuta le vaniteux d'un réquisitoire cinglant dans sa *Misère de la philosophie*. Définitif? En tout cas, il ne s'en remettra pas vraiment et demeure de toute part disqualifié, incarnation anticipée de l'inévitable "intellectuel petit bourgeois".

On rappellera néanmoins *cum grano salis* sa protestation de fidélité à ses origines populaires, dans sa lettre de candidature au concours d'une bourse d'étude à l'académie de Besançon le 31 Mai 1838. Ayant passé son baccalauréat à vingt neuf ans, après avoir présenté son projet de recherches philosophiques, il écrit : "né et élevé au sein de la classe ouvrière, lui appartenant encore par le cœur et les affections, et surtout par la communauté des souffrances et des vœux, ma plus grande joie, si je réunissais vos suffrages, serait, n'en doutez pas, messieurs, de pouvoir travailler sans relâche, par la science et la philosophie, avec toute l'énergie de ma volonté et toutes les puissances de mon esprit, à l'amélioration morale et intellectuelle de ceux que je me plais à nommer mes frères et mes compagnons ; de pouvoir répandre parmi eux les semences d'une doctrine que je regarde comme la loi du monde moral ; et, en attendant le succès de mes efforts, dirigés par votre prudence, de me trouver déjà, en quelque sorte, comme leur représentant auprès de vous"[1].

Pour une relecture de Proudhon[2]

Cependant, pouvons nous retenir de cette œuvre enfouie sous les décombres,

---

[1] *Correspondance*, Tome 1, Paris, Lacroix, 1875, PP.32–33.

[2] Les textes de Proudhon ont connu, à l'occasion du bicentenaire, de nouvelles publications. On attend avec impatience la réédition critique des œuvres avec de nombreux manuscrits inédits, entreprise par notre collègue et ami Edward Castleton à l'université de Franche Comté, par la maison de l'homme et de l'environnement.

quelques enseignements? Palinodies, avons-nous dit à propos des positions succes-
sives de Proudhon? Révisons d'entrée de jeu un peu le procès. Proudhon, en son bal-
ancement, saisit l'ambivalence dynamique de la propriété, de la relation marchande,
du travail industriel, de la puissance étatique. Les uns et les autres, comme toute
réalité, sont le résultat mobile d'un système de relations instables. La dissidence per-
manente qui rend le franc comtois insaisissable, tient à sa volonté constante de pens-
er dialectiquement les antinomies. Le but de ses analyses est de maintenir l'instabilité
des synthèses pour contraindre les forces en mouvement à ne pas s'absolutiser sous
les formes diverses de la sclérose institutionnelle, de la routinisation administrative
ou du finalisme substantiel qui constituent la logique de toute "synthèse gouverne-
mentale". En se reliant polémiquement à leurs contraires, elles augmentent leurs
puissances sans se substantialiser. "Chaque force s'accroît tout en se transformant
par sa lutte avec la force contraire"[1].

L'essentialisation des forces portées à l'absolu est la hantise de Proudhon,
qu'elle prenne la dimension d'un Méta Sujet acteur de l'histoire, d'une Classe uni-
verselle, d'un Etat Substantiel ou de la Propriété Souveraine comme instruments
de ses fins. Toutes ses interventions, souvent tonitruantes, sont commandées par un
principe de relativité qui sait relier les contraires et lever les investitures providen-
tielles de l'absolu. D'où l'ambiguïté de son statut dans l'histoire de la philosophie
politique : un anarchiste mais ami de l'ordre ; un républicain mais financier et hom-
me d'affaires comme il le déclara à Victor Hugo ; un démocrate mais se méfiant du
suffrage universel. On comprend mieux alors l'équivoque apparente de ses positions
qui lui font poser et défendre de véritables oxymores : un marché mais républicanisé,
des mutuelles mais concurrentielles, un Etat mais fédéraliste et polycentré ou décen-
tralisé, des crédits bancaires mais sans intérêt ou à taux réduits, des usines mais coo-

---

[1] *De la création de l'ordre,* Rivière, 1927, P.347.

pératives, des créations mais industrielles, une religion mais sociale, un Christ mais laïc, etc.

Sa volonté d'équilibre dans l'instabilité même n'est pas éclectisme complaisant ou consensus de juste milieu mais désir de révision des établissements pour interdire de les laisser se poser en nécessité d'une perfection. Il y a, dans les ruptures proudhoniennes, une forme d'héroïsme ironique qui donne toujours à mesurer le poids des contingences et l'utilité des antagonismes. Autant dire qu'aucun sujet en son être, sa fonction, sa nature, sa puissance ne correspond à une réussite substantielle, désignée par un ordre cosmique ou une finalité de l'histoire, qu'elle soit providentielle ou philosophique. L'essentiel pour Proudhon est de préserver les devenirs du potentiel multiple inscrit dans le développement antagonique des forces qui commandent l'accomplissement supérieur de l'humanité. On comprend mieux ses constantes reprises, recompositions, révisions au service de cette mission, qui l'ont parfois condamné à la dérision de conciliations suspectes. Entre générosité et pragmatisme, son aptitude parfois fâcheuse à entrer dans les vues des autres pour en reconnaître la bénéfique altérité, le conduit à des compromis bien proches de la compromission. Proudhon s'acharne néanmoins à penser une rationalité dynamique du progrès qui connaît sa précarité tout en mesurant son effectivité.

Sans doute conserve-t-il de son ascension sociale le double sentiment des attachements et des fractures mais aussi le vécu d'insécurité et d'illégitimité qui marque tout changement de statut social. Il perçoit d'autant plus les impératifs des liens sociaux, à la fois coopératifs et protecteurs en ce qu'ils fondent des reconnaissances actives et des loyautés respectueuses. Seule l'action collective dans le travail commun des rapports des forces les autorise.

Par ses analyses du travail producteur, Proudhon se révèle incompatible avec la philosophie politique du sujet moderne des Droits de l'homme qui fonde l'individualisme libéral en accomplissant la Révolution de l'autonomie. Agent volontaire et responsable de sa liberté, le sujet citoyen se pose, s'oblige et se juge comme souverain autonome en étant commandé par la loi à laquelle il obéit en se la donnant. En rapport avec lui-même, le sujet autonome fonde l'autorité politique des obligations qu'il se donne à lui-même en les posant comme librement recevables et reconnaissables par tous ses semblables : "trouver une forme d'association qui défende et protège de toute la force commune la personne et les biens de chaque associé, et par laquelle chacun s'unissant à tous n'obéisse pourtant qu'à lui-même et reste aussi libre qu'auparavant"[1]. Le spectre de Rousseau hante toute l'œuvre de Proudhon. Toute son ambition sera de proposer une alternative à l'énoncé fondateur du contrat des volontés autonomes. Il s'agit pour Proudhon de penser un autre contrat fondé sur la raison normative des échanges: "Trouver une forme de transaction qui, ramenant à l'unité la divergence des intérêts, identifiant le bien particulier et le bien général, effaçant l'inégalité de nature par celle de l'éducation, résolve toutes les contradictions politiques et économiques; où chaque individu soit également et synonymement producteur et consommateur, citoyen et prince, administrateur et administré; où sa liberté augmente toujours, sans qu'il ait besoin d'en aliéner jamais rien"[2].

Trois thèses philosophiques majeures éclairent cette ambition.

Le travail industriel : une métaphysique en action

Sa première thèse concerne la primauté du travail industriel. L'industrie fournit "l'alphabet" polytechnique de l'ordre social: "de même que créer ou construire

---

① Rousseau, *Contrat social*, Ⅰ, 6.

② *Idée générale de la Révolution au XIXe siècle*, 1851, P.203.

est joindre, lier, unir, égaler, dresser, instruere ou industruere d'où industria, industrumentum, c'est organiser, machiner au dedans de soi-même"[1]. Connaître étant "avoir l'intelligence de la série" des transformations, "le moindre des métiers, pourvu qu'il y ait en lui spécificité et série, renferme en substance toute la métaphysique et peut servir de point de départ et de rudiment pour élever l'intelligence du travailleur aux plus hautes formules de l'abstraction et de la synthèse"[2]. Pluralisme relationnel et obligation mutuelle sont inscrits dynamiquement dans le processus du travail industriel. Tout travail est coopératif et toute forme sociale d'action, qu'elle soit de production, de consommation, d'habitation ou de distribution est une corrélation coordonnée. D'où son ambition d'en écrire la syntaxe en faisant le répertoire des mouvements élémentaires et des agencements séquentiels afin de discriminer les modes préférentiels d'opération et d'inventorier les types de contrôles nécessaires au guidage des actions comme à la pertinence des adresses. La finalité philosophique de Proudhon est de dégager une grammaire universelle des coopérations et des réciprocités tout à fait antithétique de la grammaire utilitaire des intérêts qui, cependant, dominera l'économie politique.

Prenant acte de l'entreprise industrielle de production marchande, Proudhon ne magnifie pas la simplicité de l'outil, la matière noble de l'authenticité ou l'indépendance de l'artisan. Tous ces mythes relèvent d'une nostalgie mystificatrice. Elle magnifie l'idéal d'un Moi subjectif autosuffisant qui, se faisant lui-même sans rien devoir à personne, se méfie des institutions comme des grandes entreprises, tous instruments liberticides de l'autocréation de soi par soi. Les sujets indépendants et souverains qui se posent comme des individus séparés, ne peuvent être le point de départ de l'ordre social. Ils n'en sont que la conséquence, d'ailleurs historiquement

---

[1] De la justice dans la révolution et dans l'église, Paris, Rivière, 1926, III, P.115. C'est Proudhon qui souligne.

[2] De la création de l'ordre dans l'humanité, Paris, Rivière, 1927, P.128.

variable, d'un travail réorganisé par la connaissance de ses principes moteurs et de ses processus fonctionnels. L'individuation est une résultante inachevée et ouverte des inscriptions dans des actions corrélées qui font devenir le sujet par ses capacités libérées et non demeurer une substance réalisant son être préconstitué.

La révolution ferroviaire des échanges

Contre les diverses tentations de l'anti-technicisme, Proudhon s'ingénie à prendre en charge un changement de paradigme scientifique pour constituer une épistémologie de l'action collective qu'incarne la production industrielle. Le paradigme moteur de l'industrie n'est plus mécanique mais physiologique: produire c'est mouvoir, faire circuler et ainsi promouvoir des identités mobiles. Le chemin de fer en est l'instrument majeur, il transforme les assises de la civilisation selon Proudhon et, en conséquence, il en fera la matrice de l'ordre industriel et de ses métamorphoses. "Le chemin de fer comme la plupart des inventions modernes est par dessus tout humanitaire, cosmopolite et décentralisateur, qualités qu'il tient précisément de la permanence et de la rapidité de son action"[1]. La liberté s'augmente par la pluralité des mouvements et rencontres rendus accessibles par la puissance technique des échanges: "la théorie du progrès, c'est le chemin de fer de la liberté"[2].

Dès 1845, dans un mémoire intitulé *De la concurrence entre les chemins de fer et les voies navigables*", Proudhon répondra à une question de l'Académie de Lyon: quels sont les avantages et les inconvénients qui peuvent résulter pour la ville de Lyon de l'établissement des chemins de fer? Il prend partie sur "cette malheureuse

---

[1] *De la création de l'ordre dans l'humanité*, Paris, Rivière, 1927, P.263.

[2] *Philosophie du progrès*, Paris, Rivière, 1946, P.43.

question". Malheureuse, car on est passé du Tout Etat au tout privé sans contrôle ni mesure. Or l'Etat vient d'accorder à des concessions privées, le doublement de la voie navigable par la Saône et le Rhône grâce à un "rail-way". Qu'en résultera-t-il pour Lyon? "Ville traversée, ville perdue"? Comment penser l'interopérabilité des différentes connexions tout en respectant la densité culturelle des espaces reliés?

Les caractères propres du chemin de fer lui confèrent la puissance d'un principe sociopolitique: "les chemins de fer suppriment les intervalles, rendent les hommes partout présents les uns chez les autres: grâce à lui, on pourra dire d'un Etat ce que Pascal disait de l'univers; le centre est partout et la circonférence nulle part. Il efface et nivelle toutes les inégalités de position et de climat et ne fait aucune distinction du hameau perdu dans la plaine et du centre manufacturier majestueusement assis sur les fleuves"[1].

Proudhon, le révolutionnaire prudent et conservateur, ne veut pas d'une destruction du tissu économique et social. Au contraire, il veut renforcer les liens sociaux entre les centres régionaux pour mieux éviter la centralisation monarchique et capitaliste. Proudhon s'élève aux principes d'une ontologie politique de la circulation afin de dégager les logiques ordonnatrices d'une révolution: "les chemins de fer, par la nature de leur service et par leur prodigieux développement, touchent à tout et décident de tout". Ils déterminent les assises de la civilisation: "l'ordre se produit dans la société par l'organe locomoteur qui se communique du transport à l'échange, de l'industrie à l'agriculture"[2].

Dans un autre livre "*Des réformes à opérer dans l'exploitation des chemins de fer et des conséquences qui peuvent en résulter, soit pour l'augmentation du revenu des compagnies, soit pour l'abaissement du prix des transports, l'organisation de*

---

[1] *De la concurrence entre les chemins de fer et les voies navigables,* Paris, Garnier, 1845, P.264.

[2] Ibid, P.297.

l'industrie voiturière, et la constitution économique de la société" (1855), il érigera la technique logistique des transports en cause première des rapports des hommes entre eux et avec les objets: "l'industrie voiturière, cette belle et grande industrie sans laquelle il n'y aurait pas de société, il n'y aurait pas d'humanité"[1].

Si "produire c'est mouvoir", alors le mode de transport "précède, dans la théorie comme dans la pratique, toutes les industries; il en forme la base, l'essence et le faîte, et ainsi la loi du transport occupe dans la science économique un rang supérieur à celui de la division du travail"[2]. Dans l'alphabet de la circulation, le chemin de fer est une conjugaison de la série voiturière qui s'inaugure avec le porte-faix du colportage à dos d'homme puis se poursuit avec le roulage animalier pour aboutir au chariot franc-comtois magnifié car il sépare le conducteur de la direction en autonomisant le moteur.

La technique ferroviaire du transport est une création *ex nihilo* élaborée artificiellement pour répondre aux besoins d'industrialisation des produits et de déplacement des masses. Il affranchit heureusement des forces naturelles, des contraintes géographiques et des déterminations cosmologiques (nuit/jour et saisons sont effacées). Par l'intelligence de son alphabet technique, le chemin de fer invente un nouveau monde, le monde technologique d'une civilisation réticulaire.

Hélas, le chemin de fer n'a pas la réalité conforme à son concept, il est soumis à des pressions économiques et politiques qui le détournent de sa logique productive et de ses finalités révolutionnaires selon un double mouvement de politisation monarchique et de capitalisme monopolistique. L'absolutisation politique et économique interdit alors une réticularité réfléchie. Au lieu d'associer les potentialités multiples des modes de circulation et de composer des ensembles poly-centrés dont l'accès

---

① *Des réformes à opérer dans l'exploitation des chemins de fer*, Paris, Garnier, 1855, P.60.

② Ibid, P.160.

serait pluriel, elle enferme le réseau ferré dans l'exclusivité en marginalisant la voie routière comme la voie navigable, abandonnées à leur triste sort.

Philosophiquement bien pensé, le chemin de fer pourrait se révéler intégrateur et compositionnel, transversal et fédératif en multipliant les carrefours et les dégagements pour augmenter l'intensité comme la fluidité des liens. C'est le contraire qui se produit et, par défaut de réflexion, le réseau ferroviaire devient un piège économique conduit par la "bancocratie" politique.

D'une part, il fonctionne comme un instrument jacobin de centralisation monarchique à commande autoritaire selon une hiérarchie pyramidale: "tous nos chemins de fer, comme autant de rayons, partent du centre du gouvernement... Ainsi, sur le réseau en échiquier, réseau fédératif et égalitaire, des routes de terre et des voies navigables, est venu se superposer le réseau monarchique et centralisateur de chemins de fer, tendant à subalterniser les départements à la capitale, à faire d'une grande nation, jusqu'alors libre, un peuple de fonctionnaires et de serfs, et à donner le démenti aux lois les plus certaines de la science économique en général, et en particulier de l'industrie voiturière".[1]

D'autre part, au nom d'un libéralisme anti-économique, le chemin de fer a été livré aux monopoles des grandes compagnies dominées par l'intérêt financier au plus fort gain spéculatif et non par l'utilité publique du service commun. Ce déséquilibre pousse à l'exploitation exagérée du trafic grâce aux "trains à grande vitesse": "à force de chercher le trafic, les compagnies perdent de vue le côté le plus noble de leur institution, qui est de discipliner la nation, de créer dans le pays, par une circulation mesurée, l'hygiène économique, la vie normale. Et comme toute erreur engendre déficit, ce qu'elles croient gagner par cette surexcitation voyageuse, elles

---

[1] *Des réformes à opérer dans l'exploitation des chemins de fer*, Paris, Garnier, 1855, P.113.

le perdent par l'exagération de leurs frais"[1].

Véritable apocalypse car cette exploitation augmente l'inégalité des classes en hiérarchisant les trains et les services: "c'est ainsi qu'on a fait des trains spéciaux et des trains mixtes, des trains pour la bourgeoisie et des trains pour le peuple...Les chemins de fer qui nivellent tant de choses seraient-ils l'instrument nouveau d'inégalité parmi les hommes?"[2]

Cette logique destructrice qui associe l'autoritarisme centralisé et le libéralisme non concurrentiel est-elle intrinsèque? Ce détournement peut-il être rectifié habile-ment de façon à accomplir la plénitude de la révolution ferroviaire dans toutes ses dimensions homogènes pour créer une nouvelle civilisation politique et sociale? Pour répondre à cette question, il faut prendre la mesure des transformations en-traînées par le réseau ferroviaire. Il fait s'accomplir plusieurs révolutions en une: économique, étatique, commerciale, sociale, urbaine, politique, énergétique, esthé-tique. Toute l'ambition de Proudhon est de promouvoir cette technorévolution en réfléchissant la série des antinomies qu'elle impulse.

Transport de masse des marchandises et des populations, le chemin de fer induit un changement d'échelle et donc de nature du capitalisme. Par le chemin de fer, il est devenu macroéconomique, il requiert les gros capitaux: "par là, nous entendons les grandes entreprises, les choses faites sur une vaste échelle, par masses et qui requièrent la commandite, l'association". Proudhon ne condamne pas, en tant que telle, cette concentration à condition d'y voir un groupement d'initiatives et non un monopole de privilèges de puissance qui restaure la féodalité: "l'action individuelle a besoin elle-même, pour se développer, de s'appuyer sur le groupe, sur la solidarité des intérêts et sur leur centralisation. Il faut donc qu'une partie des forces individu-

---

① *Des réformes à opérer dans l'exploitation des chemins de fer*, Paris, Garnier, 1855, P.184.
② Ibid, P.187.

elles soit groupée, qu'elles forment par leur union des organismes puissants, reliés entre eux et capables de soulever l'immense fardeau qu'imposent aujourd'hui au travail de l'homme, les nécessités de son existence"[1].

Cette centralisation économique des forces pour assurer le transport des produits comme des producteurs, doit-elle être effectuée par l'Etat? Surtout pas, s'insurge Proudhon. L'Etat ne doit pas assumer la fonction productrice et encore moins la fonction entreprenarial[2]. A lui, au contraire, la charge juridique de garantir les ententes, de vérifier la validité des concessions, de contrôler l'effectivité des services rendus par l'exploitation privée. Tel est le nouveau rôle de l'Etat dans la nouvelle économie politique. Par lui peut bien dès lors se penser une "re-publicanisation de l'industrie dans une société de participation"[3].

D'autant plus nécessaire, cette économie sociale et politique de la régulation étatique que la révolution ferroviaire provoque une révolution commerciale. Le commerce devient distribution qui supprime les intermédiaires entre producteur et consommateur et concentre ses dépôts dans des "Docks": "l'effet des chemins de fer, par la constance et la régularité de leur service, aidé encore de la correspondance télégraphique, est de mettre en rapport direct quelque soit la distance qui les sépare le producteur et le consommateur et conséquemment de supprimer les intermédiaires"[4].

Conjuguée, comme Proudhon le souligne, à la technique télégraphique des transmissions, la révolution ferroviaire transforme radicalement les échanges et confère au marché, la puissance d'une matrice civilisationnelle: "Ainsi unis, reliés entre eux par le réseau circulatoire, en correspondance perpétuelle et instantanée

---

① *Des réformes à opérer dans l'exploitation des chemins de fer*, Paris, Garnier, 1855, P.291.
② Ibid, P.272.
③ Ibid, P.274.
④ Ibid, P.293.

par le télégraphe, ces nouveaux instruments d'échange ne forment en France qu'une immense halle, un marché unique et permanent, une bourse continue et d'un mouvement uniforme...Tout le système commercial est révolutionné de fond en comble"[1].

Ces métamorphoses économiques, politiques, commerciales impulsées par la réticularité ferroviaire ne peuvent qu'entraîner une révolution sociale: "un bouillonnement extraordinaire, un déclassement et reclassement universel des conditions et des fortunes, un va et vient de toutes les classes de la société"[2]. Chacun ayant la capacité de se délivrer des déterminations naturelles et territoriales de sa naissance, la démocratie trouve dans ces déplacements le futur de sa nécessité: "la fluctuation dans le mouvement des personnes témoigne de la révolution qui s'accomplit dans les couches profondes de la société"[3].

L'égalité des chances dans le déplacement y doit trouver sa part. Proudhon proposera en conséquence une nouvelle voiture uniforme et mixte avec deux étages et un compartiment qui aboutira à la suppression des classes de voyageurs[4].

Les villes elles même sont soumises à la révolution. Elles perdent leur fonction de concentration au profit des banlieues et les campagnes désormais parcourues s'en trouvent revitalisées: "avec la rapidité des chemins de fer, la régularité et la précision de leur service, avec la réforme commerciale qu'ils déterminent, l'impulsion qu'ils donnent à l'agriculture et à l'industrie, l'entassement des populations dans les grandes villes n'a plus de raison et la dissémination des masses en même temps que leur reclassement, commence"[5].

L'agglomération urbaine émerge de cet ensemble réticulé d'autant qu'à la

---

① *Des réformes à opérer dans l'exploitation des chemins de fer*, Paris, Garnier, 1855, P.295.

② Ibid, P.304.

③ Ibid, P.309.

④ Ibid, P.187, à 190 avec un schéma de construction et de fonctionnement.

⑤ Ibid, P.336.

facilité des transports s'ajoute la rapidité des transmissions: "de même quand la facilité des communications, d'accord avec les intérêts des entrepreneurs, permet à l'ouvrier de travailler le fil, le lin, la soie, les métaux sans quitter son village et de cumuler ainsi les salaires de l'industrie avec les petits profits de la campagne, il a plus d'avantage à garder le toit paternel qu'à émigrer vers ce que nous appelons euphémiquement les centres de population...La perfection des transports, en augmentant pour le pays la somme des affaires, les dissémine et fait perdre aux villes leur fonction d'entrepôts, voilà le fait décisif"[1].

Retenons seulement son diagnostic quant à la puissance métamorphique de la révolution logistique: "la transformation de l'état économique, seule capable de résoudre le problème politique, s'accomplit par les chemins de fer. Sous cette pression irrésistible, le centre de gravité (de la société) se déplace". Proudhon en a bien pris la mesure.

La puissance de l'art : un travail façonnier

La spécialisation industrielle qui "donne existence à des choses qui n'existent pas dans la nature et que Dieu est incapable de créer" est la "pointe, le sommet" d'où l'ouvrier saisit la totalité du monde: "toute spécialité dans le travail est un sommet du haut duquel chaque travailleur domine et considère l'ensemble de l'économie sociale, s'en fait le centre et le spectateur. Toute spécialité dans le travail est donc, par la multitude et la variété des rapports, infinie"[2].

"Créer, c'est sérier" c'est-à-dire inscrire les actions dans "une combinatoire des

---

[1] *Des réformes à opérer dans l'exploitation des chemins de fer*, Paris, Garnier, 1855, P.338.
[2] Ibid, P.60.

unités repérées". La science taxinomique des relations et des rangements par fichiers, inventaires, grilles, gammes et catalogues est l'axe majeur de cette intelligence des ordres. Son but est de parvenir à un juste calcul de l'utile par la règle de réciprocité. Le droit économique est fondé sur l'obligation de mutualité: rien pour rien, produit pour produit, service pour service, crédit pour crédit. Le "Livre de la raison" est un bilan comptable des entrées et des sorties. La balance des transactions se mesure sur un registre des équivalences: "De quelle vertu privée ou sociale accuserez-vous de manquer des hommes qui se promettent réciproquement tout, qui, sans s'accorder rien pour rien, se garantissent tout, s'assurent tout, se donnent tout: instruction, travail, échange, patrimoine, richesse, sécurité"[1].

"L'art de faire des classifications et d'équilibrer les puissances" est indépendant des choix d'une volonté pseudo souveraine qui, charitablement, s'auto- limiterait et sacrifierait une part de ses appétits. Proudhon récuse aussi bien le socialisme sentimental des dévouements que l'utilitarisme des intérêts. Son objet est d'organiser "par une recherche méthodique de la vérité", les réalisations de la création humaine. L'industrie n'a pas d'âme mais elle est mobilisée par un esprit rationnel dont Proudhon s'efforce de saisir les mécanismes de formation et de fonctionnement pour les généraliser comme le langage structurel de la justice.

La volonté proudhonienne est d'inscrire sa définition du travail et de l'industrie dans la série d'un alphabet[2] producteur. Les outils de décomposition et de conservation tout comme les mots de liaison et de circulation sont pour Proudhon, les principes métaphysiques de l'action industrielle. Ils augmentent notre puissance et propulsent, par leur syntaxe adaptée, notre inventivité. Tel un Cuvier ou un de Jussieu, Proudhon le taxinomiste poursuit la correspondance structurale des langages

---

[1] *De la capacité politique des classes ouvrières,* Paris, Rivière, 1924, P.204.

[2] *De la création de l'ordre dans l'humanité,* Paris, Rivière, 1927, P.297.

producteurs et des instruments industriels[1].

Il prétend en dessiner le "tableau raisonné"[2] et en établir une gamme innovatrice. Ce répertoire synoptique des procédés et procédures peut fournir un vocabulaire syntaxique des réalisations industrielles. En émergeront des dispositifs insolites, des matières inédites, des échanges libérateurs, des compositions réticulaires. La mobilité circulatoire que compose la technique créatrice des relations, est le moteur de la novation et la matrice de la civilisation.

La puissance de l'art est ainsi de les anticiper car l'artiste, pour Proudhon, n'est pas le détenteur inspiré d'une grâce créatrice qui, "avec sa baguette magique", retrouve la cause première, le langage premier du souffle divin. Sans finalité ni fonction ni utilité, la liberté de ses impressions personnelles ne donnerait à éprouver que la jouissance de son affirmation expressive[3]. Ce privilège le rendrait l'équivalent d'un Dieu, son oeuvre relèverait d'un sacré inexplicable et intouchable.

L'esthétique ne doit pas être le succédané de la théologie, l'artiste n'est pas le substitut du créateur. L'artiste est un travailleur qui, comme l'artisan, l'ouvrier ou l'industriel, inscrit son geste producteur dans une série procédurale de composition, d'invention et d'exécution: "un tableau tel que la Cène ou la Transfiguration, un opéra de Meyerbeer, un marbre de canova sont des séries dont l'invention, la composition, l'exécution peuvent être soumis à une sorte de calcul métaphysique"[4].

Pour s'opposer à la néo-mystique[5] d'une créativité mystérieuse, Proudhon veut donner "des bases rationnelles" à l'entreprise artistique comme au jugement

---

[1] F.Dagognet, *Trois philosophies revisitées, Saint-Simon, Proudhon, Fourier,* Hildesheim. Zurich, New-York, 1997.

[2] De la justice dans la révolution et dans l'église, *op. cit* ., II, P.321.

[3] *Du principe de l'art, Paris,* Garnier, 1865, PP.44, 123, 219, 253 sq.

[4] De la création de l'ordre dans l'humanité ou principes d'organisation politique, *op.cit.*, P.144.

[5] Du principe de l'art, *op.cit.*; P. 267 sq.

esthétique car "il n'y a pas de goût contre la raison"[1] et "ce qui tue l'art, c'est l'irrationnel"[2]. Pour cela, il privilégie le pluralisme des sériations: les appariements producteurs contre les accaparements propriétaires[3]. L'art, retrouvant sa place dans l'alphabet industriel[4] du travail, a pour charge positive d'accélérer la réalisation des virtualités concevables et perceptibles du devenir. La production artistique autorise une lecture du réel par des types idéaux qui catégorisent notre perception, ordonnent notre jugement et par là conduisent notre transformation. "Grâce à l'art critique, l'homme deviendra miroir de lui-même"[5].

L'art est le développement informé du travail de "l'animal façonnier": "tout ce que fait l'homme, tout ce qu'il aime et qu'il hait, tout ce qui l'affecte et l'intéresse, devient pour lui matière d'art. Il le compose, le polit, l'harmonise... L'homme ne fait rien selon la nature: c'est un animal façonnier. Rien ne lui plaît s'il n'y apporte de l'apprêt: tout ce qu'il touche, il faut qu'il l'arrange, le corrige, l'épure, le recrée..."[6].

Cette position métaphysique dans et par le travail est exaltée et dynamisée par la composition esthétique. Mais cette capacité ne se développe pas par "une variété d'exercices, sans règle ni perspective". Elle est conduite par deux principes qui font l'autorité de l'art: d'une part, l'homme se transforme et d'autre part se juge dans cette augmentation de soi. L'homme s'augmente en jugeant de sa modification Le jugement s'organise en dégageant des types qui inscrivent les métamorphoses humaines dans une série classificatoire des actions. Cette connaissance sérielle arme positivement la volonté humaine de réaliser un idéal du moi dans et par le nous des coordinations productives. La science taxinomique des typologies expose, par son

---

① Du principe de l'art, *op.cit.*; P.15.

② Ibid, P.105, P.188 sq.

③ Ibid, P.249.

④ *De la justice dans la révolution et dans l'église*, Paris, Rivière, 1931, II, P.321.

⑤ Du principe de l'art, *op.cit.*, P.310.

⑥ *Système des contradictions économiques ou Philosophie de la misère*, Rivière, 1923, II, P.13.

rationalisme critique, le champ des potentiels que l'art se donne à réaliser.

Participer à l'achèvement des possibles, c'est partager l'euphorie de l'autocréation humaine: une création collective. L'art par définition y contribue. L'antithèse de l'absolu monopolisé se trouve dans la multiplication des trames relationnelles. Cette métaécriture de l'humanité par elle-même rend visible à tous et lisible à chacun les potentiels, elle transforme le réel sérialisé en un tableau transfiguratif des métamorphoses[1]: la religion véritablement politique y engage. L'art en tant que composition effective des liaisons en est la clef. L'activité artistique montre le réel traversé, modifié, transfiguré par l'idéal sans quitter le monde pour l'allégorie mystifiante ni s'enfermer dans le trivial prosaïque de la division. Dans le foisonnement des accolades et la fériation des alternances[2], la fête du rassemblement communicatif chante "une seconde création au sein de la création"[3].

La logique de "l'alphabet industriel" rassemble, ordonne et transmet ces "machinations" plastiques. Par son inventaire synthétique des séries productives, elle communique l'espace des possibles à proposer et à réaliser selon "une loi de formation". Les monuments qu'elle nous donne nous rappellent nos adresses, ils nous avertissent, nous prémunissent. La bibliothèque commune des travaux humains est monition et munition. Equivalent d'une Eglise des sacrements, elle est l'institution sacrée des communions vivifiantes et génératrices. Son rituel religieux atteste que nous subsistons et demeurons. Ainsi pouvons-nous devenir dans l'orientation stable d'un convivre. L'organisation taxinomique des accroissements donne confiance dans un avenir conjugable, elle incarne l'institution bénéficiaire de nos augmentations. Comment n'y pas croire?

---

[1] Du principe de l'art, *op.cit.*, P.144.

[2] *De la célébration du dimanche considérée sous les rapports de l'hygiène publique, de la morale, des relations de famille et de cité,* Paris, Rivière, 1926, P.80.

[3] De la création de l'ordre, *op.cit.*, P.177.

L'art d'ailleurs nous prévient de ne pas craindre ses croissances. Loin de s'affirmer dans le formalisme mystificateur d'un Art pour l'Art, le travail plastique (comme le travail industriel que Proudhon ne sépare pas) réalise des combinaisons dynamiques, exhibe des figurations inédites, expose des représentations éclairantes: "il n'y a pas de différence entre la création artistique et la création industrielle. L'artiste, en effet, ne produit rien à partir du néant, il ne fait que saisir des rapports, analyser des figures, combiner des traits, les représenter et c'est là ce qui constitue sa création"[1].

Délesté des idéalités ontothéologiques, l'art est "une métaphysique positive"[2]. Il n'est pas, de ce fait, réductible à un réalisme plat qu'on accuse à tort l'ami de Courbet d'avoir magnifié. "En communion d'idées et de principes non seulement avec ses confrères mais avec tous ses contemporains"[3], sa finalité est de concentrer le dynamisme qui travaille le réel.

Ainsi nous donne-t-il confiance dans une joie commune des possibles. Dépourvue des fascinations amères de l'ailleurs, l'action artistique est toujours située dans le conflit des formes et des forces. Elle en exprime la tension. Dans les actes narrés, les matières modifiées, les forces travaillées, elle décline la série des métamorphoses induites par le travail des formes.

L'oeuvre d'art est, pour Proudhon, une utopie concrète qui exalte les puissances de l'autocréation humaine: "l'humanité, telle est la croyance moderne, révolutionnaire, possède de son fonds la justice et elle développe ce contenu de sa conscience par son énergie propre. Elle est ainsi sa propre éducatrice; c'est elle qui opère sa justification, ou, en d'autres termes sa création...L'artiste est un des principaux agents de cette création (de nous mêmes); il la pressent, la devine, la provoque, la devance;

---

① *Du principe de l'art, op.cit.,* P.275.
② Ibid, P.191, P.228.
③ Ibid, P.275.

il est d'autant plus créateur qu'il a mieux lu au fond de l'âme universelle et qu'il l'a mieux révélée par ses oeuvres"[1].

Le socialisme proudhonien ne consiste pas seulement, comme on le croit généralement, à modifier la relation politique et sociale à l'art en le rendant disponible à tous par les institutions publiques du musée et de la bibliothèque. Mais ce sont les oeuvres elles-mêmes qui exultent du pouvoir qu'a l'humanité commune de modifier et d'enrichir ses relations au monde, aux autres, aux matières comme aux forces. Quittant sa "sphère mystique et transcendantale", médiatisé par le rassemblement bibliothécaire et la concentration muséale, l'artiste-"citoyen comme un autre" offre la visible manifestation de cette augmentation généreuse. Chacun y peut découvrir les formes et les récits par lesquelles l'humanité raconte ce qu'elle est devenue et nous pourvoit de viatiques communs pour continuer son chemin.

Le creuset du travail artistique en ses modalités de concentration, répartition, distribution et ses procédures de recensement, relation, sériation est le principe moteur d'une anthropologie technique des ensembles normatifs: l'homme s'y constitue et s'y modifie.

A chacun d'en faire usage pour s'autoriser soi-même à devenir autre en multipliant ses relations dynamiques par et dans ces lieux médiateurs de transcendance que sont les créations humaines. Synthétisées et concentrées dans les noeuds de circulation et d'intensité que sont les institutions publiques de la bibliothèque et du musée, chacun peut participer de la métamorphose qu'elles génèrent.

Ce transport enthousiasmant du rapport métamorphique ne relève pas, pour Proudhon, de l'inspiration providentielle mais l'invention technique et artistique procède du même processus que la science ou l'industrie. L'atelier, le laboratoire, la bibliothèque, le musée seront les centres médiateurs de la sériation inventive: les

---

[1] *Du principe de l'art, op.cit.*, P.276. C'est Proudhon qui souligne.

lieux sains de la modification créative. Alors, "nous pouvons espérer de parvenir un jour à une théorie du beau d'après laquelle la peinture, l'architecture et la statuaire seraient traitées comme des sciences exactes".

Loin d'être le dépositaire de visitations "phraséurgiques"[1], la mission de l'artiste sera de "synthétiser sur la toile et le marbre, par la couleur et le ciseau, les points de vue les plus divers, les éléments dont la détermination et la série sont éminemment transcendantes". Dès lors "la réflexion et la méthode surpassent infiniment le plus heureux instinct" et le "moment approche où la production raisonnée du beau l'emportera sur les merveilles de l'inspiration spontanée"[2].

Horresco referens. D'autant que Proudhon pressent la réalisation concrète de ces "vrais monuments de la République" (Bibliothèques belvédères et observatoires, cités-jardins, habitations communes, etc.) dans les anticipations attractives de...Fourier[3]. On comprend l'hostilité ricanante que cet enthousiasme suscitera.

Le sujet relationnel d'une religion

C'est dans ces cadres analytiques qu'intervient la deuxième thèse philosophique de Proudhon qui peut nous intéresser aujourd'hui car elle développe une théorie relationnelle du sujet libre. Pour lui, la liberté ne relève pas d'une subjectivité substantielle constitué par un cogito identique à lui-même, assuré de son universalité mais elle est mobilité des identités et déplacement des fonctions. L'être humain n'existe que par la variété des modifications qui le transportent hors de soi. L'aliénation est clôture sur soi par déficit de relations. Le sujet exprime son droit à être plusieurs en

---

[1] Du principe de l'art, *op.cit.*, P.274.
[2] De la création, *op.cit.*, P.216.
[3] Du principe de l'art, *op.cit.*, P.281.

exploitant sa capacité intersubjective d'être lié à d'autres pour devenir autre et multiple. Comment? En produisant activement des réalisations concrètes par des opérations coordonnées c'est-à-dire des coopérations industrielles.

L'être humain n'existe que par l'augmentation de ses relations dans le travail. L'être est relation. Proudhon place toutes les questions sur le terrain de ces relations qu'il identifie à la religion. Les hommes émergent dans leurs capacités positives de liaison non pas sous l'effet d'une transcendance mais au milieu coreligionnaire du rapport social de travail. La "consociation" subjective du travail est le siège ordinaire des lieux communs où se promeuvent des identités reconnues et estimées, renommées et motrices. Ces ascendants magistraux inscrits dans les adresses d'une "raison collective" de la production sont les récompenses sociales d'une maîtrise légitime.

Le sujet relationnel encastré dans les rapports sociaux de production implique une autre théorie politique de la relation marchande et requiert l'affirmation d'un droit au travail comme principe moteur de toute existence humaine. L'isolement nous délie car il enferme dans une subjectivité hypostasiée. L'être humain n'affirme son humanité que par la pluralité des relations qui lui ouvrent le champ des possibles. "La liberté de chacun rencontrant dans la liberté d'autrui non plus une limite comme dans la déclaration des droits de l'homme et du citoyen de 1793 mais un auxiliaire, l'homme le plus libre est celui qui a le plus de relations avec ses semblables".[1] Le travail industriel par les relations coopératives qu'il implique en est la matrice. L'important n'est donc pas l'associé contractuel mais le coopérant productif par lequel s'exerce une justice en acte. La pratique productive réalise "une métaphysique en action sur le plan fuyant de la durée"[2]. La science économique des échanges a pour charge d'en connaître les modes opératoires pour en transmettre

---

[1] *Confessions d'un Révolutionnaire,* Paris, Rivière, 1929, P.249.

[2] *Système des contradictions économiques ou philosophie de la misère,* Paris, Rivière, 1923, P.34.

ainsi non pas le fondement mais la raison d'être. "Il y a dans la société un ensemble de fait et de lois qu'on peut appeler économie. Dans cet ensemble, il y a une raison supérieure qui en rend le respect obligatoire et qu'on appelle religion". Cette "religion républicaine à hauteur d'hommes…immolée sur l'autel de l'Etre suprême en 1794… les arme et les émancipe : en les faisant concourir à un but commun, elle leur donne l'indépendance".[1]

L'aliénation est fermeture des possibles par défaut de circulation et de transport hors des assignations indigènes. "L'être est un groupe"[2]. Le sujet travailleur industriel exprime son droit à être plusieurs en exploitant sa capacité sociale et productive d'être lié à d'autres pour se multiplier en produisant par son travail dans l'atelier: "nous ne connaissons des êtres que leurs rapports"[3]. Le véritable droit de la liberté est le droit à l'échange commutatif et mutuel. L'individualisation est en raison directe de la multiplicité des échanges producteurs. L'individu se libère en accroissant sa socialisation. La mobilité des transports et la révolution industrielle et technique qui la métamorphose, sont donc bien plus qu'une métaphore. L'échange étant au cœur de l'ontologie politique, la circulation industrielle et ses techniques sérialisées sont le principe de la civilisation humaine et le moteur des augmentations individuelles de puissance.

Le matérialisme "réciprocitaire" de Proudhon est bien proche de ce que Jaurès appelait de ses vœux, un "individualisme logique et complet" permettant de satisfaire "le désir inquiet, permanent que l'humanité a d'une forme supérieure d'existence" [4].

---

[1] *Economie ou nouveaux principes d'une philosophie sociale*, manuscrit 2863, f 224, 226 et 52.

[2] *Philosophie du progrès*, Paris, Rivière, 1946, P.63.

[3] Ibid.

[4] *Jaurès, Idéalisme et matérialisme dans la conception de l'histoire*, conférence du 12 Décembre 1894

Une justice en acte

En émerge sa troisième thèse concernant la justice. Le rapport social inscrit dans le travail industriel est commandé par la perception immanente des autres dans mon être et de mon être dans les autres. "La justice est la faculté de sentir notre dignité dans les autres comme en nous mêmes"[1]. Elle ne vient pas d'une essence supérieure traduisant par des procédures multiples, la transcendance d'un ordre du ciel et elle n'est pas assimilable au penchant naturel à l'assistance sympathique inscrit dans une sociabilité innée de l'homme[2]. Le social industrialisé et circulatoire est immédiatement adresse réciproque, action coordonnée, structure d'obligations mutuelles qui proposent des schèmes d'augmentation coopératifs. Sa puissance s'exprime par le sentiment de dignité: "l'homme sent sa dignité tout à la fois en lui-même et en autrui et porte ainsi dans son cœur le principe d'une moralité supérieure à son individu"[3] et à ses intérêts. Le fait social est immédiatement moral parce qu'il est inscrit dans les coordinations productives. La socialité interactive est fondamentalement coopérative. La conscience éthique n'est point déduite ou calculée, mais par la dignité qui nous définit dans l'entre nous de nos actions, "chacun de nous se sent à la fois comme personne et collectivité, individu et famille, citoyen et peuple, homme et humanité".[4]La justice "est positivement autre chose que l'intérêt, fut-il bien entendu", elle n'est donc pas réductible aux calculs de l'utilité sans être pour autant un idéal inatteignable : elle est d'abord un fait social normatif.

---

[1] *Jaurès, Idéalisme et matérialisme dans la conception de l'histoire*, conférence du 12 Décembre 1894, P.288.

[2] Ibid, P.290.

[3] Ibid, P.299.

[4] Ibid, P.296, P.302, P.317

La faculté de "conjouïr et de condouloir" en sentant ma dignité en autrui est une puissance constitutive de la raison pratique. Ce sentiment de respect mutuel inscrit dans les actions concrètes se transforme en une "puissance de l'âme" car cette "faculté de sentir sa dignité en autrui" constitue pour Proudhon, une "forme a priori de la raison pratique"[1]. La félicité de l'individu n'est point provoquée par la quête du salut, mais elle relève de la multiplicité des relations actives par lesquelles chacun déploie ses potentiels et réalise sa croissance dans les actions réciproques de l'affirmation personnelle. La machine industrielle est une machine sociale normative car elle est matrice de reconnaissance, de croissance, de confiance : "être prêt en toute circonstance à prendre avec énergie et au besoin contre soi-même, la défense de cette dignité : voilà la justice"[2]. Immanente car son essence composée se déploie dans l'acte social de travail et d'échange, elle n'est pas au dessus ou en dehors des acteurs. La morale est modelée par "l'être collectif qui nous contient et nous pénètre et qui, par son influence, sa révélation, achève la constitution de notre âme". La justice "plus grande que le Moi"[3], c'est bien cette "liberté socialisée, la dignité multipliée par la somme des rapports que suppose la vie sociale", elle-même alimentée par la force des raisons collectives du travail. Les corrélations qui métamorphosent cette dignité, constituent bien la justice en acte d'un contrat "par lequel les hommes se formant en groupes déclarent *ipso facto* l'identité et la solidarité de leurs dignités respectives, se reconnaissent réciproquement souverains et se portent l'un pour l'autre garants"[4].

Le conseil politique consiste donc à organiser la "réciprocité des services" et la "balance des supériorités émergentes". Le travail philosophique est de multiplier " la

---

[1] *Jaurès, Idéalisme et matérialisme dans la conception de l'histoire*, conférence du 12 Décembre 1894, P.317

[2] *De la justic*e, op.cit., P.414

[3] Ibid, Tome IV, P.365

[4] *De La justice, 5ieme* Etude.

somme des rapports que suppose la vie sociale pour augmenter la puissance des libertés socialisées"[1]. En éliminant ni la société (l'individualisme libéral) ni l'individu (le transcendantalisme communiste ou communautaire), un ordre des fraternités se réalise par et dans les coordinations industrielles que toute existence promeut pour se produire.

Ni liberté illimitée ni communauté policière, le conseil proudhonien se définit comme un savoir des actions mutuelles, commutatives et transitives: une science des liens inducteurs d'augmentation, inscrits dans la syntaxe des adresses coopératives. Cette connaissance culmine dans une religion sociale des mœurs. L'éthique s'inscrit dans les "formes visibles" du sujet, elle se dépose dans des "choses positives soumises à des lois de composition" et donc lisibles comme un texte à décrypter. Par les tables et les grilles d'une lecture interne et externe, une science de "l'ethos social des allures, tournures, façons des êtres dans tous les actes de leur vie" peut et doit cataloguer les "conditions formelles de la vie humaine dans tous ses états et dans tous ses rapports"[2]. L'éthique est une esthétique incorporée des rapports. Ils s'exposent dans des adresses partagées qui s'y donnent à lire. Ainsi se peut dégager méthodiquement un conseil adapté au mouvement concret du réel dans la mesure où il existe pour Proudhon une "science absolue des rapports sociaux": il ne l'invente pas, il la découvre[3]. Il ne s'agit donc pas de construire une religion artificielle comme Auguste Comte ou de restaurer l'ancienne mais de développer celle qui est inscrite dans les pratiques coordonnées de l'action industrielle.

L'œuvre de Proudhon est dominée indiscutablement par ses idiotismes de métier : imprimeur, son alphabet industriel du travail demeure marqué d'une logique

---

[1] *Jaurès, Idéalisme et matérialisme dans la conception de l'histoire*, conférence du 12 Décembre 1894, PP.448–449, P.452.

[2] *De la justice*, P.143. C'est Proudhon qui souligne.

[3] Ibid, P.82.

abécédaire des compositions ; comptable, sa sérialité des combinaisons compatibles s'inscrit trop sur le registre des bilans d'entrées et de sorties. Cependant, la puissance heuristique de ses travaux est portée par sa quête initiale de la langue des langues, la langue originelle unique du genre humain dont témoigne sa tentative de genèse généalogique des formes grammaticales du langage et des catégories de pensée qu'il développe dans sa première œuvre publiée, sans nom d'auteur, par sa propre maison d'édition, *l'Essai de grammaire générale* (1837)[1]. Par son analyse des obligations réciproques et des augmentations mutuelles inscites dans les relations de travail, il croira la retrouver en constituant une grammaire des conjugaisons motrices et matricielles des puissances humaines.

La propriété comme relation

C'est dans ce cadre philosophique d'un primat de la co /relation, constitutif d'une justice en acte conjuguant les adresses que l'on peut mieux comprendre sa fameuse analyse de la propriété. Son mémoire de 1840 *Qu'est ce que la propriété ?* lui valut célébrité grâce à une formule frappée dans le marbre. Elle l'identifie définitivement pour la postérité : "la propriété, c'est le vol".

En posant la question *Qu'est-ce que la propriété ?* Proudhon pose la question philosophique de l'essence, la question du *quid*, ce qu'elle est en droit et en soi. La propriété existe, Proudhon n'en doute pas, il ne pose pas la question de son existence de fait, la question du *sit*, est-ce que la propriété existe n'est pas sa question. Son

---

[1] Cet essai fût publié en annexe de l'Abbé Bergier, *Eléments primitifs des langues, découverts par la composition des racines de l'hébreu, avec celles du grec, du latin et du français, nouvelle édition augmentée d'un essai de grammaire générale par l'imprimeur-éditeur*, Besançon, Lambert & Cie, 1837.

interrogation suit le chemin de l'évidence de son existence à la certitude de son essence. Ce faisant, il suit bien la méthode cartésienne d'interrogation philosophique en posant la question métaphysique de la propriété : comment rendre raison de ce qui est, comment justifier ontologiquement la propriété et en rendre l'existence indiscutable comme fondement d'un ordre juste et légitime? Quelle est l'essence de la propriété ?

Après l'examen des réponses de la vulgate, la réponse de Proudhon est brutale. Aucune justification de la propriété comme droit d'user et d'abuser d'une chose n'est valide et pire, la propriété dans ses origines, dans ses fins et dans ses modalités est impossible car elle est contradictoire et incompatible avec ses propres prémisses.

Aucun argument juridique, économique, philosophique ne parvient à la légitimer dans son principe : la théorie de la première occupation et celle de la légalité conventionnelle avec l'acquiescement de tous sont insuffisantes car elles reconnaissent le fait de la propriété comme gestionnaire provisoire (la récolte comme les instruments pour la produire) mais n'en fondent pas le droit lui-même de s'approprier la terre, le domaine, le capital : nul ne s'en peut prévaloir définitivement sans spoliation. La justification par le travail d'exploitation d'une terre cultivée par un individu comme expression de sa personnalité volontaire portant sa marque sur une matière transformée, peut, à la rigueur, expliquée l'appropriation des produits résultants de son travail mais pas celle de la matière elle-même. Surtout comment expliquer que tous les travailleurs comme individus libres exprimant leurs personnalités ne sont pas tous propriétaires?

Il est donc bien impossible de rendre raison de la propriété absolue et illimitée d'user et d'abuser mais alors pourquoi l'est-elle et quelles conséquences tirer de cette insuffisance ? La question, dès lors, change de sens : la justification abstraite de la propriété est intenable telle qu'elle est parce qu'elle est tellement injuste en pratique qu'il est impossible à la pensée d'en rendre compte et de l'inscrire dans l'ordre des raisons.

La propriété ne peut réaliser l'essence qu'on lui attribue, elle ne peut être conforme à la Justice qui la définit en son principe. Inégalitaire et égoïste, elle est antisociale car elle ne lie pas les hommes entre eux mais les divise, les sépare et les oppose les uns aux autres dans une société sans unité collective ni existence commune. De par la propriété qui érige les individus en absolus subjectifs, il ne peut émerger entre les hommes aucun sens du nous ni du tout d'appartenance et d'identification, aucune force collective d'ensemble ni raison normative d'ensemble.

Faut-il supprimer toute propriété car il n'y a de propriété qu'absolue et illimitée? Peut-on penser une autre propriété plurielle dans ses formes, limitée dans ses forces, relative autant dire juste et égalitaire ? Une propriété subordonnée, relationnelle et révocable ? Comment passer d'une propriété-vol à une propriété-liberté ?

Pour répondre à ces questions, Proudhon change de registre d'analyse et examine le processus historique et concret par lequel la propriété s'impose comme une injustice nécessaire au fonctionnement même de l'économie marchande dont il voit, sous ses yeux, le développement industriel et bancaire: l'appropriation est un accaparement, "la propriété est un vol". Elle est "un droit d'aubaine c'est-à-dire le pouvoir de produire sans travailler" en s'attribuant abusivement la valeur enrichie d'un intérêt du capital financier, foncier ou industriel. Telle est la thèse centrale sur laquelle il ne reviendra pas.

Marx le saluera en des termes dithyrambiques pour avoir le premier perçu et analysé ce qu'il appellera lui-même la plus value. Pour Proudhon, le capitalisme propriétaire est l'apothéose d'une extorsion invisible : "le capitaliste, dit-on, a payé les journées des ouvriers, pour être exact, il faut dire que le capitalisme a payé autant de fois une journée qu'il a employé d'ouvriers chaque jour, ce qui n'est point du tout la même chose. Car cette force immense qui résulte de l'union et de l'harmonie des travailleurs, de la convergence et de la simultanéité de leurs efforts, il ne l'a point

payé". Il empoche la différence et ce surplus engendré par la collectivité, c'est juste-
ment le profit capitaliste que Proudhon appelle l'*aubaine*. C'est cet accaparement qui
fonde la propriété.

Le rassemblement des travailleurs dégage une force collective supérieure à
la somme des forces de ces mêmes travailleurs s'ils agissaient isolément. Par leur
regroupement, ils forment un tout qu'ils identifient comme leur nous, leur équipe
de travail, leur atelier, leur entreprise, leur usine qu'ils appellent parfois même leur
maison. Ainsi "deux cents grenadiers ont en quelques heures dressé l'obélisque de
Louxor sur sa base ; suppose-t-on qu'un seul homme, en deux cent jours, en serait
venu à bout ? Cependant au compte du capitaliste, la somme des salaires eût été la
même. Eh bien, un désert à mettre en culture, une maison à bâtir, une manufacture
à exploiter, c'est l'obélisque à soulever, c'est une montagne à changer de place ; la
plus petite fortune, le plus mince établissement, la mise en train de la plus chétive
industrie, exige un concours de travaux et de talents si divers, que le même homme n'y
suffira jamais. Il est étonnant que les économistes ne l'aient pas remarqué. Faisons
donc la balance de ce que le capitaliste a reçu et de ce qu'il a payé".

Les gains de productivité générés par cette organisation permettent à chacun
des travailleurs de produire une quantité de biens supérieure à celle qu'ils auraient
produit isolément et qui, une fois échangée, ne leur aurait permis de gagner guère
plus que le strict nécessaire à la reproduction de leur vie. Leur réunification dans
une activité collective ordonnée selon la division technique du travail multiplie leurs
forces productives et augmente leurs capacités mutuelles.

Mais la propriété privée des moyens de production autorise le capitaliste à
rémunérer le travailleur non sur la production à laquelle il a contribuée comme élé-
ment du groupe mais sur la base individuelle de ce qu'il aurait produit s'il avait été
privé de la force collective de l'atelier. Il empoche la différence et ce surplus en-
gendré par la collectivité, c'est justement le profit capitaliste que Proudhon appelle

l'*aubaine*. Le propriétaire perçoit une rémunération du fait de sa propriété sans y apporter son propre travail. Ce droit d'aubaine qu'est la propriété privée, "suivant la circonstance et l'objet prend tour à tour le nom de rente, fermage, loyer, intérêt de l'argent, bénéfice, agio, escompte, commission, privilège, monopole, prime, cumul, sinécure, pot-de-vin".Le capitaliste revendique cette aubaine au nom de l'intérêt du capital qu'il a engagé alors qu'elle est le fruit du collectif de travail. La propriété est donc un capital social et non un capital privé.

Toute la question économique du socialisme républicain est de répartir autrement cette plus value sans accaparement abusif ni spoliation des capitaux investis mais en partageant justement aussi bien l'appropriation des gains que l'organisation de l'autorité et la capacité de décision. Quelle propriété privée sans prédominance du capital ni hégémonie de l'Etat, doit -on maintenir car elle est légitime selon Proudhon dès lors qu'elle est fondée sur le travail et qu'elle augmente la quantité des biens à répartir et quel intérêt pour le crédit des capitaux qui prennent le risque de s'investir dans une entreprise productive de biens marchands et doivent amortir leurs prêts? Quel rôle doit jouer l'Etat dans la régulation publique des propriétés ?

Pour répondre à ces questions, Proudhon ne s'en tient pas à cette première analyse de la propriété. Il veut répondre à une autre question peut-être plus décisive encore qui lui est liée : celle de l'intérêt de l'argent. Comment expliquer en effet qu'une somme d'argent prêtée à Pierre par Paul puisse s'échanger contre une somme supérieure remboursée par Pierre un mois ou un an après ? Pourquoi cent euros en janvier s'échangent contre 110 en Juillet puis 120 en Décembre, etc. ? Comment comprendre que l'argent fasse des petits, profite, rapporte sans rien faire, augmente en fonction de la durée du prêt car l'intérêt est le prix du temps, le temps c'est de l'argent ?

Plus encore cette forme de l'échange a toujours été réprouvée, elle fut, dans certaines législations, interdite et sévèrement condamnée comme une passion mauvaise par les philosophes comme par les théologiens. *Les jetons ne font pas de rejetons* dit l'adage du droit canon et les prêteurs qui gagnent plus qu'ils ont fourni à l'emprunteur sont voués aux gémonies par le Christ dès l'Evangile de Luc (VI, 34-35).

Or, malgré l'anathème, cette opération est constitutive de toute économie, elle est pratiquée dans toute l'humanité. Elle est la base de l'économie capitaliste qui pratique le prêt à intérêt sous les opérations les plus variées et sans ce crédit payant, il n'existerait pas d'entreprises privées ni de finances publiques, il n'y aurait ni action ni obligation ni marché ni banque. Ainsi non seulement les sociétés humaines sont fondées sur cette exploitation de l'intérêt d'argent mais chacun de ces membres accepte cette extorsion et la pratique sans le savoir ni même le vouloir. Comment rendre compte de ce mystère ? Quelle est la raison de cette passion spéculative d'argent conjuguée à la passion propriétaire?

La passion spéculative

C'est dans ce cadre capitaliste de l'intérêt de l'argent que Proudhon connut une autre notoriété. Sur commande des frères Garnier qui se souvenait de sa formation de comptable, il publia anonymement *Un manuel du spéculateur à la bourse* en 1853 avec un spécialiste de l'économie boursière Georges Duchêne, auteur d'un roman *Le Millionnaire* en 1852 et plus tard en 1867 d'un ouvrage de technique juridique *La spéculation devant les tribunaux*.

L'essentiel de l'ouvrage comporte deux parties techniques (rédigées par Duchêne), la première sur les "Formes de la spéculation" où sont répertoriées les types d'opérations boursières sur les différents marchés et la seconde consacrée à la "Matière de la spéculation" où sont décrites les actions et les obligations françaises et étrangères, analysées leurs variables rentabilités.

Dans la troisième édition, Proudhon y ajouta une introduction dénonçant les abus du crédit bancaire et son improductivité, souhaitant la liquidation sociale du système économique boursier. L'expertise en devient pamphlétaire, l'analyse tourne à l'apocalypse tant l'imminence des krach boursiers préfigure la fin du monde. Dans sa conclusion, Proudhon en appelle à une organisation mutuelliste de l'ordre économique fondée sur la valeur travail des associations ouvrières contrôlant les bénéfices de l'*agio*, mesurant la rémunération du risque pris par le capital et maîtrisant l'inévitable concentration des puissances économiques[1].

Après "l'Anarchie industrielle" qui est l'idéal de l'économisme anglican, la "Féodalité étatique" d'origine saint-simonienne, "l'Empire industriel" qui conduit la guerre économique des plus forts, la primauté de la question financière et boursière déplace la lutte politique vers le nouveau champ économique d'une "République industrielle"[2] ou comment "républicaniser la Bourse"[3]? Peut-on construire un marché républicain ? Peut-on concevoir une économie politique républicaine des échanges ?

Proudhon fait en effet découvrir le rôle et la fonction de la Bourse à un moment où celle-ci est encore marginale dans l'économie toujours dominée par la rente immobilière et la terre. Il la définit justement comme le "marché des capitaux" : "toute valeur capitalisée, toute action de commandite, toutes obligations circulables affluant à la Bourse, depuis les inscriptions de rente et les bons du trésor jusqu'aux *éventualités* de la faveur et du sort, la Bourse peut être définie : le marché des capitaux."[4].

Son rôle est d'accélérer la circulation indispensable des capitaux en les prêtant à des taux variables pour en augmenter la rentabilité tout en multipliant les investissements créateurs de produits marchands : "c'est ainsi que le capital est devenu marchandise comme le produit, plus circulante, plus aisément échangeable que le

[1] *Manuel du spéculateur à la Bourse,* éditions Lacroix et Cie, Paris, 1876, PP.417-421.
[2] Ibid, P.7.
[3] Ibid, P.408.
[4] Ibid, P.69. C'est Proudhon qui souligne.

produit lui-même. C'est par là que les nations modernes ont pu, en moins d'un quart de siècle, creuser des canaux, construire des chemins de fer, entreprendre des travaux gigantesques, subvenir à des entreprises qui laissent bien loin derrière elle les monuments de Rome, de l'Egypte, de l'Assyrie, de la Perse et de l'Inde"[1].

L'organisation du crédit est donc la matrice du développement industriel et le moteur du nouveau paradigme de la modernité industrielle. Le "fait capital de l'économie des nations" est donc celui de la circulation de l'argent et non celui de la production des objets ou de la propriété des produits: "nous vivons d'un fait plus grand que la propriété, d'un principe supérieur à la propriété: nous vivons de la circulation. Comme la circulation du sang est la fonction mère et motrice du corps humain, ainsi la circulation des produits est la fonction mère et motrice du corps social"[2]. Avec la création du chemin de fer à partir de 1850 rendue possible par la circulation concomitante des capitaux de valeurs boursières commence l'ère du capitalisme moderne pour qui, comme nous le savons, "produire, c'est mouvoir".

Mais, dans cette organisation matérielle du prêt à intérêt qu'est le crédit d'argent proposé dans la bourse des capitaux disponibles pour la création des valeurs, qu'est ce que la spéculation ? Proudhon entonne l'éloge de la raison spéculative qui commande la passion d'argent: "La spéculation n'est rien autre chose que la conception intellectuelle des différents procédés par lesquels le travail, le crédit, le transport, l'échange, peuvent intervenir dans la production. C'est elle que recherche et découvre pour ainsi dire les gisements de la richesse, qui la multiplie soit par des façons nouvelles, soit par des combinaisons de crédit, de transport, de circulation, d'échange ; soit par la création de nouveaux besoins, soit même par la dissémination

---

[1] *Manuel du spéculateur à la Bourse,* éditions Lacroix et Cie, Paris, 1876, P.69. C'est Proudhon qui souligne.

[2] *Organisation du crédit et de la circulation et solution du problème social sans impôt, sans emprunt,* 1848, P. 140.

et le placement incessant des fortunes"[1].

Proudhon, dans son manuel pédagogique à l'usage des investisseurs spéculatifs, démontre la logique productive des bénéfices boursiers mais il analyse aussi la perversité des investissements spéculatifs pour augmenter rapidement la rentabilité des intérêts. Il en dénonce, avec sa véhémence coutumière, les effets sur l'activité productive des biens et les conséquences quant à la répartition inégalitaire des richesses générées par le travail industriel.

Il y a une bonne et une mauvaise spéculation mais hélas, elles sont indiscernables et aucun pouvoir politique par la loi ou par la force, ne la peut maîtriser: "La plupart des spéculations de Bourse qu'elles aient pour objet les fonds publics ou les valeurs industrielles reposent aujourd'hui, soit sur des éventualités plus ou moins ingénieusement calculées et dont la cause première est l'Etat, soit sur des secrets dérobés aux compagnies ou à l'Etat, soit enfin sur la faveur, l'indiscrétion, la connivence ou la vénalité présumée des administrateurs de compagnies ou des fonctionnaires de l'Etat. A cette heure, la spéculation n'est plus qu'un jeu où chacun a le droit de faire tout ce que la loi ne défend pas et de corriger, autant que la prudence, les caprices du hasard. C'est une réunion de tous les délits et crimes commerciaux : charlatanisme, fraude, monopole, accaparement, concussion, infidélité, chantage, vol."[2]

La crise de la raison économique saisie par Proudhon, est comparable à la crise de la raison métaphysique et pratique dégagée par Kant. Pour sortir des conflits de l'économie capitaliste, comment contrecarrer cette antinomie irréductible, bien pire qu'une contradiction toujours résolvable par le rapport de forces qui en conduit le dynamisme? En proposant des contre mécanismes bancaires qui contrôlent l'intérêt des crédits et limitent la rentabilité des capitaux.

---

[1] Manuel du spéculateur, *op.cit.*, P.11.
[2] Manuel du spéculateur, *op.cit.*, P.19.

Mais cette logique infernale n'est-elle pas immaîtrisable? La primauté boursière du crédit n'est-elle pas le nouvel absolutisme inscrit dans l'économie des intérêts? La tyrannie de la rentabilité du crédit génère dans l'ordre démocratique, une nouvelle forme de souveraineté : la *bancocratie*.

Quelle vérité scientifique ignorée du socialisme titulaire, Proudhon prétend-il avoir délivré grâce à son expertise technique de la machine boursière? Celle-ci : par le mécanisme boursier du marché des capitaux, la spéculation sur les intérêts du crédit aggrave le vol que constitue la propriété du capital et multiplie les profits par le prêt intéressé de l'emprunt : si la propriété est un vol, la spéculation sur les intérêts du crédit est un Sur-vol.

La banque, la Bourse, la spéculation transforment donc la nature du capitalisme des échanges. Pour Marx, le vol reste une erreur de compte, une spoliation sur le marché du travail, pour Proudhon, le vol s'est multiplié sur un autre terrain, celui du marché de l'argent et le capitaliste prélève son enrichissement en soustrayant un intérêt qui diminue encore la vraie rémunération du travailleur.

On retrouve dans toutes ces analyses que nous avons essayé de retracer à grands traits, toute la philosophie de Proudhon. Le sujet est relationnel et le milieu productif qui le constitue est un milieu social normatif. Sa liberté est d'augmenter ses puissances par les coordinations coopératives et mutuelles par lesquelles il déploie ses virtualités. Ce déploiement est la source de valeurs politiques collectives, de droits sociaux, de normes éthiques de réciprocité, de formes esthétiques, de forces civiles. Ils constituent le réservoir des ressources humaines dont la bibliothèque et le musée sont les monuments. Ces institutions d'une nouvelle liturgie racontent, rappellent et annoncent la création de l'humanité par elle-même. Les œuvres qu'elles exposent obligent au respect scrupuleux qui, pour Proudhon, est synonyme de "religion républicaine à hauteur d'hommes". Préserver son "esprit" est la condition d'une société dynamique, juste et féconde.

第二部分　与马克思对话

马克思的弗洛伊德化及其效应

——利奥塔的回声

尚　杰*

一

　　究竟什么是推动人和社会变化的最根本的活动？马克思发现人的各种动机都可以追溯到经济活动，弗洛伊德则把这个过程倒了过来：包括经济活动在内的人类所有文明活动的结果，都来自某种难以言明的"欲望"。这个"欲望"之所以要被打上引号，是因为它包含着更多这个词语的习惯意思难以表达的其他意思。早年的利奥塔尔曾经是一个"马克思主义者"，但是在20世纪70年代开始渐渐接受了弗洛伊德的理论，他要把马克思的学说移植到精神分析学说。

　　总体上，19世纪的西方知识分子还像从前一样，试图寻找推动文明的"第一原因"。我认为首先从19世纪下半叶的欧洲艺术界开始，"第一原因"的精神模式开始衰落，以至于"原因"本身成为一个值得质疑的词语，一个悬而未决的问题。在这个方面，利奥塔尔的马克思主义——弗洛伊德主义——后现代主义之路，很值得玩味。就此而言，利奥塔尔与列维那斯、福柯、德里达等人的争论，属于"家族内部"的义气之争，他们具有相同的精神气质且各具个性。为什么要把"原因"放在括号里呢？因为事物的效果往往找不到一个证

＊　尚杰，中国社会科学院哲学研究所研究员，博士生导师。

据确凿的原因，以至于所有的解释都成为了一种假解释。也正是这个意义上，马克思对哲学不屑一顾是有道理的，因为哲学只是"解释世界"，而问题在于改变世界。有趣的是，马克思对"解释世界"的哲学的蔑视却没有妨碍"马克思主义"在寻找社会发展的"第一原因"时重新成为一种解释世界的哲学，甚至弗洛伊德式的精神分析，也是对人类心理真实过程的解释。"解释"很像是人无法摆脱的紧箍咒、一只魔戒。

所以，问题其实在于能否有一种逃脱了"解释"的叙述，这种叙述本身成为一种风格，它具有一种难以抓住的形状，它有效果却难以被说清楚，也就是让解释失效。使解释失效的一个有效办法，是无论解释者怎样解释，都告诉他"我说的不是这个意思而是别的意思"——这样的说法是刻意的吗？"蓄意不赞成"？——但是这后一个疑问句本身再次成为误解。误解也是解释，可以有一种抵制解释的学说吗？利奥塔尔这样说："一个文本的重要性不在于它说了什么和它想说什么，而在于它做了什么和要做什么。"[1]用我的话说，这是一种把某某不再当成某某的能力。利奥塔尔这句话表面上有"模仿"马克思那句著名论述的嫌疑（"从来的哲学家只是以各种方式解释世界，但问题却在于改变世界"），但其实很不一样：在马克思看来，文本的力量只是解释性的"批判的武器"，而利奥塔尔明确说当搁置了文本的解释性时，文本也可以做。怎么做呢？做与说的区别在于，"做"是"改变世界"，是实实在在的变化而不单纯发生在头脑中。我仍然要说，这个理解的拐点还是在于"把某某不再当成某某的能力"。比如我刚使用了"理解"一词，但是这个词已经开始说不到点子上了。如果不把文本不当成"解释"，那当成什么呢？"文本要做什么的是，把自己潜在的能量化身为别的事物：别的文本，但也是化身为绘画、图像、电影镜头、政治行为、判断、色情的灵感、不服从、经济的首创性。"[2]注意，这里的"做"不仅是在头脑中发生的过程，而且直接就是那些"别的事物"。这

---

[1]　J. F. Lyotard. *Dérive à partir de Marx et Freud*, Union Générale d'Éditions, 1973, P.6.
[2]　Ibid. P.6.

些指向别的事物的行为并非有意为之，而是一种"漂浮中的偏离活动"：不受控制、不知所措、没有目标，是最自然而然发生的原始活动。比如既偏离马克思也偏离弗洛伊德（就像在马克思那里，剩余价值本身成为独立的新的价值来源。利奥塔尔认为"偏离"可以和弗洛伊德提出的"死亡冲动"相提并论）。到了没有想去的地方、一种意外，快乐来自意外——这句话含有很多剩余的意思，值得玩味。

二

怎样"把某某不当成某某"呢？"1968 年 5 月[①] 所暴露的危机并不是一种'危机'：它使我们进入了一个新的历史时期。批判和斗争的矛头所指、所动摇的，不仅是政治体制，而且是社会系统；不仅是资本私有财产，而且是全部生命或生活的结构，是现代社会——无论是西方还是东方社会——为了消除某种确定的欲望而使用或编织、强加或灌输的全部'价值'。"[②] 换句话说，在利奥塔尔看来，著名的巴黎"五月风暴"看似针对政治权力的，却并不想推翻什么、不想用新的政治代替旧的政治，"而是希望别的东西、别的社会、别的人与人之间的关系。"[③] 这种新的欲望很像是德勒兹说的"逃脱的线"。它尤其是一种细节的批判，因为"软暴力"的压迫几乎无处不在，在单位、工作之外的业余生活（比如电视节目中的解说词）、家庭、教育制度等。

以上与马克思主义有什么关系呢？ 1969 年利奥塔尔在巴黎《现代》杂志上撰文，以精神分析的笔调，讨论"异化"在马克思学说中的地位。他认为马克思《资本论》中的"现实"，是已经经过"理智"系统处理过了的、不再遵守时间秩序的现实。与阿尔杜塞不同，利奥塔尔在谈到马克思的"异化"问题

---

① 指 1968 年 5 月在巴黎爆发的学生运动，而后很快蔓延为有社会各个阶层参加的严重政治事件。

② J. F. Lyotard. *Dérive à partir de Marx et Freud*, Union Générale d'Éditions, 1973, P.23.

③ Ibid, P.23.

时，追究的重点不再是建立在解释学基础上的"马克思的文本到底意味着什么"，而是"把某某不再当成某某"，从而赋予"异化"以全新的意义。

利奥塔尔说，在《政治经济学批判》1857 年的序言中，马克思批评黑格尔式的幻象把"思想自身具体化的方式"与"具体思想本身的发生过程"看成一回事，而马克思着力把"实际发生"与"理论的构造"联系起来。但是，在马克思那里，这不过是等于宣称了理论对于现实的独立性。也就是说，理论的术语距离现实越来越远。正是在这种"重新出发点"上马克思是黑格尔的学生，即理论范畴经历着从最简单也最抽象到最具体、最复杂的过程。

反恐：一场幽灵之间的战争

——谈谈德里达对"9·11事件"的反思

方向红 *

"9·11事件"发生时，德里达正在中国进行学术访问；"事件"发生后不到五周，德里达已经在纽约接受采访了。① 在"9·11事件"的第二天，德里达在上海以沉痛的心情和西方学者的预感对前来聆听演讲的听众说，"在我们共同度过的这个非常严重的时刻，我希望这个将我们召集起来的仪式与昨夜使我们彻夜不眠的那个令人焦灼的悲剧及那些可怖信号不是无关的，也不是无足轻重的……我相信你们也和我一样，从中看到了一种要求保持警醒的呼吁，面对一个我们尚无法预料其后果的，但却仿佛是世界的一个新阶段之始的事件，我们得继续思考发生在世界化进程中的一切"。② 显然，德里达认为这不单是一个悲剧，它还发出了一个可怕的信号，一个将会带来一连串我们甚至无法预料其后果的信号。德里达提醒我们注意，这个事件预示了世界可能从此进入一个新的阶段。然而，四周以后，面对媒体铺天盖地的报道和喋喋不休的喃喃自

---

* 方向红，南京大学哲学系教授，博士生导师。

① 不过，要到两年之后，这次采访的内容才以出版物的形式（J. Derrida and J. Habermas, *Philosophy in a Time of Terror: Dialogues with Juergen Habermas and Jacques Derrida*, Giovanna Borradori, Chicago and London: The University of Chicago Press, 2003 [以下简称 *Philosophy in a Time of Terror*]）在美国问世。

② 张宁：《雅克·德里达的中国之行》，见链接：http://www.chinese-thought.org/zttg/0503_dld/001724. html. 该文的删节版曾刊载于《二十一世纪》（双月刊，2001 年 12 月号，香港中文大学中国文化研究所，第 77—84 页），此处的引文未见收录。

语："September 11，September 11，le 11 septembre，9/11"，德里达却斥之为一种"强迫行为"①：媒体无法理解语言之外的意义，只有不停地重复这个时间名词。德里达认为，在这种反复实施的自我强迫行为之下，西方媒体逐渐暴露出这样的心态和估价②："9·11""在历史上标志一个日子"，这一天发生的事情是一个"重大事件"（major event），它标志着世界从此划分为两大阵营，即由自由和民主的国家所组成的正义的阵营和由邪恶的国家和组织所组成的恐怖主义的阵营，前者将步入一个崭新的时代，那就是在全球范围内反对恐怖主义。令人惊异的是，正是这一点上，德里达与西方尤其是美国的主流媒体的反应③，甚至与几个星期前他自己的表态唱起了反调："说起来很遗憾，作为一个'重大事件'，这件事还不够格。"④

可以想见，德里达在"9·11"之后的短短几个星期中对这一"事件"本身进行了怎样深入和激烈的思考。他抛弃了自己作为西方人、作为西方学者的直观感受和直接情绪，运用自己的解构理论尤其是幽灵政治学切入到这一"事件"之中，为我们揭示出它的另一面被遮蔽的意义及其生成机制。

——

要想在哲学上探讨"9·11事件"，德里达首先面临两个问题：它果真是一个历史性事件吗？如果说它是恐怖主义者所为，那么，如何定义"恐怖主义"这一概念？谁是恐怖分子呢？

德里达说⑤，"9·11"之后，很多人都有两个18世纪的经验主义式的"印

---

① See J. Derrida and J. Habermas, *Philosophy in a Time of Terror,* pp. 87–88.

② Ibid, P.86.

③ 有趣的是，德里达在书中还考量了中国的反应。他认为，一开始中国对这一事件的重要性是持保留态度的，后来，由于美国媒体的入侵、中美关系方面的考量以及中国自己的"穆斯林"问题而妥协。See J. Derrida and J. Habermas, *Philosophy in a Time of Terror*, PP.109–110.

④ Ibid, P.89.

⑤ Ibid, P.88.

象"（impression）。美国受到攻击受到侵犯了，在自己的土地上，近两个世纪以来（准确地说是自1812年以来）第一次被当做攻击目标；然而，不仅如此，更为严重的是，统治世界舞台的秩序，统治国际法、外交机构、媒体且现已变成主导性政治话语的盎格鲁—美利坚习语，遭到了暴力攻击。

对于这两种"印象"，德里达分别做了分析①。他肯定了第一种印象，甚至认同由此引发的情绪："对死难者的同情和对杀戮事件的义愤，这是无条件的"。但对第二种印象，他认为不过是一种信念而已。这些人的有条件的解释和评价使他们自己相信这是一个"重大事件"并导致他们强迫性地夸大他们所感受到的东西。

德里达承认，在几秒钟之内，几千人、几千"平民"丧生，这无异于一场瞬间的大规模屠杀。对于在这场灾难中失去生命的个人以及他们的亲属，德里达表达了自己深深的同情，而对于制造灾难者，德里达也深表义愤，但与此同时，他仍然尖锐地指出②，这不是一个哲学意义上的事件，准确地说，不是一个海德格尔意义上的"事件"（Ereignis）③。我们知道，在海德格尔那里，存在论意义上的"事件"（Ereignis）具有"成其自身"（Er-eignung）、"分离"（Ent-scheidung）、"对置"（Ent-gegnung）、"令人惊骇的抛置"（Ent-setzung）、"收回"（Ent-zug）、"简朴"（Einfachheit）、"独特"（Einzigkeit）和"孤悬"（Einsamkeit）等特征。④ 德里达从政治哲学的角度对海德格尔的"事件"及其特征进行了诠释。他说，所谓"事件"，就是"那种已经来临的东西，那种在来临时让我惊讶且把理解悬置起来的东西"。一件事情若想成为"事件"，必须具备以下几个特点："丧失自身、不可预见、绝对的令人惊讶、不能理解、有误解的危险、无法预期的新颖性、纯粹的独特性、缺乏视阈"⑤。试问，"9·11"

---

① See J. Derrida and J. Habermas, *Philosophy in a Time of Terror*, P.89.

② Ibid, PP.89–90.

③ 关于海德格尔的术语"Ereignis"的中文翻译及其批评性建议，可参见方向红：《德语现象学的法语翻译及其对现象学汉译的启示》（《南京社会科学》2007年第8期）。

④ See M. Heidegger, *Beiträge zur Philosophie (vom Ereignis), Gesamtausgabe,* Bd. 65, Frankfurt a. M.: Vittorio Klostermann, 1989, S. 470–471.

⑤ See J. Derrida and J. Habermas, *Philosophy in a Time of Terror*, PP.90–91.

符合其中的哪一点呢？它确实是一件大事，但它并没有丧失自身，我们马上将会看到，它反而强化了自身；它确实引起了我们的震动，但根本不具有绝对的意义，德里达曾设想，"这一事件，哪怕在数量上更大，如果发生在欧洲或美国的空间之外，它也绝不会产生如此大的轰动"[1]；它的发生方式确实很特殊，但它不是独一无二的，类似的事情以前有，今后还会出现，只不过其发生方式千差万别而已；虽然没有人准确地预见到它的发生时间和地点，但"袭击是有先兆的"[2]。从这几个方面出发，德里达拒绝认同美国政府和美国主流媒体的看法，对"'9·11'是一个重大的历史性事件"这样的说法断然进行了否定。

　　既然第一个问题的答案是否定的，那么，德里达便完全有理由对美国式的"恐怖主义"和"恐怖分子"这样的概念重新进行审查。经过考证，德里达发现[3]，"恐怖主义"这个词很大程度上来自法国大革命的"恐怖统治时期"。自它诞生以来，一般来说，它具有以下几个特征：它是针对人类生命的犯罪；它违反了国家法和国际法；它造成了平民的伤亡；它具有政治目的，旨在通过对平民百姓的恐怖行为影响或改变一国之政治。有了这些特征，我们现在可以尝试来回答：谁是恐怖分子，谁属于恐怖组织。我们知道，"9·11"之后，美国和许多西方国家将包括本·拉登在内的许多武装组织列为恐怖主义组织，但反过来，美国本身也被这些组织看成"恐怖国家"，甚至其举措在更加广泛的范围内被看成是"国家恐怖主义"。究竟哪一方属于恐怖主义呢？德里达从历史的角度为我们寻找到一些案例。[4] 案例1：美国人为苏联的敌人提供训练和

---

① See J.Derrida and J. Habermas, *Philosophy in a Time of Terror,* P.92.

② Ibid, P.91.

③ Ibid, P.103.

④ 以下分别参见 J. Derrida and Habermas, *Philosophy in a Time of Terror,* P.92, P.92, P.104. 德里达在《流氓》中还列举了美国政府的其他一系列恐怖行径：曾几何时，对恐怖的巴拿马诺列加政府提供支持；长期以来视实施种族屠杀的萨达姆为美国值得尊敬的盟友和宝贵的经济上的伙伴；曾把利比亚、伊拉克和苏丹当做流氓国家进行过轰炸，其残忍和野蛮比之于所谓的"9·11"有过之而无不及，这个名单还可以无限地开列下去，古巴、尼加拉瓜、朝鲜、伊朗等。See J. Derrida, *Schurken: Zwei Essays über die Vernunft,* übers. von Horst Brühmann, Frankfurt am Main: Suhrkamp, 2003, S. 137.

武器，而他们今天成为美国的敌人；案例 2：法国于 1954 — 1962 年在阿尔及利亚的国家恐怖主义被认为是维护内部安全的警察行动，只是由于后来的"老兵"要求养老金时才被追认为"战争"；案例 3：武装组织的恐怖分子曾经缔造了以色列。很明显，这些案例都符合"恐怖主义"定义。德里达进一步追问道[①]，如果这样的国家、这样的行为都不属于恐怖主义，那么我们又怎么能认为巴勒斯坦各派别、爱尔兰反政府武装、争取独立的车臣人民是恐怖分子呢？恰恰相反，德里达说[②]，在世界上的很多地方，所谓的"恐怖分子"常常被看成是自由战士和民族独立的英雄。可是，如果我们把思考的视角再次颠倒过来，我们会禁不住问道：难道追求民族独立和自由的英雄便脱得了"恐怖主义"的干系？德里达以第二次世界大战时期的法国抵抗运动组织的成员为例提出了同样的问题。这些成员当时曾被德国纳粹和法国维希傀儡政府视为"恐怖分子"，当然，这一罪名随着法国的解放也就不再成立了，"但谁能否认，这完全是不真实的"[③]？其实，不仅法国的抵抗运动，上述包括本·拉登在内的各种武装派别和组织，谁不或多或少地符合"恐怖主义"的那些特征？看来，就像德里达以疑问形式所强调的那样，——"我们在哪里能划得出国家与国际、监察与军队、'维和'干预与战斗、恐怖主义与战争、平民与军人等的界限呢？"[④]——，我们在这里也无法区别这两种彼此对立的恐怖组织了。这样的结论实际上符合德里达晚年对政治现实的看法。用我们总结过的话语来说便是，社会现实中那始终在场的东西恰恰是一种"负在场"[⑤]，它就是无论正方还是反方都在有意识、有组织地实行着的恐怖主义。[⑥] 哪一方不是恐怖主义，这

[①] See J. Derrida and Habermas. *Philosophy in a Time of Terror*, PP.104–105.

[②] Ibid, P.90.

[③] Ibid, P.105.

[④] Ibid.

[⑤] 关于"负在场"或"−在场"的概念，请参见方向红：《论德里达与马克思及马克思主义的关系》(《马克思主义与现实》2003 年第 4 期)。

[⑥] 德里达还补充道，除了有意识地实行着的恐怖主义，还存在一种无意识、无组织的恐怖主义：数以亿计的人由于缺医少药、贫病交加而死去。似乎没有人真正意识到这一点，也没有人感到需要为此承担罪责。See J. Derrida and J. Habermas, *Philosophy in a Time of Terror*, P.108.

根本不是问题的正确提法。正确的提问方式是，在这彼此对立互相谴责的两个集团中，谁更恐怖？德里达的采访者 G. 波拉道瑞（Giovanna Borradori）正是这样问的。对于这一问题，德里达毫不迟疑地做了明确的回答："美国、以色列以及那些富国和帝国主义或殖民主义势力。他们实行了国家恐怖主义并因此受到谴责，他们比那些自称是受害者的恐怖分子'更恐怖'" ①。

对于另一方，对于那些在其上或在其中产生了所谓"恐怖主义"组织的土地、文化和人民，尤其是伊斯兰文化和人民，德里达寄予了深刻的理解和同情。他指出，在全球化的过程中，这些人没有分享到这一过程的成果。② 他们不仅被剥夺了走向民主的权利，甚至还被剥夺了土地上的自然资源，例如，沙特阿拉伯、伊拉克和阿尔及利亚的石油，南非的黄金，等等。这时候，诉诸最严重的暴力实际上就是一个人对"聋子"唯一可行的反应方式。当然，德里达同时也认为，作为一个哲学家，我们应该把"理解"与"辩护"区别开来。我们理解这一方的处境，但他们"恐怖性的"暴力行为不能因此而得到辩护，所有这些行为仍然要受到谴责。具体到"9·11"袭击上来，德里达的态度是，"我们可以，像我在这里所做的那样，无条件地谴责9·11的袭击，但同时我们不应该忽视使这一袭击成为可能的现实条件或辩解性条件" ③。

在回答了第二个问题之后，我们现在可以把第一个问题向前再推进一步。如果说"9·11事件"并不是一个历史性事件，那它的性质究竟是什么呢？德里达十分肯定地回答道："在很多方面，'9·11'也是且仍然是冷战本身的一个遥远的效应。" ④

本来，人们都以为"9·11事件"是一个划时代的大事，但德里达在经过这么多的分析和思考后把它定位为仍然属于一个被宣称为"过去了的时代"的事件。我们在此需要进一步追问的是，为什么冷战已经被宣布结束，西方阵营

---

① See J. Derrida and Habermas. *Philosophy in a Time of Terror*, P.107.
② Ibid, PP. 122–123.
③ Ibid, P.107.
④ Ibid, P.92.

已经大获全胜，而冷战思维及其后果依然存在，甚至越发严重和恐怖？是什么样的理念让西方国家在兴高采烈地告别一个世代的同时却又更深地跌回到这个时代中来？当然，要回答这些问题，其头绪是极其复杂的。不过，西方现代文明，尤其是现代西方政治文明的两大主线即启蒙哲学和基督教可以为这些问题的答案投下一丝光亮。德里达的思考入口正在这里。他以启蒙哲学的"世界主义"和基督教的"宽容"思想为例，通过它们在现代国际政治中的应用及其所带来的后果，揭露出作为西方现代文明之基础的两条主线的内在悖论和困境并提出了可能的替代方案。

二

"世界主义"（cosmopolitanism）的梦想有着悠久的历史，人们可以一直将其追溯到古希腊，但对当代世界的政治结构起着奠基和塑造作用的"世界主义"却直接来自启蒙哲学，尤其是来自康德的政治哲学[①]。康德的"世界主义"构想主要见于《世界公民眼中的普遍历史之观念》、《单纯理性限度内的宗教》、《实用人类学》以及《永久和平论》等著作。在这些以政治、历史和宗教为主题的作品里，康德以一种理性的方式为未来世界的政治格局进行了设想和推理：正如个人放弃自己的部分权力，比如说直接惩罚他人的权力，而自由平等地以契约的方式组成国家一样，国家也可以通过放弃自己的一部分权力和要求，比如说对他国动用武力的权力，而自由平等地以和平契约的方式组成"自由国家联盟共和国"（Republik freier verbündeter Völker）[②] 或"根据联合起来的

[①] 对于康德的国际法学说、和平论以及"世界共和国"设想与国际联盟、联合国之间的直接关联，可参见 O. 赫夫尔（Otfried Höffe）的论断（"人类只有在经历了两次世界大战的痛苦之后才开始——原则上——信奉康德的国际法"、"康德的和平书是国际联盟和联合国的理论史的重要组成部分"）及相关说明。See Otfried Höffe, *Völkerbund oder Weltrepublik?, Immanuel Kant: Zum ewigen Frieden,* hrsg. Otfried Höffe, Berlin: Akademie Verlag, 1995, S. 111ff.

[②] I. Kant, Die Religion innerhalb der Grenzen der bloßen Vernunft, *Sämtliche Werke,* Band IV, hrsg. von Karl Vorländer, Leipzig: Verlag von Felix Meiner, 1937, S. 35.

权力而来的以及根据联合意志而作出决定的……国际联盟"①。相对于传统意义上的国家，这种新型的"世界国家"是一种最弱意义上的国家或第二性的国家，它没有自己的行政、立法、司法、军事等方面的权力，这些权力作为主权仍然属于每一个实体国家。但是，"世界国家"作为主权国家"和平联盟"②的产物，可以让所有参与联盟的国家从随时可能爆发战争的自然状态中走出来，进入到"社会—法治状态"③中。

德里达认为，这种意义上的"世界主义"固然有其积极的方面，但是，由于它"预设了某种形式的国家主权"④，这就使它像柏拉图的"药"一样，既是一种"解药"，也是一种"毒药"："它一方面为公民提供各种保护，另一方面它又是一个神学的传承，对非公民关闭它的边界，独占了对暴力的使用，驱逐甚至压迫非公民。这也是一种自体免疫的逻辑：自我保护并自我摧毁"⑤。它在实践中最终必然走向困境。

同启蒙哲学的"世界主义"一样，基督教的"宽容"（tolerance）也不会给我们带来更好的结局。根据德里达的考证，宽容是基督教仁慈（charity）的一种形式，这个词起源于基督徒之间或者基督徒与非基督徒之间的宗教战争。在基督教那里，宽容是基督徒的美德。但德里达警告我们，对于这种美德，我们应当小心为上。宽容是"强者的道理"，是主权的补充性的标记，或者说，是主权的另一副好脸色。德里达以法国前总统密特朗为例对宽容者做了生动的刻画：密特朗曾在报上撰文说，有一些外国移民，他们没有加入我们的国籍，没有使用我们的语言，没有接受我们的文化和传统，他们有一天可能会不可避免地受到有组织的排斥。这就是我们的宽容者：他高高在上，他对他人亲切地说，你并不是让人无法容忍的，我让你生活，我在我的家里给你留下了一块地

---

① I. Kant, Idee zu einer allgemeinen Geschichte in weltbürgerlicher Absicht, *Sämtliche Werke*, Band VI, hrsg. von Karl Vorländer, Leipzig: Verlag von Felix Meiner, 1922, S. 13.

② 康德：《永久和平论》，何兆武译，上海世纪出版集团 2005 年版，第 21 页。

③ 同上书，第 13 页。

④ J. Derrida and J. Habermas, *Philosophy in a Time of Terror*, P. 131.

⑤ Ibid, P.124.

方，但是，请别忘了，这是我的家。① 这就是宽容的实质。它在实践中同样是没有出路的。

德里达进一步指出，在当前的国际政治实践中，这两条没有出路的路线有其自身独特的症候，它在走向毁灭之前会经过一个"自体免疫过程"。我们知道，在医学上的"自体免疫过程"是指一个生物以一种近乎自杀的方式摧毁自己的保护系统，或者说，对"自己的"免疫性发动免疫的过程。② 同样，当西方强国及其政治领袖怀着启蒙的理想和基督教的信念来处理全球化进程中的各种政治、经济和军事事务时，一种他们无论如何也不会想到的过程——"自体免疫过程"——也被他们同时触发了。

这种"自体免疫过程"，在德里达看来，在当前的国际政治形势下共有三种表现方式，或者说，三种"症候"。③

第一种症候：攻击方式。不是驻扎在其他国家或其他的土地上的本国军队受到攻击，恰恰是本土暴露在袭击之下。不仅如此，攻击不是来自外部，反而是来自内部；攻击者自己没有从外部携带任何武器；相反，他们通过计谋以及高科技知识的应用掌控了美国人的武器，以美国人的机场为基地，对美国人的城市发动袭击。其实，正如"恐怖分子"所扬言的和美国情报机关所担心的，对美国发动袭击并不需要飞机和炸弹，还有更厉害的武器：入侵计算机系统、纳米技术武器、细菌武器、化学武器等，——当然，这些武器都可以直接从美国获得。

第二种症候：过度反应或强制遗忘。在"冷战"时期，两个超级大国之间有一种恐怖的平衡，他们都不会轻易攻击对方，他们会评价各自所面临的风险。但现在情况变了，包括核弹在内的各种高科技武器的威胁不再来自某个确定的国家，而是来自一些匿名的力量，这些力量是无法预见、也无法计算的。德里达指出，正是在这里，创伤的时间化（temporalization）效应出现了。

---

① J. Derrida and J. Habermas, *Philosophy in a Time of Terror*, PP.127-128.

② Ibid, P.94.

③ Ibid, PP.95-102.

创伤，具有怎样的时间效应呢？我们知道，从胡塞尔和海德格尔的时间现象学的立场来看，时间化的过程并不是简单地、按部就班地经历从过去到现在和将来这三个阶段，而是这样展开的：在时间化进程中，将来已经来到现在并渗透到过去之中。如果说"9·11"至少对美国人来说是一个巨大的心理创伤，那么，根据上述理解，德里达完全有理由说，现在的或过去的创伤在其躯体上必然烙下这样一种"可怕的印记"：将来可能发生的事情"将会比曾经发生过的任何事情都更加糟糕"①。这样的创伤其实不仅仅来自过去，更是来自未来，它必然会带来"受伤者"的过激反应，促使他们不惜以更恐怖的手段在全球范围内进行所谓的反恐活动。

自体免疫的表现形式是多种多样、防不胜防的。即使是同一种症候也是如此。德里达敏锐地指出，实际上，在创伤的时间化效应发生的同时，还存在另一种相反的过程。由于恐怖分子无名无姓无形无象，恐怖的源头也飘忽不定，那种最坏的可能性也显得轻飘飘的并很快逃离我们的视线，创伤逐渐也成了众多创伤中的一个，慢慢被遗忘、被压抑、被驱逐。恐怖的源头似乎已经不复存在，资本在统治全球市场过程中所带来的剥削、欺压和不公正等现象似乎不再重要，美国和其他西方国家似乎可以继续高举启蒙理性的旗帜，唱着基督教的赞歌，满怀希望地推进着他们眼中的全球化事业。

然而，所有这些做法，不管是过度反应也好，强制遗忘也好，都是一些绝望的努力，最终都会在精神分析的意义上和在政治的意义上创造、复制或培养他们声称要克服的幽灵般的怪物。德里达预言，"实际上，那是一个绝对的'恶魔'，它在每一个地方存在，它的威胁，它的幻影，正在扩展"②。

第三种症候：恶的循环。"受害者"的阵营声称要保卫自己，叫嚷着要发动一场"反恐战争"。可是，无论是在伊拉克，在阿富汗还是在巴勒斯坦，"聪明的"炸弹从未聪明到阻止当地的受害者们的反应。对这些受害者阵营而言，

---

① J. Derrida and J. Habermas, *Philosophy in a Time of Terror*, P.97.
② Ibid, P.99.

他们可以轻易地把自己的行为视为有理有据的报复或真正意义上的反恐。两个阵营的立场完全一样，都是要保卫自己，都是与恐怖主义战斗，如此循环往复以至无穷。

这三种症候①不仅说明启蒙理性和基督教思想在政治领域的应用是没有出路的，而且表明，以此理论为指导的当代国际政治的实践业已陷入极端危险的境地。如何摆脱危险，如何走出困境，如何中止这种自杀性的自体免疫过程，便成为政治哲学十分紧迫的任务。

三

德里达的总体思路是，首先在上面对立的两个阵营之间作出选择，然后对被选择的阵营的理论背景和文化传统进行彻底的解构和转型并最终将其导入到幽灵政治学的轨道上来。

德里达明确地宣称②，尽管他对美国以及欧洲的政治态度有所保留，尽管他们有对民主、国际法、国际机构的某种程度的出卖，但是，如果需要他在美欧阵营与以本·拉登为代表的阵营之间作出选择的话，他仍将站在前者一边，因为这一阵营以自由、民主、平等以及国际法的名义为未来留下了进一步完善的可能性，尽管这里的"以……名义"仍然只是一种表述、一种口头承诺而已，但人们从未听到来自本·拉登阵营关于这个世界的任何承诺。

然而，对德里达来说，选择有时不仅不意味着哪怕是部分的接受，反而表明将对被选择者实行彻底的解构并促成其发生脱胎换骨的转变。下面让我们回到德里达在上文已经完成解构的启蒙哲学的"世界主义"思想和基督教的"宽容"精神上，看看他是如何把它们转变到幽灵政治学的向度上来的。

---

① 德里达在本书中还提到这样一种特殊的症候：在外部敌人被驱逐、被消灭或者其压力减轻时，同盟者之间也会"兄弟相残"，其极端程度丝毫不亚于同外敌之间的对抗。See J. Derrida and J. Habermas, *Philosophy in a Time of Terror*, P.112.

② Ibid, PP. 113–114.

如前所述，"世界主义"目前已经陷入困局和危境。要摆脱这种状况，我们就必须倡导一种彻底的"世界主义"。德里达给出的具体建议是，我们必须搬开主权这块绊脚石。在这一点上，他对欧洲寄予厚望。他认为，欧洲应该为自己寻找到一条出路，并在此基础上建立起欧洲的新形象。[①] 他设想，欧洲必须拥有一支属于自己的独立的军队、一支服务于新的国际机构的国际部队，这样才能够进行自主的介入和干预，才能最终确保新的国际法的实施。对于联合国如何拥有和实施其主权，德里达也作出了大胆的设想：联合国应该建立国际法的机制并拥有自主权力的国际正义法庭，尤为重要的是，联合国应该掌握自己的干预力量，这样便不会依赖于强权，因为后者常常出于自己的利益而歪曲法律。[②] 在回答访谈者 G. 波拉道瑞的问题——如果我们把国际主权推向极端，我们最终是否会走向一个"元国家"（a meta-state）或一部"基本法"（a meta-law）的状态？——时，德里达甚至提出了"去国家化过程"和"世界政府"这样两个概念：

"康德和阿伦特呼吁国际法的出现，但却排除了——实际上是拒斥了——超级国家或世界政府的假设……这种绝对新型的、史无前例的去—国家—化形式使我们可以超越康德和阿伦特以明确方式所表述的东西，从而思考那种即将来临的新的形象，即具有最终回溯权和主权的形象……具有不仅与法律而且与正义相关联甚至相统一的权力的形象"[③]。

显然，在德里达眼里，这个"超级国家"必须全面拥有立法、行政、司法和军事等方面的权力。这些权力以前只有各个主权国家才享有，现在，当"超级国家"或"元国家"建立时，从前的主权国家将随之解体。这种新的主权的设立和行使将不仅与法律一致，而且还与正义同道。这就是德里达在政治哲学层面上一直津津乐道的"将要来临的民主"在政治实践层面上的实施模式。

人们在这里禁不住会问，这种模式有没有现实可能性？它难道不是一种

---

① J. Derrida and J. Habermas, *Philosophy in a Time of Terror*, PP.116–119.

② Ibid, PP.114–115.

③ Ibid, P.120.

耽于想象的乌托邦（utopia）？它难道不是走入了一个没有出路的困境（apo-
ria）？德里达承认，法律和力量的统一是一种内在背反的统一，这样的统一确
实是一种乌托邦，但他同时又坚称，尽管如此，我们仍将重建一种全新的普遍
主权的形象、一种全新的绝对律法与有效的自主力量相统一的形象，这是因
为，尽管从制约我们的决断的知识、科学和意识的角度来看，这是无法决断
的，甚至是根本不可能的，但它确实是一种可能性的信念、一种不可能事物之
可能性的信念。①

德里达的回答看起来似乎自相矛盾，但我们若从幽灵政治学的观点来理
解，这里的表述不仅相互自洽，而且还与德里达晚期的总体思路保持一致。"超
级国家"的建立，法律与权力的合一，一方面是现实的需要，是国际政治经验
反复证明的趋势，它吁请单个的民族和国家放弃自己的主权，融入到一个"元
国家"之中；另一方面也是民主概念本身的要求，它是民主向自身的回溯。这
就是先验层面上的"超级国家"②或"未来的民主"。无论在现实中遇到多大的
阻碍和怀疑，它终将把这种不可能性化为可能性，因为现实和历史层面无论怎
样严重的打击都无法损及其"准先验性"或"过先验性"③。

如果我们把"困境"理解为现实的困境，现实便成了"负在场"；如果我
们把"乌托邦"理解为永远盘旋在"负在场"之上的建立"世界国家"、实现
真正民主的可能性，"乌托邦"便获得了"先验性"。也正是在这个意义上，
德里达把他的"将要到来的民主"等同于海德格尔在接受《明镜》采访时的用

---

① 以上参见 J. Derrida and J. Habermas, *Philosophy in a Time of Terror,* PP.114–115。
② 应该指出的是，在这一点上，康德与德里达的思路在性质上是有根本区别的。康德把自己的
设想当成"调节性的原则"（ein regulatives Prinzip）而不是当做"构成性原则"（ein konstitu-
tives Prinzip），就是说，我们可以无限地趋近它，但绝无可能达到它（See I. Kant, *Anthropo-
logie in pragmatischer Hinsicht,* Sämtliche Werke, Bd IV, hrsg. von Karl Vorländer, Leipzig: Verlag
von Felix Meiner, 1922, S. 288）；而德里达不仅把这个设想当成调节者，他还要求把它当成未
来一切政治构想的前提。在某种意义上我们可以说，德里达试图把自己的先验原则转变成康
德的构成原则。
③ 关于德里达哲学中的"准先验性"或"过先验性"特质及其意义，参见方向红：《过先验论：
再论德里达政治哲学中的准先验维度》（《吉林大学社会科学学报》2008 年第 5 期）。

语 "将要来临的上帝" 并做了戏解。①

对于宽容，前文已经指出过它的实质。为了避免它所引发的自体免疫过程，德里达要求我们把这种有条件的宽容转换成纯粹的、无条件的好客（hospitality）。他指出，好客不是一种邀请意义上的好客，它绝不会蕴涵下面的含义：我邀请你，我邀请你到我家里来，但条件是你要依据我的语言和传统，你要接受我的领地上的法律和规范。② 与此相反，好客是访问意义上的好客，就是说，这种好客的大门预先便已向那些未经邀请的不速之客敞开，向那些绝对陌生的来访者敞开。这些来访者，我们无法辨认他们的身份，也无法预见他们的行为。人们也许会担心，这种做法难道不是一种极度危险的行为吗？是的，拆除保护我们的免疫系统，这是危及生命的行为。不管发生什么，让它发生好了；不管谁来，让他来好了。没有哪个国家可以把这种危险的好客写进法律。可是，没有任何危险的好客是一种真正意义上的好客吗？如果我们不能哪怕在思想上或体验中接受这种纯粹的、无条件的好客，我们就不会拥有好客本身，我们甚至不可能为有条件的好客制定任何规则，——这些规则包括仪式、法律地位、规范、国家惯例和国际惯例等；如果没有这种纯粹的好客，我们绝不会有关于他人——那个未经邀请就闯入我们生活的人——的观念，我们甚至也想不到要去爱他人、与那个不属于我们这个整体的任何部分的人共同生活在一起。在这个意义上，可以说，无条件的好客既不属于法律，也不属于政治，然而却是法律和政治的前提。

这种纯粹的好客，一方面因其会给我们带来性命之忧而在现实中无法实行，另一方面却又因其符合好客本身的定义而成为现实政治法律不可或缺的前提。这种看似矛盾的说法像上文 "元国家" 的设想一样，只有回到 "准先验" 或 "过先验" 的层面才能化解。这种好客是真实不虚的：虽然它在历史上从未出现过，在现实世界中也找不到它的踪影，但我们确实可以思考它的存在、体

---

① See J. Derrida and J. Habermas, *Philosophy in a Time of Terror*, PP.190-191.

② Ibid, PP.128-129.

验它的召唤；这种好客是纯粹的：它不夹杂任何来自"接待方"的立场和利益，它不接受任何来自现实政治法律的考量；这种好客是无条件的：它对来访者的身份没有任何要求，对他们的权利没有任何限制，对他们的义务没有任何规定。在这种"准先验"或"过先验"的意义上，我们可以说，它是"好客"概念自身的展现，或者说，"好客"回到了它自身。

现在，根据德里达的思路，我们也许可以给美国乃至欧洲的政治家们提出这样的忠告：若想赢得这种所谓的"反恐"战争，就不能也不该走在启蒙哲学和基督教义的老路上，墨守现有的国际法和"联合国"结构以及传统的自由、民主和"宽容"的思想，而必须对既存的理论话语和政治体制进行彻底的解构和转换，让其中的"过先验"维度脱颖而出，成为一切立法行为和政治抉择的前提和目标。惟其如此，美国和欧洲才能在首先消灭自己的恐怖主义行径之后进而清除世界范围内的恐怖主义，才能从根本上克服令人畏惧的"自体免疫过程"，让恐怖主义不再有滋生的土壤、不再有卷土重来的条件。[①]

---

① 有必要指出的是，德里达还认为，要实现这一点，欧洲肩负着特殊的使命。这不仅是因为欧洲正在经历一体化过程，更由于欧洲在启蒙时期在处理政治与神学之间的关系中所获得的首创性经验：神学或宗教在欧洲的政治空间中留下了独特的印迹，具体而言便是，宗教教义凌驾于政治之上的那种威权性。这种经验或印迹在阿拉伯世界或穆斯林世界是没有的，在远东或美国民主中也是找不到的。(See J. Derrida and J. Habermas, *Philosophy in a Time of Terror*, PP.116–117.)

为"马克思的幽灵"辩护

尚 杰*

德里达《马克思的幽灵》出版之后，引起国际学术界一片热论，为了回应其中的质疑、误解，德里达续写了《马克思／声音》[①] 德里达既不是一个马克思主义者，也不是一个反马克思主义者，就像他在评价马克思时所说，马克思既是一个悲观主义者，也是一个乐观主义者。当我们以习惯的态度思考德里达在这里究竟说的是什么意思时，他其实想说的是别的意思：就像《共产党宣言》第一句话一样，马克思像幽灵那样的"形状"萦绕我们周围。"萦绕"和"幽灵"一样，属于解构的概念，或者说，它们与纯粹形而上学的抽象（例如类似"是"与"不是"这样对立统一的辩证逻辑表达形式）无关。当我们说某某"是"与"不是"时，根本没有说中要害，但是除此之外，语言就无法叙说，这才是问题的要害。

"是"（être）总"'是'"显现为"在场"（présent）——在德里达看来，这才是形而上学抽象本体论最深厚的土壤。哲学在相当长的历史时期中一直是以本体论的形态出现的，"是"与"不是"的话语，乃本体论的话语最为集中的表现。在这个基础上的所有"说"，都是模仿或再现意义上的"重新说"。隐藏在《马克思的幽灵》中的幽灵，就在于反复描述在什么意义上马克思主义还停留在"抽象而思辨的形而上学"？在马克思的精神遗产中，哪些仍旧属于作为本体论的哲学？依附于这种本体论的"政治"、"意识形态"、"革命"、"弥

＊ 尚杰，中国社会科学院哲学研究所研究员，博士生导师。

① Jacques Derrida, *Marx & Sons*, PUF, 2002.

赛亚主义"（宗教意义上的一种救世主降临说教）、"乌托邦"、"阶级"、"党"等，它们是天然合法的吗？

德里达首先思考如何理解马克思的"思想"、"政治"这样的字眼，然后提出一连串的"德里达式的问题"："马克思的这种思想实际上是一种哲学吗？这种哲学实际上是一种作为本体论的形而上学吗？它或多或少还坚持某种清晰可辨的本体论吗？"① "'哲学'或'政治'、'政治哲学'或'政治（的）哲学'、'马克思'。今天，从'马克思'这个专名的视角（也就是说，从马克思的遗产和他的'后代'眼光，无论是否幽灵），针对这些词语和围绕这些词语的事物，'继承者们'（无论是否'马克思主义者'，这个或这个'家族'的'马克思主义者'属于这样的一代……）前来争论，但是他们显然操着同样的语言，从共同的原理出发。"② 德里达说马克思的哲学问题其实是政治问题，其中的哲学与政治是不可分割的，就像《共产党宣言》所表示的那样。但是，宣言的第一句话却说一个共产主义的幽灵在欧洲徘徊。这个"共产主义的幽灵"是一种在后来的发展中渐渐壮大起来的意识形态，并非德里达意义上的"幽灵性"。"1847—1848 年马克思说共产主义幽灵的时候，是从历史的角度说这番话的，这个角度与我开始提出所谓'马克思的幽灵'时所想到的视野相反。"③ 德里达拥有什么视野呢？ 1989 年苏联和东欧共产主义阵营开始从历史舞台上谢幕，广义上的"苏维埃社会主义联盟共和国"解体，一个"曾经的现在"消失。德里达说，随之走来的，是悼念的行列、是死亡。萦绕着悼念活动的，是马克思的幽灵。马克思的幽灵挥之不去。

马克思曾经在敲响资本主义丧钟时，呼唤就要到来的共产主义社会——德里达说是一种就要来的在场。马克思是一种预见。在 1848 年的老欧洲的意识形态中，《共产党宣言》以幽灵的方式登场了。后来苏联及其盟国的历史将共产主义的幽灵变为现实，一个活生生的事物，它走出了老欧洲，到了亚洲和全

---

① Jacques Derrida, *Marx & Sons*, PUF, 2002, P.14.
② Ibid, PP.15-16.
③ Jacques Derrida, *Spectres de Marx*, Galiée, 1993, P.166.

世界，共产国际、全世界无产阶级的联合！"宣言"是一个党的宣言。幽灵的力量有自己的结构或组织形式，这就是"党"，党是革命的发动机，是破坏国家的力量。德里达的《马克思的幽灵》之所以不是马克思的《共产党宣言》，一个重要标志就是《马克思的幽灵》中没有宣言，没有前提，没有把精神力量化为现实的物质力量，没有把自己显现为任何一种形式的"在场"，不像马克思在《关于费尔巴哈的提纲》第十一条说的那样：重要的不是解释世界而是改变世界。德里达说《马克思的幽灵》也是一本讨论马克思精神遗产的书，其中的"不忠诚是为了忠诚。""这本讨论遗产的书不应该把自己封闭在'马克思的线索'之中。"①

德里达说，有一条线索贯穿《马克思的幽灵》的始终，那就是马克思的哲学，围绕这个题目德里达在两个方向上展开辩论，一个是与亨利②，另一个是与巴里巴。③ 具体说有三个题目：1. "政治现象学"；2. 作为神学本体论的哲学；3.马克思的遗产和以"马克思"名义的遗产。为了把这三个议题联系起来，德里达首先提出了马克思的一个著名立场：解释世界的目的是为了改变世界。德里达说，这是一种以行为活动为特征的解释，一种改变中的解释，用改变置换解释，改变了解释的内容。这些不仅是说，理论不是教条，更是说"说"与"做"之间的割裂关系。那么，我接着德里达的意思说，"改变世界"应该在哲学的视野之外，马克思的话中隐含着对"哲学"这个词的不屑。哲学的标准问题及其答案，可能掩盖了还从来没有被提及的问题。如果说马克思的上述态度是对作为意识形态的哲学理论的"解构"，那么德里达这一次则把"解构"的锋芒对准了马克思的文本。他说马克思上述对问题的回答仍旧是一种"本体

① Jacques Derrida, *Marx & Sons,* PUF, 2002, PP.18-19.
② 亨利（Michel Henry, 1922—2002），法国哲学家和作家，他主要研究现象学问题，晚年重点分析宗教、政治、全球化问题。
③ 巴里巴（Étienne Balibar, 1942— ）法国马克思主义哲学家，作为阿尔杜塞的学生，他是在阿尔杜塞之后法国马克思主义哲学的主要代表人物。他在德里达逝世后，曾经发表了《再见——德里达》的系列讲演。

论"的回答。① 当马克思说"共产主义的幽灵在欧洲徘徊"时，他对这个"幽灵"有一个类似"弥赛亚主义"的答案，一种本体论意义上的规定。在生 / 死、感性 / 理性、在场 / 缺失……问题上，马克思仍然坚持黑格尔的辩证法。在德里达看来这个辩证法的根子是一种本体论的哲学，因而免不了僵化。如何对付这种"弥赛亚主义"的僵化呢？德里达说，可以去掉"主义"留下"弥赛亚"。换句话说，留下"也许"，因为不可能知道"弥赛亚"何时、从哪个方向来。也许问题不像黑格尔和马克思说的那样，也许"在场"的事物还有别的结构。

沿着解构马克思主义的"本体论"的线索，德里达要在重新解释"政治"的过程中"解构政治"（dépolitisation）。"马克思"、理论、科学、哲学，这些元素之间有怎样的关系呢？"在我看来，这还涉及开始在理论与政治的层面上对历史性的灾难性的失败作出解释，涉及使马克思的某种遗产重新别具政治色彩。"② 怎么呢？先要解放"本体论的政治"，解构那些束缚于"在场的形而上学"中的政治术语，譬如"国家"、"普遍的公民身份或资格"、"以党为核心的国际共产主义"。然后，再使剩余的要素重新具有政治色彩。以上的"灾难"是在马克思的理论与政治层面上的，它迫使一切"具有血缘关系"的马克思主义者总结经验教训。在评论英国著名的马克思主义理论家伊格尔顿③ 时，德里达说伊格尔顿极力要把"德里达"拉入马克思主义的阵营，因为伊格尔顿惊讶地看到"解构"原来就是马克思主义的极端表现。总而言之，伊格尔顿不承认德里达在《马克思的幽灵》里提出多元的马克思的精神（马克思的"幽灵们"，一个复数）。换句话说，没有一个根本的马克思主义，马克思主义是以悖谬或自相矛盾的方式出现的，是破碎的——德里达以这样的姿态谈论马克思甚至使

---

① See Jacques Derrida, *Marx & Sons*, PUF, 2002, P.21.

② Ibid, P.22.

③ 伊格尔顿（Terry Eagleton, 1943— ），英国马克思主义文艺理论家，继葛兰西和阿尔杜塞之后最系统地探讨了意识形态概念。

在 "解构" 立场上与他接近的斯皮瓦克① 感到担忧，她跟不上他了。她和一切声称自己是马克思主义者的人一样，都认为自己与马克思主义是一种 "所属" 关系，但这不是德里达所谓 "马克思的遗产" 关系，他的意思是 "外" 而不是 "内"。什么意思呢？就是我们不能事先断言马克思主义是什么样子的。尽管斯皮瓦克是德里达的朋友，但是他批评起来毫不客气："不，……作者从哪里获得这种所属资格的呢？"② 换句话说，你凭什么可以以某名义说话？这个 "马克思主义者" 的身份是由谁认证的呢？ 这里涉及最精细的问题方面，斯皮瓦克说当她打算最忠实于马克思的遗产时，自己的文字是否出现了一些背离马克思的 "错误"，这需要读者来判断。于是德里达说自己作为一个读者，有如下判断：她对德里达的质疑来自没有读懂德里达，即理解能力有问题。德里达在《马克思的幽灵》中提出 "dépolitisation-repolitisation"，他的意思显然是旧的政治终结了，还有就是她不能代表德里达讲话，因为他的意思并不是再没有政治问题了，就像没有了 "弥赛亚主义" 但 "弥赛亚" 元素还存在一样。切断 "党"、"国家" 或 "共产国际" 的形式，换之以别的组织形式，从马克思的遗产中创造出一些新的事件／活动。③

德里达援引了众多 "马克思主义者" 的言论，以表明他们对自己的误解，这次是詹姆逊，④ 他也说德里达的观点是 "反政治" 的。对这些 "马克思主义者" 德里达怎么办呢？"我并不是在说马克思主义是如此糟糕，不是的，这尤其是在大学里的 '马克思主义者' 的错误，是学院派的 '马克思主义者' 的错误，而且限于我刚才引用的某些马克思主义者（斯皮瓦克或伊格尔顿）。"⑤

---

① 斯皮瓦克（Gayatri Chakravorty Spivak, 1942— ），印度文艺批评家与理论家，她是赛义德之后当今世界文学批评界杰出的批评家和理论家之一，被称为 "女性主义马克思主义的解构主义者"。她与赛义德和霍米·巴巴一道被称为 "后殖民研究三圣"。

② Jacques Derrida, *Marx & Sons*, PUF, 2002, P.24.

③ See Jacquse Derrida, *Spectres do Marx*, Galiée 1933, PP.146–147.

④ 詹姆逊（Fredric Jameson, 1934— ），当代美国重要的文学理论家、哲学家，著名西方当代马克思主义者、后现代主义文化批评家。在美国批评家中是论述被引用最多的人之一。他的著述主题广泛，从历史理论、解释学、文学批评、文化政治到通俗小说、电影等。

⑤ Jacques Derrida, *Marx & Sons*, PUF, 2002, P.26.

还有阿赫曼德①，他和其他"马克思主义者"一道说德里达是"后现代主义者"和"后结构主义者"——对于这些，也只有德里达本人去澄清，他几乎只身一人与"所有"西方大学里的"马克思主义者"论战，不是因为这些人攻击他，而是因为这些人认为德里达是"自己人"，他们想当然地认为德里达的思想是怎样的，德里达反驳说：不能以归类的形式把"解构"的思想简单化："我从来不认为自己是一个后结构主义者或后现代主义者。我经常解释为什么我几乎从不使用这样的术语。"② 在德里达看来，"解构"的思想不是"后现代主义"的思想，所谓"后现代主义"与利奥塔尔等人的特定术语连接，其批判的锋芒指向"元叙述"，德里达说"后现代主义"的这种说法是不充分的。英国新马克思主义者安德森③ 在批评福山④ 时，同时批评德里达批评福山的观点过于"保守"。何出此言呢？显然安德森认为他手里握有一个马克思主义的尺度。

以上提到的这些"马克思主义者"几乎都没有读懂《马克思的幽灵》，无论他们以"后"或"新"马克思主义的名义、后现代主义、后结构主义、后殖民主义，还是女权主义的名义。为什么呢？因为德里达的"解构"不赞成任何"主义"：《马克思的幽灵》表面上是为马克思"辩护"而批评福山的，其实这本书与德里达的其他著作没有什么两样——它们的精髓都是"解构"："《马克思的幽灵》不仅是一篇既不抹杀也不否认继承和加入关系的文本，它还肯定并解释了更多的东西。这种多样性改变了一切。这本书发明了别的东西：事物能以悖谬的方式显现出来，依这样的悖谬性获得解释。是的，在同一本书中，我们可以同时或依次说明几种明显矛盾的姿态。例如既'赞成'又'反对'马克思，在同一本书中，无疑这是被禁止的！应该在'赞同'还是'反对'马

---

① 阿赫曼德（Aijaz Ahmad），印度马克思主义理论家。

② Jacques Derrida, *Marx & Sons*, PUF, 2002, P.36.

③ 安德森（Perry Anderson, 1938— ），英国新马克思主义者。

④ 福山（Fukuyama），美国日籍政治理论家，在苏联和东欧社会主义国家解体之后，他撰文认为马克思主义已经失败，"历史已经终结"于资本主义社会，德里达在《马克思的幽灵》中对福山的立场给予驳斥。

克思之间作出选择，就像填选票一样！"①不赞同马克思主义并不意味着反马克思主义，其中有细微却是本质的差别。马克思的"继承者"也并不像嫡系子孙那样都是正宗的，也可以有旁系的私生子，就像德里达是一个不合法的"马克思主义者"。德里达要解构事先的合法性。"我从来没有肯定'我'和'我的解构'（！）是作为'已死的父亲的马克思'的'真正继承人'。我没有想这个问题，对这个问题没有什么兴趣。"②德里达只是"马克思主义"的旁观者而非同路人，他一点也不担忧所谓"合法性"。

有一种广义上的听觉，相当于对语言的理解力，德里达说要有非常纤细的听觉，能辨别细微的差异。（作为对德里达这句话的解释，比如从最庄严的声调中听出滑稽的味道，从正经中听出不正经，帕斯卡尔在讨论消遣时也说过类似的话）"在我的所有文本中，我都喜欢培育出某种反讽或幽默，毫无例外。"③对自己不同意的观点并不排斥，"不同意"不等于"排斥"，因为除了排斥还有很多"也许"，有很多其他的选择。德里达说他不否认阶级斗争的存在，但是他并不拿阶级斗争作为分析社会的工具，不用这个工具分析新的国际秩序。因为"还有别的分析与政治参与的尺度，我不能说这些尺度是更重要的或更次要的，第一位的还是第二位的，基础的还是上层建筑的，所有这些都得依赖每个瞬间紧急的新鲜评估、结构的蕴涵，首先是特殊的情势。对这样的评估来说，不存在任何事先的标准、任何绝对的可算计性。应该每天、每个场合重新开始分析，绝对不要仰仗任何先入之见。"④在这样情况下的行为与决定——德里达说——重新具有了不同于"旧政治"的政治责任——对"不能决定"的责任。在他看来，"不能决定的"并不与"可以决定的"情形相反。我们去决定（或选择）在天性上本来不能决定（或选择）的事情。此次决定不能作为彼此决定的依据。换句话说，别去总结什么经验"以利再战"，别相信什么"失败

① Jacques Derrida, *Marx & Sons*, PUF, 2002, P.38.
② Ibid, P.42.
③ Ibid, P.45.
④ Ibid, P.54.

是成功之母"——因为这样的说法都相信一种有前提的知识论或者经验论，都是以相信同一类经验作为前提的。但是，当我们说"此次决定不能作为彼此决定的依据"时，是不相信任何瞬间的经验可以被还原为僵化的知识本身的。人脑总是灵机一动，永远不会同于电脑程序的"必然如此"。如果"阶级"成为一种知识，那么"阶级"就是不值得信赖的。凡事总有新的连线，"属于"实际上却是"不属于"。

德里达质疑形成"概念"的知识（他认为形而上学的一个基本操作方式就是制造概念，在这一点上，他与福柯和德勒兹的立场冲突）。如果说凡知识皆以各种概念的方式示人，那么对知识的怀疑就是对概念的怀疑。他相信"具体"意味着瞬间与瞬间不同；概念意味着抽象，意味着瞬间与瞬间相同、将瞬间永恒化。他的批评锋芒之一，就是指出绝不可以把不一样的东西当成一样的（当中国文化传统中存在类似现象时，也应该理解为德里达所批评的那种"抽象性"，或者说，属于中国的形而上学传统），比如列宁主义不等同于法西斯主义的整体主义，但是这并不意味着列宁似的整体主义是很"正确"的。同样，也不可以在"后现代主义"、"后结构主义"、"对元叙述的批判"之间画等号。总之，德里达怀疑以类比方式获得的知识的可靠性。也可以说批评抽象性是以"多谈问题少谈主义"展开的，从任何前提或独断中解放出来——去创造一些不可能的经验。

什么问题呢？就是"弥塞亚"的问题："弥塞亚性与乌托邦无关，它就在此时此刻，是最具体最真实的就要到来的事件，就是最不可还原的各种各样的他者。没有任何其他比对到来的事件的弥塞亚式理解更'真实'更'直接'的事情了。我说'理解'是因为这种趋向事件的经验同时是一种没有等待的等待（积极的准备，对就要发生的事有预见性，但是同时也展示为无方向背景……）"。[1] 这是以抽象的方式谈论最具体的事情，"就要来"的事情是有某种普遍性的结构的，也就是说，就要到来的是一个与真实的他者相连接的事

---

[1] Jacques Derrida, *Marx & Sons*, PUF, 2002, P.69.

件，是一种不断永远 "在先" 的事件或独立于任何本体论的事件。正是在这个关节点上，没有什么抽象的东西，一切都是最具体的事情，也 "最具有革命性"①。就发生在此时此刻，没有任何乌托邦的色彩，"中断了事情、时间、历史的通常进程。对于他者的肯定与正义性无法区分。"② 这样理解正义或公正，也是理解上的革命事件。无条件的弥塞亚性成为一种责任。每个瞬间都要重新审视，即没有准备好就得做，没有等待也得做，不知道未来就得做。沉醉，成为一种没有未来的事情。等待与算计（界限总与可算计性在一起，与承诺在一起）在一起，"沉醉" 不算计。不算计的 "知道" 是不知道吗？可以承诺 "不承诺" 吗？如果这样，就与德勒兹的纯粹 "内在性" 重合了。沉醉与乌托邦脱离关系，向语言的字面意义挑战。敏锐的耳朵听到的是别的东西，语言还有别的结构。"一方面，要考虑到组织起全部言语活动的承诺行为（比如以 being 作为基础的判断句——译注）的悖谬经验，甚至是前面的词语与别的词语连接起来的全部经验；另一方面，在这个面临危机的承诺之路口，也要考虑期待的前景，它赋予时间——事件、就要到来的、别的——以某种关系形式；但是这次它涉及的是没有期待的期待，其中的前景在某种程度上充斥着意料之外的事件……"③ 与确定的期待脱钩，没有什么 "指导我们思想的理论基础"。来的是一个还没有名字的事件、心情，等等，因为从前没有过，一个关于 "无" 的 "逻辑"，与悖谬（paradoxal）连接一起。同一词语因为被使用的位置或情境不同而不同，像 "没有死的死"、"没有关系的关系"、"没有回答的回答"（"没有" 不是否定或取消的意思，而是改变方向的意思）。④ 似乎每个词语都可以做这样的双重标记，其中的关键词是 "没有"，不但没有 "主义"，就连 "没有" 也 "没有"。怎么应用呢？比如表面上与马克思的名字连接的事件并没有这样的连接。再比如，在任何一种 "相信" 或 "承诺" 的概念（包括宗教但不

① Jacques Derrida, *Marx & Sons*, PUF, 2002, P.70.

② Ibid.

③ Ibid, P.72.

④ Ibid, P.73.

局限于宗教）中，都有一种"他者"的结构，并不是要取消"相信"，而是说"相信"的情形非常复杂。

德里达对待马克思主义哲学与政治遗产的态度，显然是多重的，应该从解构的立场加以理解，而不应该从各种"西方马克思主义"的角度加以理解。出于可以理解的原因，国际上包括马克思主义在内的各种左派势力试图与德里达"结成统一战线"，但是德里达通过对马克思的分析发出他自己的声音，一种难以理解的、复杂的，同时却也是重要的多重的声音。

第三部分 后现代微观政治

那么，哲学到底是一种什么机构？

——介绍当代法国哲学家阿兰·巴迪厄[*]

陆兴华[**]

一、哲学到底是一种什么机构

（1）哲学是这样一种机构：那些新的门徒照着古老的哲学家开出的旧地址，找上门来了！门庭已改，人事早非。哲学系新生前来报到，申述他们要来做和将要去做的事儿，把在里面混饭吃的老师们吓了个一大跳。最严重的，我曾听到过要重写中国式本体论的，俨然要做"十二五"规划的攻关项目的味道。齐泽克曾在清华大学人文学院墙上看到了这样一条"十一五"规划之文科嫦娥登月计划，当做笑话，写在了文章中。

哲学系只是一个空的地址，它也是一群空的听众。你有哲学通信送达，到了，也不一定有人接收；你向它发言，几千年说不定也就没有回音。它核心处为空，且永远保持为空。它可能是那些永远无法送达的信的暂栖地、清空处。

（2）哲学系要守护很多种哲学，办法是让这许多种哲学扭结到一起，扭到多元之多元为止，以此来抵抗时间。哲学是对于时代的最有力的抵抗。你能想象年份酒的悠久，但你很难想象出哲学先贤祠里的年辈的间距。哲学不遵守我

---

[*] 本文中巴迪厄的引文主要来自网上的英译文，所以都没有注页码，并采用随文注形式。

[**] 陆兴华，同济大学哲学系副教授，欧洲文化研究院副院长。

们所能想象的编年史。

（3）哲学的最大敌人是自由主义。后者是将一切捣成糨糊，架空和做空一切，使一切都陷于离散、竞争、众说纷纭和公共和公关的独裁之中。哲学是要向一切人说话。

（4）一个好的哲学机构因此是拿得出最宽阔的机会权力的机构，也就是说，它将对其地址和听众保持为空的权力，推展到最宽广的范围，以此来保护它之内的革新者和创造者。

（5）小结：哲学应该发生在什么样的机构里？哲学应该成为什么样的机构？我们应该将哲学搞成一个什么样的机构？

必须使哲学机构中心为空，让那些虔诚的信徒在里面爱怎么样就怎么样，但必须始终使这个空间的中心保持为空，坚决挫败一切试图霸占这一机构，将它当做一种权力利益的交换场所的人的一切占据。对于这样一个机构，哲学只是那一封还未找到收信人的信；而哲学系之类，只是那信件的保管和清理中心，但其中心为空、对象为空。为此，我们必须坚持，哲学是没有听众的，或它的听众不是那一坐落在中心的公众，哲学也必须满足于它的只有最宽泛意义上的机会的权力。

在哲学机构里，没有人是先验地超越的。这个机构不会因为某一个人或某一个学派而增色。哲学机构内的焦虑、内部竞争和选举出来的权威，都不是先验的。它不是谁的化身，也不会成为谁的化身。哲学机构也不是一种工具，是要将哲学导向某种目标。哲学是从来没有目标的。

哲学机构的任务，是要保住那个机构内的各种哲学和传统及传承关系的缠结，使它永远纠结在一起。这个机构的内部必须是缠结、暗晦、无法解开的。它不应该成为分离、分散和议会式的。

在哲学机构里，只有那些忠诚的信众站出来说，他们认为哲学是对他们说了话了，要为它服务了，他们才是占据哲学机构的人。他们才是铭写那些对哲学机构忠诚的人的已广具影响的话语的人。哲学机构是这样的有影响的哲学家的话语的传送和铭写机构。

尼采说，法则并不针对罪犯，但总是先误伤了革新者。哲学机构是要为这样的内部革新者提供最宽广意义上的机构上的权力，让他们能存活并广大。哲学机构不对最近的三十年、五十年负责。

当一个哲学机构成形并壮大了，就会形成一些规范。但这种规范的形成，必须以坚决不能让那个大多数来掷了骰子说了算，为首要原则，应该不让大多数人来碰地来保持哲学的好不容易才到来的重现机会。（巴迪厄：《哲学是一种什么样的机构？》）

二、哲学是要帮助我们找到一种新的人道主义

（1）巴迪厄认为，萨特的极端人道主义和福柯的反人道主义，是我们当代思考人的问题时的两个极限，而统治着我们当代的，是一种人道主义式恐怖主义，一种软绵绵的动物人道主义外衣下的美国式恐怖主义。

萨特说，人是他自己的未来，要看人，你要看他将来将是什么。福柯说，人是他自己的过去，你说的人，只是他曾经是过的什么，只存在于过去，未来是他自己创造，人将来创造人自己。巴迪厄认为，这一点上，上面两个人达成了一致，也是今天我们讨论这一问题的起点。

今天的可怜的小资产阶级人道主义变成为生态主义、环境主义，一切都被还原到亚里士多德主义：还给自然，最终的目标是退回到自然，恢复自然的平衡，人的异化，他们也居然要仰仗这种退回到自然之后来解决，完完全全是在发嗲。

不要这样的人道主义，我们面前的道路也不光是曲折，而是根本没有，目标都还要靠我们自己创造。福柯认为，我们就是在人退出、不再、消失的地方思考着；人不见了，在人消失后腾出的空间里，思想才开始。人类学只是神学。人正在开始一个非人的、不连贯的开始。人正在成为对他很陌生的东西。目前他能看到的自己，是一个异化的动物。而当代民主能验人的，只是一种动物式人道主义。人必须自创其新人道主义。（巴迪厄：《那世纪》）

（2）人将要求自己作出最后一场大变动，不折不扣地在超过任何一场革命：人必须重新创造他自己。

哲学的未来是一种创造性的重复。我们必须永久地整夜地忍爱我们的思想。先有勇气的忍耐，然后才有思想。

哲学家是有用的，他的作用是去观察真理的清晨，用解释这种新的真理，来与旧的看法对着干。如果我们必须永久地整夜地忍爱我们的思想，那是因为，我们必须正确地去败坏年轻人。当哲学家看见一种真理—事件阻断了日常生活的连续性，他们不得不对其他人说："快醒过来！新的思想和新行动上的时刻到了！"为了这样来提醒，哲学自己必须先是醒着的。哲学家是不该睡着的。哲学家是那可怜的守更人。（巴迪厄：《哲学是一种创造性的重复》）

巴迪厄曾引用的是美国诗人华莱士·斯蒂芬斯的诗句，来说明这种思想状态：整夜辗转缠绵于那些思想，直到那光明的东西冰冷地呈现在眼前。但光明和真理永不会真的这样全裸在我们面前。哲学于是是给那些亘古不变的人类主题写出新的变奏。

（3）哲学行动总是一个决断，一种区分。哲学行动总是通过提出新的伟大的规范式划分，要去重组所有的理论和实践经验。这种划分和重组会逆转既成的智性秩序，在平常的价值之外推广全新的价值。这一切是通过一种向一切人发言的形式来作出，而这种发言首先是对年轻人作出的。哲学家最清楚：年轻人是真正要对他们的生活作出重大的决定的，而年轻人也是最有情怀来接受那种逻辑式反叛将会带来的风险。（巴迪厄：《哲学是一种创造性的重复》）

三、我们目前处于怎样的一个全球现实中

（1）为什么说西方世界是个塑料充气世界呢？因为，"西方世界"（可以在上面打无数个引号！随你怎么理解，它既存在于西方，也存在于中国！）已经宣布自己"自由"了，思想和理论在那里不是用来反叛和起义，而是用来润色统计数字和社会政策及民意测验了；社会学和文化研究成了那个消费共和国

里的新的统治手段。将其余的世界都看做是处于奴役状态，而西方独宣布自己是自由之地，它越来越生活在半醒的梦里。

但是，这个世界里的温吞水、蜜糖浴一样的现实，也将我们的命运的主旋律，也就是我们对于自由的赌押标准化、正常化和商业化了。自由被投射到了货币的千篇一律中，它在这个西方世界里是被保证，因而从来没有用处了，因为商品的吸引力能将这种对自由的渴求引领到目迷色乱之中；你要？那么我们给你比你要的还多。在这个世界里，自由永远没有机会，思想永远没有机会，理论成为花边装饰。

（2）在那个甜腻腻的西方世界里，反而不会生出鲜活的思想和理论。我们现在所处的这个"西方世界"之现实，对我们是煎熬，但它会促成我们的思想和理论的创造或发明。

（3）在这个"西方世界"里，"集体事业已尽毁，但我们知道，我们身上仍带着解放和真理的种子。我们知道，从此再不会有伟大的解放力量、不会有进步，不会有无产阶级，不会有这类似的东西了。我们知道，我们身上不会再带有这种力量。在这个时代，在与非人性对峙时，我们必须以自己的名义去战斗了。我们每一个人都应该作出决断，以自己的名义来发言。我们不能光躲在任何伟大的集体力量的具形、任何所谓伟大的力量、任何的形而上学总体背后，来神气了。我们只能以我们自己的名义去请愿了。"（巴迪厄：《哲学的欲望与当代世界》）哈贝马斯要我们回到伦理学，也就是回到交往伦理学，来应付这个局面，这听上去简直就是东郭先生的招术。我们知道，当我们想要重新找到一个立足点、根据地时，我们需要的，是一场起义，一次决斗。

哲学在这时就应担当发动这一起义的任务。它要去策动我们的思想去作出马拉美所说的思想的抓阄、兰波说的逻辑起义。这是冒险，但我们没有退路。这一抓阄会将我们推入一种必然性，一种当务之急之中。这是一种发动。

20世纪结束时我们的感觉：钱、家庭和选举，只要有这一些，我们从此高枕无忧。我们已经不错，比我们更糟的地方，还多得多。主体再不可能找到新意，于是在重复中找到快乐。（巴迪厄：《那世纪》）比比从前，现在是好得多了。今天的日子来得不容易，一定要珍惜这一来之不易的好时代。这就是我们的时代精神，也是一切推托和迁延的借口。

我们一心执著于安全和舒适。不顾一切地想要保住胜利果实，为此不惜将自己全部搭进去。但弗洛伊德在提醒我们，这样做是不行的：我们其实内心里天天在问自己：你把什么新意带给这世界了，这世界里的哪一样东西你算是其创造者？我们内心这样逼问，所以我们都是歇斯底里患者。

四、没有一种立场是你不经重新辩护就可以拾起的

所有的立场都有待辩护。没有人是清白的。这一刻是清白的，下一刻就又需要自辩了。剧场的作用，是要告诉你：如在激进政治中一样，你是无法清白地在你的既有立场上待下去的！你不是列宁，就得成为特洛斯基或布哈林。剧场表面上将景观搬到你的面前，但它实际上是要来爆破你那自以为得意的既有立场，揭露你至今藏匿得很好的既得利益。

因为有剧场了，所以才没有政治，议会和公共领域成了剧场？不，因为没有了政治，所以，哪来的剧场！剧场才是国家的形式。（巴迪厄:《剧场狂想曲》）在柏拉图的城邦里，政治与剧场是共时进行的，所以才容不下艺术家和诗人。

五、民主是我们的新政治里的最大敌人吗

腐败是民主的真正本质。不是资本主义，民主才是我们的新政治里的最大敌人。不论一个政治人物自己在个人生活里是否腐败，都不影响腐败成为民主的真正本质。民主的治理是建立在资本的权力之上的。资本主义的共识型代表制民主，是一种原则上的腐败，其运行原则就是以腐败作为润滑的。

在马克思之前就有人认为革命式专政，才能制止腐败。1793 年，圣胡斯特说出了著名的那句话：你既不要恐怖，也不要美德，那你们是要什么？我看

你们要的是腐败！革命胜利后，大多数人要的不是革命专政，而是自由，是要搞点买卖，将私事与国家的事混在一起。他们不肯像他们原来承诺的那样：只考虑公共利益。

孟德斯鸠认为，民主的坏处是将权力切碎分给了每一个人，每个人都得到一小部分，于是私人利益永远和公共利益纠缠在了一起。由于是由选举来掌权，当权者只是从其个人快感，或从主导者的快感出发来运用权力。

更早，柏拉图就指出，民主中，政治是受到各种物质欲望的无政府状态掣肘的。如果一个民主政府不能坚持一个真正的理念，如果公共权力只是为最广意义上的经济服务，也就是为主导者的欲望和满足服务，那么，民主只服从于二个标准：利益，那是这一满足的最稳定的抽象；还有就是舆论，它决定着什么对象是可欲的，决定着我们用什么私密的手段来得到它们。（巴迪厄：《萨科奇这个名字代表着什么？》）

六、只有一个世界

（1）只有一个世界；没有第三世界和第四世界。没有第一世界眼中的第三、第四世界，也没有第三、第四世界眼中的第一世界。但是，在当前，还不存在那同一个世界。全球化的敌人说，他们想要另外去搞一个世界，另外一种全球化。但问题总是：什么样的世界？哪一个世界？谁的世界？让我们说得较明白一点：我们到底想要生活在一些什么样的世界里？

只有一个世界，世界是独只一个，世界是光光就一个，il y a un seul monde，巴迪厄说。世界，那就是我们的自由地生活着的主体来构成，就是我们的这些活的、积极的和主动的身体挨在一起，不需要其他的加入，不再另外需要，与形而上学也与本体论与各种神学都无关。世界是只要我们这样的身体想要挨在一起，就可一起，就能构成的。文化和身份是第二位的，是后面加上去的。每一个人自己的世界是先验地不同的，但正因为活着的人之间是先验地不同的，所以，世界才必须先验地只有一个；资本主义想用钱来使我们都一同被拉平，但恰恰是它用钱来办事儿，它才造成了隔离、墙和战争。不是我们不能不要这种钱的世界，而是不将所有的人拉进来，它根本就成不了一个世界，要所有人在一起了，才成一个世界（il faut de tout pour faire un monde）。它服从一种内在的逻辑法则（regler l'ordre d'apparition des multiplicites dans un monde）。这也就是说，世界自会有一种内在法则，来调节那种样性和多重性的出现方法和出现秩序。这法则不应是金钱的法则和资本主义的法则，而且必须是在这世界中寻找到它的；我们必须在目前这世界中构成一个共同世界，那个独一的世界；共同政治就通向那独一的世界的政治。

以联合国为领导的"国际共同体"以及美国和它的各种客户们所代表的脱缰的全球金融—景观资本主义系统，拼命要给我们树立两个世界：一个是有钱和有权人的小世界，另一个是庞大的无名的被排斥者、被压制者和被迫害者的世界。在全球化中，这两个世界之间的对立和矛盾，已到达了新的极端。柏林墙并没有倒塌。它只是移置了。它不在柏林了。但它在更多的地方被竖立起来。

在今天，在富裕的资本主义北方和战乱、贫穷的南方之间，尤其是在既有秩序的得益者的那一被保护的领地与芸芸众生得以餬嘴的无量数的他者的地盘之间，那堵墙是更高、更厚了！在当代，处处都有这样一堵堵墙，无情地挡在富人的快感和穷人的欲望之间，好像是要根据一个人占有的领地和资源多少，来分隔各种活着的身体。

我们现在并没有一个人类的世界。我们假设的那个人类的世界，在今天并不存在，实际上也从未存在过。在今天，我们至少见到了两个世界，穷人的世界和富人的世界。资本曾统一了世界，但其代价是：粗暴和狂烈地用各种墙、警察的狼狗、官僚式的移民—户口盖章、陆海空巡逻、流放等手段，来分割人的存在。美元和欧元在全世界都一样，偷渡者手里的美元和欧元是来自另外的地方，全世界的人都很愿意接受它，但是，他们的独特的存在方式、他们的人格、他们的文化领属，却无法被接受。世界还没有凝合成一个。到处都有禁行区、墙和九死一生之路、歧路和死路。捍卫同一个世界，使世界凝结为同一

183

个，巴迪厄认为，是今天的政治的头号任务。

西方民主世界的物质基础是物品和货币符号的自由循环，其根本法则是：自由竞争、财富至上、权力的工具性至上。为了保护有钱人和当权者的特权，绝大多数的人被隔离到了另外一个世界中（这个世界有各种名称）。我们所生活其中的，还不是一个人类的世界。它只是一个被钱的数字法则统治到每一冲动的世界。有钱人和当权者的世界与被压迫被剥削者的这两个世界都是人为建立的，相互和之内都是你死我活的。一个是对另一个的讽刺。

"只有外国人和他们的子女才能见证这世界的年轻。只有他们才能创造、发明出将要到来的政治。外国人至少是在教我们自己对自己成为外国人，教我们将自己投射到我们自己之外，以便使我们走出西方白人的漫长历史的囚室，不再将西方人的不育和战争当做自己的未来"。（《巴迪厄：萨科齐这个名字代表着什么？》）只有果断地中止我们这样的糊涂地跟在西方人后面安稳、虚无主义式但最后吃不了兜着走地等待，那一美好的陌生黎明才会到来。那些难民的下一代的到来，他们的早上八九点钟的太阳般的青春，才能来融化开这两个世界的高墙。

（2）同一个世界里的大平等。只有他们的到来，我们才能希望去真正实现在同一个世界内的大平等。我们必须相信，受压迫者和各种他者之中，是会产生他们自己所需要的有机知识分子的，后者会来重估一切价值，会使一切逆转，会来重申什么才是"艺术家的艺术"。

只有一个世界，要一种全新的国际主义，因为 it is easy to go international；反对 alterglobalization、生态主义、民主、可持续发展和捍卫人权等流行的国际意识形态，艺术家必须用作品去与这些东西作斗争，升华这些小气的政治策略。只有一个世界，我们都在同一个世界内，我们不要西方人划给我们的那个封闭的假世界；我们第三世界艺术家不应该成为西方之当代囚徒。我们必须张开自己的胸怀，坚信所有这世界中存在的东西，也都同时存在于我的世界中。在资产阶级西方划给我们第三、第四世界人民的那个封闭的小世界里，只有色情和卖淫，在资产阶级世界里，艺术家是卖淫者，艺术时尚是色情。我们的全球视野下的当代艺术，是要将我们世界里的种种多样性放进一个新的秩序里。解放政治还须继续。

因为要抵抗和发明，所以，我们应该舍弃边缘、倾斜、无限的解构、碎片、面对死朽的颤栗、有限和身体。为了21世纪，我们必须宣告那个在艺术中已不存在的东西的存在：里程碑式的建构、远大计划、弱者的创造力量、横扫既存的权力。

我们必须反对一切只想要终结的人，那一大批过气的、寄生的末世之人。别说什么艺术的终结、形而上学的终结、再现之终结、超越之终结、作品之终结和精神之终结，够了！让我们宣布一切的终结的终结好了！但同时，让我们也宣布所有的现在所是、所有的曾经所是和所有的将来所是之可能的开始！

让我们为了人类而再一次宣布艺术有去表现真正的非人的权利，让我们重新被真理面命（或被美面命，两者是同一个东西了），而不是斤斤计较于表现的末节。（巴迪厄：《肯定宣言》）

七、共产主义假设

（1）奥巴马的当选只是一个事实，很重要的事实，但只是一个历史国家里的事实，至少还未成为一个政治事件。政治事件的到来，尤待那种共产主义式平等成为普遍的追求目标。

那个目标是关于我们现在的政治可能性之外的那些可能性之可能性。这一可能性就是我们正在政治上进入走向共产主义之历史条件这一假设。这就是共产主义假设。它是我们衡量今天的政治事件的是否"到来"的一张试纸。

共产主义假设：另一种集体组织方式是可能的。这一新组织会消除每一个人的价值上的不平等，马克思甚至说会消灭劳动分工。这一假设下，我们不再将私人对财产有可怕占有、通过政治国家装置、完全不顾公民社会的反感，并在警察和军队的保护下将他们的巨额财产继承给下一代这样的做法，看做是必然的了。

（2）萨特说，如果共产主义假设是不对的，如何它无法实行，那么，这就是说，人类与蚂蚁和雪貂也就没什么两样。萨特的意思可能是，如果竞争、自由市场、为一点点小快感而奔忙、将自己与弱者的欲望之间用一道高墙隔开这样的做法成为人类的共同行为，那么，人类真的是一钱都不值了。

这一假设下的革命必须推倒现存的一切社会形式：私人财产、私人占有方式、将人类隔成国家、将劳动当做分配等，以达到共产主义式平等，或如朗西埃说，去建立各种人民构成的共同体、各人民的共同体。

（3）我们当代面临的是一种绝对黑厚的资本主义。这种资本主义是很倒退的。它认为，穷人活该穷，非洲人是自己发展得不好，未来只属于西方世界里的文明的中产阶级。在我们时代，悲惨以各种方式到来：革命者自己散伙了，大部分年轻人都因虚无而绝望而顺从。

这种现实反证着我们需要去建立使这一假设得以到来的历史条件。（巴迪厄：《共产主义这个字玩完了么？》）

（4）巴迪厄说，共产主义假设是一个很有力的立场—位置，它使我们有底气说，现实是暂时的，一切还有待重新开始，安排和装点现实，是小资产阶级的自欺欺人的游戏。共产主义假设对于我们理论工作者也是一个必需的假设：回到它，一切归零；否则，我们的理论会没完没了，精致到无用而病态。理论最多只是我们的一种话语姿态，太精致就反而没有力量。当我们感到自己的理论工作在社会中怎么会显得如此无用时，应多想想那个共产主义假设。

八、勇气

一个事情发生了，如果我们发现在其中，人和物的出现的法则已经变了，那么，它就是事件。一个贫苦的工人很特别地成为新时代的英雄；抽象画本来是被当做涂鸦的，这时，人们却将它当做我们时代的康定斯基作品了，艺术革命发生，这种画法成为新倾向，成为艺术史的主角。事件中，变化的力量达到了最大值。这时，这种变化是一个真正的事件。

然后，这个贫苦工人出现在了政治场域，但他根本不是新时代里的英雄，而是一个被关怀、被照顾的对象，是既被剥削又被关怀的民工。抽象画你可以做，但在圈子里根本就不重要，只有中等程度的重要性。这是直觉主义主导下的改革政治时期。我们只见到微弱性和独特性。有东西发生了，但没有激烈的后果，没有造成这一世界中的出现程度之等级的激烈改变。

还有一种情况是，我们根本感觉不到改变，那种本来不存在的东西，它也存在出来了。贫苦的工人在政治场域只是贫苦的工人，抽象画什么都不是，在再现式绘画面前，它只是另类。变化只是依附于现状的装饰图案，在逻辑上，它是依赖性的。奥巴马因号称改变，而当选总统，但改变到哪里去了呢？这种情况下，改变没有形成事件，一切还都是一切，事件和非事件并列，在肯定和否定之间没有新的价值冒出来。世界在奥巴马说改变的前后没有丝毫变化。变化是虚构的，我们只看到了一个山寨事件。

作为左派，在这个时代，我们只能做这样的直觉主义者：直觉地保持勇气。（巴迪厄:《三种否定》）

九、我们需要一种新的纪律

解放政治面临的新问题，我们需要去发明一种新的非军事化的纪律。我们需要一种人民的纪律（我们需要一种谈恋爱那样人民欢迎的纪律）。我甚至想说，穷人，那些没有金融和军事手段的人们、那些没有权力的人们……他们所有的全部，就是他们的纪律，他们的联合行动能力。这一纪律已经是一种组织形式。问题只是：是否所有的纪律都能被归到一种军事模式，那一主导 20 世纪上半叶苏联的模式上。我们怎样才能发现、发明、实施或实验一种非军事化的纪律？而今天是一个实验这种纪律的时代了。（巴迪厄:《我们需要一种人民的纪律》）

阿尔都塞的伟大事业在于他提出了哲学与政治的一种新关系的看法，认为这一关系不再是通过意识来连接。他坚信，哲学必须干预政治的智性空间。当他说"哲学是在理论中组织阶级斗争"时，他是指，阶级斗争是一直存在的，不是哲学才发明的它；因为有阶级斗争，所以我们才需要哲学。哲学横贯我们的智性选择。在对这些选择作出选择的斗争过程中，哲学担当了一个特别的角色。它是要干预，因而去命名、去正常化、去分类，并最终在智勇双全性或理论的阶级斗争场域中作出选择。（巴迪厄:《必须有一种人民纪律》）

十、当代艺术就是要反对一切浪漫派—形式主义，就是要反对一切恋物和自恋

（1）就像施米特反对政治浪漫派，巴迪厄要反对当代艺术中的形式主义浪漫派。

这一当代艺术的主流追求形式之新，追求有限性之极端，对残酷、苦难和死亡情有独钟，对身体和 sex 根本着迷。巴迪厄认为，当代艺术是完全走进这一误区，是成了资本主义的器官。资本主义本身追求形式之新，想要我们用身体和 sex 方面的新体验，来促进它的利比多循环经济，当代艺术完全听话，去这样迎奉它。当代艺术成了为资本主义效劳的工具了。

所以，有必要回头重新来讨论什么是艺术这一问题。

（2）对于我们时代里艺术应该是一个什么样的东西，巴迪厄提出了十五点，总结起来是这样：艺术应该创造无限；艺术家不重要，应该使作品成为现实一部分，促成我们的新世界的到来，才是目标；在政治无路可走时，艺术是去替我们创造出往下走的可能性的；艺术应去凝聚、表现、生产一种全球新感性，来真正引导群众重新建立与这个世界的新的感性联系，走进这种全球普遍性；艺术的主题不是作品的主题，艺术品的主体不是艺术家，后者是艺术品中被牺牲的部分；艺术应该同时成为暗夜里的偷袭、宁静的星星和一鸣惊人的展示；艺术应该去创造出一种新的自由，比民主定义下的自由更新的自由，它是新的决裂，新的开始，新的可能性，新的世界，新的光和新的星系。

（3）那么，我们的全球当代艺术为什么会是一种形式浪漫主义？巴迪厄的解释是，当代艺术成为美国的帝国艺术了。此话怎讲？

美国作为帝国是这样一个意思：它代表世界的形式联合，是一个最大的集市，是世界的潜在的联合了。小商品市场在义乌，当代艺术市场在纽约。在这样的情况下，当代艺术要吃香，只能是搅拌形式主义和浪漫主义，搅出各种花色的国际冰激凌。齐泽克是在这一意义上说，it's easiest to go international；西方接受了中国的当代艺术家？不是，是他们自己主动international的。帝国是个金鱼缸，艺术家争着去做其中最鲜艳/在缸壁反映出最好看的影子的金鱼，而其本来的使命是打破那个金鱼缸，将我们带到一个更好的生活/更好的世界。

在帝国里，我们的当代艺术会遭遇两条相反的原则：一切都是可能的，因为世界联合在纽约了，纽约就是西方加第三、第四世界了。

可是，正是因为在这个帝国之下，一切才都不可能了，因为，对于艺术家而言，帝国使得你不能真正去让什么东西存在，因为，帝国是唯一可能的存在，它是艺术家最终能选择的唯一政治可能性。也就是说，这个"帝国"使当代艺术家同时感到有力和无力。中国当艺术家向往的那种帝国式艺术世界似乎在鼓励他们创造，但他们能做的，只是去创造新形式，去做越来越精致的形式主义，而这与艺术的本性相反。所以，当代艺术一直在唱这样一首老歌：一切都是可能的，但一切都不可能。巴迪厄的这个诊断非常尖锐有力：当代艺术的极限是：可能之不可能和不可能之可能。

艺术是我们的这样一种创造能力：当我们发现一切都不可能，这个世界已经被封闭在美国式的帝国内了，但我们仍会去发现别的东西是可能的。这也正是艺术与政治的地方。

政治的确是要去创造出新的可能性。艺术在当代的根本功能也在这里：去创造新的可能性，不是去实现已经存在、被我们望见的那种可能性，而是先去创造出那一可能性。艺术要去创造新的生命的可能性、新的世界的可能性。

十一、做哲学是想做马拉美的同代人

（1）巴迪厄说，海德格尔的思辨努力是努力将自己放到这些诗人的思想框限，主动交由他们的检验和考验的。巴迪厄自己说，他的哲学是想入进马拉美的诗歌操作的同时代，成为马拉美的同代人。（巴迪厄:《反美学手册》）

哲学好像应该先这样要求自己。但我们汉语诗人中哪一位可以成为我们哲学思想的标杆？

我们的汉语哲学应该配得上哪个汉语诗人的思想封顶，哪一个汉语诗人是哲学家们的天花板呢？

（2）巴迪厄认为，在 passion for the Real 这一件事上说，艺术与政治在做同一件事儿。在 20 世纪，人类搞清楚要改变这个世界到底该怎么做但却困在行动步骤和决断上了：总是像斯大林那样急急于搞清楚到底是什么值得我们真正牺牲，又是什么使事情在大好形势下完全逆转，到底谁是我们的敌人，为什么真正的敌人是在内部而不是外部，资产阶级只产生在党内。用巴尔特的话说，为什么革命话语里总会偷偷拖进来一些像宽容、契约和民主这样的字，成为革命中的真正的特洛伊木马？

巴迪厄认为，艺术先锋派也在做与政治先锋派差不多的事儿。艺术先锋派想在现实的矿场里淘到那颗最终的钻石，the Real，为此而不惜破坏艺术的最基本形式和体裁，甚至通过自杀。先锋派谋杀了图像，用概念和 idea 来搞艺术了：恨不得自己来做哲学家和理论家了，既做艺术家也做理论家了。到底什么才是 representation 后面的那个 the Real 呢？在乎这个的，就是先锋派，精熟于最熟悉的那几个形式和体裁的，就是匠人。

先锋派是宣布那个当前的人。他们要告诉我们艺术是如何被传统迫害的，所以，我们必须绝对地现代，像兰波所说。先锋派是一步走到当代的人，将一切都搞成当代的人，布列东和他的传人德波尔在法国代表的就是这样的先锋派。

巴迪厄指出，艺术先锋派与政治激进派是处在同一种困局中：高度地分派。政治激进派由党—国（rty-state）来统领，在艺术界，先锋派却弄得是一地鸡毛。局外人一定不能被这一地鸡毛搞得眼花，要看到那一 passion for the Real 是同一诉求。（巴迪厄：《那世纪》）

那颗最终露到我们面前的钻石：the Real，据黑格尔专家齐泽克说，是这样的意思：真正存在的，才是合理的，要看到那颗钻石，道理才像拼板游戏那样，通了。先锋艺术也想来做这事儿，只是它比真政治更歇斯底里一点儿而已。

十二、哲学家自白

（1）我父亲是巴黎高师毕业生，拿到了数学教师证；我母亲也是高师毕业，拿到了语文教师证。而我也是高师毕业，拿到的，不是别的，正是哲学教师证，这就是说，无疑的，这规定了我继承父母双方的唯一可能性：就是要自由地循环于文学的母性和数学的父性之间。我也把这个看做是哲学应该记取的一条教训：哲学语言总是占据着或总是构造着数学和诗之间、母亲和父亲之间的那个自有空间。

（2）我是这个从萨特开始到德勒兹为止的当代法国哲学全景里的最后代表。

（3）我的导师们：萨特教会了我那一能够吞噬一切的少年激情、对书的爱、对于存在的激情。

拉康教会了我主体的理论和形式的理论之间的远为复杂的关联。

阿尔都萨教会了我明白哲学必须撇清自己：哲学和政治是完全不同的两回事儿，哲学与艺术是完全不同的两回事儿，哲学和科学是完全不同的两回事儿。我从他那里学到了与事物和现状保持优雅的距离。

（4）我有这些已过世的思想和政治伴侣：柏拉图、黑格尔、圣保罗、马拉美、康托、毛泽东、贝克特、爱斯基尔（Eschyle）、莫里哀、Le Tintoret、塞尚、海顿、瓦格纳……

除此我总共还有八组哲学伴侣：

第一组是我的政治冒险中的同志和朋友。

第二组是所有我曾爱过和曾爱过我的女人。

第三组是所有用一本书和一堂课教过我的数学和科学的老师们。

第四组是那些让我从远得不能再远的艺术与我自己之间进行沉思的艺术家、建筑师、雕塑家、电影导演。

第五组是与我一起在剧场里辗转于景观与概念之间的同志们。

第六组是在课程、讨论班和会议上的同学和听众。

第七组是在政治、审美乃至择偶上与我产生龃龉，但永远不可拆分的朋友们。

第八组就是我的孩子和别人家的孩子们，包括已经失去的那些孩子们。（巴迪厄:《这个哲学家的忏悔》）

自律的骑士

——罗蒂眼中的米歇尔·福柯

董山民*

在一次采访中，罗蒂谈到后现代主义时说："我宁愿逐个地谈论福柯、德里达等人，而不是把他们拴在一起作为后现代哲学的典型来讨论。"[1] 事实确实如此，为了模糊英美哲学和欧陆哲学之间巨大的鸿沟，罗蒂专门撰写有关德里达、福柯、李欧塔的论文。在其为数不少的论述法国思想家的作品中福柯出现的次数仅次于德里达。在1991年出版的论文集《海德格尔及其他》卷尾罗蒂以《道德身份与私人自律》一文专门评价福柯。该文结论是："我想，福柯发现自己身处如下立场——我曾描述过的自律的骑士。这就意味着，不管他愿意与否，在各种各样的事务中他是民主国家里一个有益的公民，一个竭尽全力使那个国家的制度变得更加公平、更加体面的人。"[2] 罗蒂用"自足的骑士"（knight of autonomy）这个词，是为了把福柯看似矛盾的两面性结合起来，从而更加能够体现福柯及其思想的张力，这个张力就是美国福柯与法国福柯之间的张力，前者表现在政治领域，后者则反映了其私人追求。"自足的骑士"到底是什么意思，一个人怎么可能把行侠仗义的"骑士形象"与躲进小楼成一统

---

* 董山民，复旦大学哲学学院博士后，中南大学公共管理学院讲师。

[1] Richard Rorty, *Take care of Freedom and Truth will Take care of itself,* Stanford, California: Stanford University Press, 2006, P.95.

[2] Richard Rorty, *Essays on Heidegger and others: Philosophical Papers*, Cambridge, New York: Cambridge University Press, 1991, P.198.

的"隐士形象"融合在一起？这是本文试图探讨的问题。

一、美国福柯与法国福柯

罗蒂在《道德身份和私人自律》①一文中开门见山："文森特·德斯坎姆已指出，那些试图把握福柯著作的努力给了我们一个美国福柯和一个法国福柯。他说，美国福柯想要用纯粹的人的语汇而不试图用康德主义的普遍法则来寻求自律。"② 罗蒂进一步解释道，美国意义上的福柯可以被理解为现时代的杜威。这个福柯告诉我们，倘若人们停止给普遍性的自我作出证明，不再寻求类似"理性"、"人类本性"之类的概念，而代之以把他们自己简单地视为有希望的社会实验，那么，在这种情况下，自由民主社会将会运转得更好。罗蒂的意思是，美国版的福柯反对启蒙运动以来把人视为具有普遍理性的"人的发明"，也不再相信人有所谓的自然本性；恰恰相反，人只不过是历史的偶然，现代性的"进步叙事"一种没有预先就有固定脚本的社会实验。罗蒂看到了福柯与实用主义的相似点。他断言，德里达和福柯对西方长期存在的逻各斯中心主义的批判只不过在走杜威已经走过的道路。他说："在我看来，詹姆斯和杜威不仅已经站在分析哲学家辩证之旅的终点，而且已然在福柯和德勒兹正在日夜兼程的旅程的尽头等待！"③ 罗蒂这里想要表达的观点是，美国意义上的福柯与尼采一样都是反柏拉图主义者，同时，他们都对启蒙运动以来以理性作为知识立法者的做法感到不满。因为在他们看来任何把自由民主社会奠定在"人的本性"或者"理性"之上的做法都是把人的命运拴在外在于人的东西之上，这些东西

---

① Autonomous, autonomy，前者的意思是，自主的、自律的，或者自足的，后者是名词形式，罗蒂在此处想要表达的意思是，私人在判明自己应该信奉何种哲学、形而上学、自我观时具有最高的主权。这种理论是其公共领域和私人自律这一划分的结果。

② Richard Rorty, *Essays on Heidegger and others: Philosophical Papers*, Cambridge, New York: Cambridge University Press, 1991, P.193.

③ Richard Rorty, *Consequences of Pragmatism,* Minneapolis: Minnesota University Press, 1982, P.xviii.

类似于尼采所说的控制人的命运的长长的绳索①，使人遭受奴役，失去了希望。后现代要反对这种看似具有解放意义实则日益加深控制的启蒙理性。正如我国学者高宣扬所说的："后现代主义，作为一种实践，也是一种反传统的策略游戏，是对西方文化所经历的整个路程的彻底反思，是对历史上已经完成了的各种'启蒙'的'再启蒙'。其根本诉求，是在摧毁传统文化的过程中，寻求思想上和生活上的最大限度的自由，尤其达到精神活动的最大自由，达到他们所期望的不断超越的目标。"②在罗蒂看来，后现代最大的贡献是，它在反对宏大叙事的过程中创造了另外一种文化，一种看待人类进步的方式。在福柯和罗蒂看来，以康德为代表的近代知识论以为自己为人类进步和自由提供了纯洁透明、确定无疑的基础，实质上他们掩盖了历史上权力迸发和冲突之后留下的血腥和痛苦。知识和权力从来就是同谋者，他们从来不曾分开。与康德的启蒙理性主义不同的是，福柯揭示了知识背后的权力的故事，他以考古学和系谱学的方法（在罗蒂看来是历史的方法）而不是分析的方法发现了知识生产的秘密。因此，美国福柯就是形而上学的反叛者。

如果说，用人类自己创造的词汇、术语来解放人；不去寻求世界的本相、不力图找到超越时间和空间的"大写理性"（Reason）来解释和建构社会，是杜威和福柯共同之处，那么，他们的不同点在什么地方？"法国福柯"是怎么回事？罗蒂通过研究发现福柯存在与杜威不一样的地方。他说："美国福柯蒸发了大部分尼采主义的水分。但是，法国福柯则完全是尼采主义的。对这个福柯而言，德斯坎姆说，此类自律的规划要求我们具备非人类的思想（inhuman thoughts），不考虑与我们的人类同胞分享信念。如果说，在这个范围内法国福柯还有政治学的话，那么，它们就是无政府主义的而不是自由主义的。"③理解

---

① See Richard Rorty, *Consequences of Pragmatism*, Minneapolis: Minnesota University Press, 1982, P.208.

② 高宣扬：《当代法国哲学导论》，同济大学出版社 2010 年版，第 756 页。

③ Richard Rorty, *Essays on Heidegger and others: Philosophical Papers*, Cambridge, New York: Cambridge University Press, 1991, P.193.

这句话的关键是"非人类的思想"为何意？对此，罗蒂提供了进一步的说明。

罗蒂说，德斯坎姆描画出来的福柯思想中的张力是生活在民主社会中的浪漫主义知识分子作为公民身份普遍存在的张力。这种知识分子一方面在自己栖身其中的民主制度中发现了自己的身份，即他与其他人之间的关系；另一方面，他又不认为自己的身份认同应该限制并耗尽她的自我描述的潜能。在福柯这类知识分子看来，启蒙运动以来所谓的自由民主社会给真实的自我制造了压制的各种"合理性"的形式。在福柯看来，反抗这种权力的操作，寻找并体验"越界经验"就能找到真实的无限的自我。因此，法国福柯式的浪漫主义知识分子认为，相比我与他人的社会性关系（或曰道德认同），我与我自己的内在关系更加重要。基于这种设想，解放的故事远未完成，真实的自我必须寻求一种此前从来没有过的思想，体验一种前所未有的经验。概而言之，法国福柯极力珍视的是摆脱自由民主社会强加的合理性及其设施之后所获得的全新的自我感受。他要切断自己与他人进行联系的纽带，他要做一棵空谷幽兰。不但如此，他还要在全社会推行和倡导这种自我的创造，践履这种越界经验，把这种经验普遍化。罗蒂认为："只有当浪漫主义的知识分子开始希望他的私人自我成为其他人的模范，他的政治学才倾向成为反自由主义的。当他认为其他人有道德责任实现像他以前实现过的同样的内在自主性时，他就开始认为政治和社会变化应该帮助他们这样做。"①

总之，福柯在罗蒂那里呈现出两幅面孔，其一，福柯用系谱学和考古学的方法做到了杜威在《确定性的寻求》中做到的同样的事情，即解释了知识生产背后的故事，从而把人类的自由和解放的路径翻转到了人类自身，不再寻找"真实的实在"和"大写的理性"作为社会建设的基础。其二，福柯思想中的尼采元素导致他寻求一种自我创造的自律，并且还希望把这种自足的寻求作为民主社会中公民生活的样板。一句话，福柯希望把自主性和社会性结合起来，

---

① Richard Rorty, *Essays on Heidegger and others: Philosophical Papers*, Cambridge, New York: Cambridge University Press, 1991, P.194.

做一个"自律的骑士"。

二、罗蒂的框架：私人自律与公共自由

在《偶然、反讽与团结》中罗蒂对福柯进行了更加细致的考察和评论。他主要从哲学上的福柯（反讽主义者）和政治上的福柯（反自由主义者）两个角度来分析福柯。

首先，福柯在哲学上是一位成功的反讽者。在罗蒂看来，福柯作为反讽者的主要工作是"他观察思想史的方式，使有可能把偶然、不连续性和物质性等概念导入思想根源本身"[①]。福柯从看似客观中立的知识背后看到了"权力策略"的踪影无处不在。他的主要任务就是揭示主体生产和知识生产的谜底。其策略和方法是系谱学和考古学。罗蒂称之为后尼采主义的传统。它针对的对象是普遍的理性和自然的人性等启蒙理性主义的论述，深刻地揭示了启蒙运动以来理性承诺的自由民主社会背后存在的陷阱。福柯提醒我们要警惕那种取代了上帝为人类事务立法的理性。

在这个意义上，罗蒂高度评价了福柯，他说："也许看起来福柯比杜威多了某种新颖和独特的东西，其理由在于，福柯是站在我在别处描述为文本主义的强有力的、然而没有明确限定的运动的顶峰上。"[②]罗蒂、哈贝马斯、泰勒都推崇写就了《规训与惩罚》、《疯癫与文明》等著作的福柯。在他们看来，这些著作以"再启蒙"的方式重新审视了17、18世纪以来欧洲发生的主要故事。在福柯看来，"主体的生产"和"人的发明"是现代性的事件，事件的背后隐藏着权力专横和有目的的操纵。"他们已经把规范制度化了，如果同意福柯的观点，就是说，知识和权力从未分开……这些作为信念之靠山的制度采取了官

---

① 理查德·罗蒂：《哲学与自然之镜》，李幼蒸译，商务印书馆2003年版，第371页。

② Richard Rorty, *Consequences of Pragmatism,* Minneapolis: Minnesota University Press, 1982, P.206. 罗蒂这里讲的在别处是指他于1981年发表在《一元论》杂志上的另一篇文章"十九世纪的唯心主义和二十世纪的文本主义"。——引者注

僚分子和警察的形式，而不是语言的规则和理性的标准。"① 现代的政治是控制的政治，现代社会是用人人皆有理性因而众生平等这样宏伟漂亮的工具煅造出来的大监狱。在效率原则和理性法则的支配下，主体不断地为了某种看似崇高的目的被管理。福柯烛照了民主社会一组新的危险，一种全新的控制形式在自由和解放的大旗下徐徐拉开。福柯用他犀利的眼光看到了法兰克福学派看到了但看得不够清晰的地方。同样地，福柯做到了马克思用另一种方法做过的同样的事情。福柯剥光了权力策略的合法外衣，马克思暴露了资本运作的高效流程。因此，在让我们清醒地面对我们的"被解放"这件事情上，福柯与所有其他 19 世纪乃至 20 世纪的批判家一样深刻而伟大。

罗蒂认为，福柯对人的知识的拆解、对理性的暴露反映了他作为反讽者的深度。用罗蒂的话说："尼采教他（福柯）避免落入超历史观点的陷阱和追求无时间性的起源的窠臼，而应该满足于对偶然性的系谱学的叙述。尼采还教他小心自由主义，在政治民主所带来的新自由背后，察看民主社会所强加上的新的束缚形式。"②

对于福柯的系谱学叙述方法罗蒂是赞成的，因为这切合罗蒂本人的反表象主义和实用主义方法，但是，罗蒂不能赞同福柯对自由主义的看法。在罗蒂看来，福柯只看到了启蒙政治的消极后果，但是，没有看到在这种政治积极的一面。他说："福柯不愿意承认现代自由主义社会所塑造出来的自我，会优于以前社会所创造的自我。福柯的著作中，有一大部分——我认为是最有价值的部分——就在显示自由主义社会所特有的教养方式，如何把古老的前现代社会所无法想象的种种束缚，强加在其成员身上。不过，福柯却拒绝承认，这些束缚确实从痛苦的减轻中得到了某种补偿，和尼采一样，尼采也拒绝承认，奴隶道德的怨愤情结也从痛苦的减轻得到某种补偿。"③ 福柯确实看到了启蒙理性谋划

---

① Richard Rorty, *Objectivity, Relativism, and Truth, Philosophical Papers,* Cambridge, New York: Cambridge University Press, 1991, P.26.
② 理查德·罗蒂：《偶然、反讽与团结》，徐文瑞译，商务印书馆 2003 年版，第 90 页。
③ 同上书，第 91 页。

施加在"理性的他者"（疯子、精神病患者）等身上的暴力，但是，福柯没有看到的是，人类从现代性中也获得了某种解放和自由，譬如现代科学医学解决了危害人类生命安全的很多疾病，现代工业革命提供了满足人类生存需求的食物。试想在人口急剧增加的情况下，传统工农业的生产效率能够满足得了大量的需求吗？答案显然是否定的。在现代社会中人类确实按照某种效率原则被有效地组织起来，这种组织形式和制度安排确实限制了人某一方面的自由，但是，人类因此获得了其他方面的自由。遗憾的是，福柯忽略了这些重要的地方。在他的眼中，现代社会整体上制造了对人的全面规训和控制，他看不到丝毫的希望。

福柯的一个基本论断是，在现代性这个巨型加工厂中有一个真实的自我被规制和压迫了。罗蒂却不承认这种自我及其本真性的存在。罗蒂说："他的想法仍然以为，人类内在深处有某种东西被教养扭曲，变形了。我这断言可以从福柯本人得到蛛丝马迹：他格外不愿意承认根本没有所谓被压迫者的语言。有时候他暗示，他是在为精神病人代言；或者他的著作揭发了被压制的意识……这些历史知识在功能和系统化的理论体系中存在，但却被遮掩了。"[1] 在罗蒂看来，理性和自我都是社会化的结果，至于那种真实性的自我是没有对象的空洞的能指。但是，福柯执意要回复这种真实的自我，而且还因此认为，真实的自我只有在社会发生总体革命的情况下才能得到释放和实现。他渴望在这种革命后的社会制度上自由地展现全新的自我。

罗蒂认为，这种试图把私人领域的自我放置到公共政治层面上的做法蕴含着巨大的危险，他不能同意福柯这种立场。罗蒂说："我们（罗蒂与哈贝马斯）的差异仅仅与一个民主社会应该具有什么样的自我形象——应该用什么样的修辞来表达它的希望——有关。不像我和福柯的差异是政治上的，我和哈贝马斯的差异乃是通常所谓的纯粹哲学上的差异。"[2] 根据罗蒂的看法，自律的领域是

---

[1]　理查德·罗蒂：《偶然、反讽与团结》，徐文瑞译，商务印书馆 2003 年版，第 93 页。
[2]　同上书，第 94 页。

私人领域，自律是民主社会中自我呈现什么形象的问题。这些自我形象也许千姿百态，自我形象还可以借助想象力进行无限地创造和重新描述。但是，一旦进入政治公共领域，人们必须不能把私人领域内的什么是世界的本体，什么是唯一的正确的生活方式等看法强加给别人。在公共领域内，罗蒂设定的最低目标是减少痛苦和侮辱，此外人们不能增加些什么。

因此，政治上，罗蒂认为福柯是不愿成为自由主义的反讽者。[①] 福柯总是想要越出私人领域自我自足性的界限，进入政治的公共的领域，而这种"越界"在罗蒂看来是反自由主义的。由于福柯不认可目前的自由社会确实带来了人类某种意义上的解放，因此，他对晚期资本主义的文化是痛恨的，不认同的。在罗蒂看来，福柯没有能够把私人领域的反讽与公共领域的自由主义结合起来；相反，哈贝马斯则认可了政治领域内的自由主义，但却在哲学私人领域之中仍然是普遍主义者。他说："福柯一方面为人类自由而努力，但是，他也按照个人的自主性力图变成一个没有面孔的、无根的、相对于人性和历史而无家可归的陌生人。作为一个公民，他正在努力实现一个人道主义的资产阶级自由主义者愿意去实现的同一个政治结果。作为一个哲学家又在试图发明他自身，再次引证泰勒的话说，福柯在奥古斯丁内在性的全部传统之外徘徊不定。这个传统昭示，一个人的深度身份认同就是那些把一个人与他的同胞连接起来的东西，也就是那种人所共有的东西，那些与这种共同的元素密切联系的东西正紧密地联系着一个人的真正的自我。正如我所了解的，福柯希望有益于他的人类同胞，但同时又希望具有一种与他的人类同胞毫无关系的身份。他希望帮助他的人民，但是却不用人民的词汇，而他所用的词汇是他对他自己说的话语。他希望帮助他们，同时却在发明一种与人民的自我毫无关系（确实尽可能的少）的自我。"[②] 就是说，他一方面想做到自律，另一方面他想在社会中公开推行这种自律，通俗地说，他既想做隐士，又想同时做侠客。在罗蒂看来这是

---

① 理查德·罗蒂：《偶然、反讽与团结》，徐文瑞译，商务印书馆 2003 年版，第 90 页。

② Richard Rorty, *Essays on Heidegger and others: Philosophical Papers*, Cambridge, New York: Cambridge University Press, 1991, PP.195–196.

不可能的，因为来自私人领域的自律的僭越必然遭到政治公共领域要求协同的责难。

但是，福柯做不到的事情，杜威却做到了。杜威之所以能够做到，是因为杜威属于另外一个传统。在一个注释中罗蒂说："雅克描述了一个在我看来福柯和李欧塔隶属的传统，但是杜威不属于这个传统。对杜威而言，从未出现一种固有的诸如'压抑的'社会这种东西，或者某种扭曲的以生命权力创制出来的主体。他接过了黑格尔的观念：你必须社会化从而成为人。重要的问题是，你如何做到同时最大化社会的丰富性和宽容个体那里出现的怪异和偏离。这是一个只有通过设计和执行大量痛苦而困难的社会实验（远超我们以前最大限度地料想）才能回答的问题。"[①]杜威与福柯不同的是，杜威在痛苦的实验之外看到了进步的希望，而福柯则悲观地漠视了人类目前各种各样的实验。福柯执意拒绝属于"我们"的任何东西，他对自足的寻求走向了一种没有同伴、没有希望的旅途。罗蒂说："福柯把话语看做权力关系的网络，而杜威则把权力看做工具性的，是人们用来满足、综合以及协调他们愿望的工具库中一种工具。"[②]福柯把权力看做生产性的，杜威把权力视为实验性的创造性的。前者痛感资产阶级社会失去了希望，而后者则认为资产阶级目前的实验虽然不够好，但是，仍然蕴涵了一种希望。

三、罗蒂的框架是否适合福柯？

在《偶然、反讽与团结》中罗蒂阐述了他的公私分开的解释框架。根据这一框架，西方当代哲学家基本上划分为两个阵营。罗蒂说："那些以自我创造或者私人自律的欲望为主要出发点的历史主义者，如海德格尔与福柯，往往仍然和尼采一样，认为社会化和我们自我的最深处是格格不入的。而那些以追求

---

① Richard Rorty, *Objectivity, Relativism, and Truth, Philosophical Papers,* Cambridge, New York: Cambridge University Press, 1991, P.213.

② Richard Rorty, *Consequences of Pragmatism,* Minneapolis: Minnesota University Press, 1982, P.208.

正义自由的人类社会为主要出发点的历史主义者，如杜威和哈贝马斯，则经常认为企求私人完美的欲望感染了非理性主义与感伤主义的病毒。"①杜威在罗蒂看来既是私人领域的反讽者又是公共领域的自由民主人士，而哈贝马斯不同，在《现代性的哲学话语》中他哲学上批判福柯、德里达等法国思想家承认了"理性的他者"的合法地位，从而没有能够为人类前进的方向提供理论的说明。

然而，罗蒂不赞同哈贝马斯对福柯后一种立场的批判。他认为自由民主社会是历史的偶然，并无任何理性的或者人性论作为基础。反讽论者对启蒙理性和知识话语的批判并不必然导致自由民主社会遭到根本性的颠覆。他说："在超越主体性，即具有社会可以压制或者理解的本性的人消失于人类团结之间，不存在任何推论性的联系，在我看来，资产阶级自由主义似乎是我们所取得的这种团结的最佳例证，而杜威的实用主义则是对它最好的说明。"②诚如上文言明的，杜威将私人反讽与公共领域的自由主义结合在一起，成为了罗蒂所赞成的那一类自由主义的反讽主义者的典范。而福柯则不是，他只是好的反讽者，但他不是自由主义者，在罗蒂看来，他没能沿着杜威的道路走下去。

这种削足适履式的做法适合福柯吗？很多学者对罗蒂的解释模式提出了批评。先看从一般的意义上，罗蒂的私人反讽与公共自由能否成立，然后，我们再看罗蒂对福柯归类是否合理。

首先，让罗蒂头痛的问题是，私人和公共真的能够像他主张的那样分开吗？国内学者陈亚军认为："一个人对形而上学、宗教、小说、野兰花的关注纯粹是私人的事情，和他的政治、道德倾向没有必然的关联。问题是这种分割如何可能？从学理上看，形而上学、宗教与诗歌都是一个人所属的文化传统的一部分，都构成了一种公共资源，构成了一个人的'第二生命'……自我之所以成为自我，具有自我意识，恰恰是社会的存在为前提的。"③陈的意思是我

---

① 理查德·罗蒂：《偶然、反讽与团结》，徐文瑞译，商务印书馆 2003 年版，第 4 页。
② 理查德·罗蒂：《罗蒂文选》，孙伟平主编，冯周卓译，社会科学文献出版社 2007 年版，第234 页。
③ 陈亚军：《论罗蒂的反讽自由主义理论》，《云南大学学报》2009 年第 3 期。

们如何能够离开社会来构建私人的内容？美国学者伯恩斯坦认为罗蒂的区分是僵硬的，这种划分其实已经使得罗蒂自己主张的自我再描述不再可能，我们不能离开公共性的东西来理解私人，纯粹的私人性的东西是不可理解的，维特根斯坦有关私人语言的论证很好地证明了这一点。失去了与社会或者共同体的联系的自我无疑会变成无源之水。

其次，一个人持有什么样的宗教观、哲学观或者自我意识，即罗蒂所谓私人自足的领域，真的不会影响他在公共领域中采取的行动吗？我们能否想象一个生活在现代社会中的公民去参加公共集会能够把自己私人的世界观放在家里。恐怖主义行动的一个基本前提是，恐怖分子接受了一种宗教世界观，为了他心中的神他可以选择死亡。电影《三角洲部队》的经典台词是：为了人民的自由，我选择死亡。倘若真像罗蒂所说的那样，我们可以采取再描述方式来更新自我形象，从而避免在公共领域发生冲突，但是，这种再描述也可能导致公共领域的普遍冷漠。美国学者鲁玛纳不无忧虑地指出："如果一个人的隐私性自我描述是如此的个性化以至于在这种自我描述与其他人的自我描述之间根本就不存在任何关联，那么，他也许就会变成一个根本就不愿意关心公共道德的公民。……在公共生活中，一个人应当关心其他人遭受的苦难，但是，在隐私性生活中，一个人却可以把其他人遭受的苦难重新描述得好一些，或者坏一些。"[1] 其实，要是真的可以像罗蒂所说的那样做到私人领域做到自足，也许他根本就不会认识到别人可能存在痛苦。因为根据罗蒂的理论，人们对痛苦不会有公共的感觉。显然，罗蒂设想的完全隔离的公私之分理论上存在模糊之处。

联系到福柯的例子，我们看看罗蒂的框架是否适合。根据罗蒂的划分，福柯属于反讽主义者，但是不属于自由主义者，因为他认为自由民主社会带来的不是自由而是更深入的更巧妙的控制和压迫。正因为如此，福柯试图寻求越界经验，极力突破现代性划定的合理的边界，为此他不惜体验同性恋的经验。罗蒂认为，福柯对私人自足的追求本身没有错，但是，福柯却试图把他变成普遍

---

[1]　理查德·鲁玛纳：《罗蒂》，刘清平译，中华书局 2003 年版，第 129—130 页。

的社会性的东西。这里的焦点在于，福柯认为自我应该追求一种大拒绝，但是，罗蒂却强调资产阶级的自由具有巨大的解放功能，因此应该保留这种制度的基本框架。在福柯看来，以公共姿态出现的资产阶级的意识形态、法律制度、纪律形式极大地侵占了私人自律的空间，而且这种侵占还在不断地扩大，以至于私人自律在这种社会中已经变得不再可能。从这个角度上看，罗蒂的划分，姑且不论学理上能否站住脚，实践上似乎变得不再可能。

例如，与福柯对资本主义劳动方式持批评立场不同，罗蒂推崇资本主义市场经济及其相应的政治法律安排。罗蒂曾经说过："我在 30 多岁时，我依然认为社会主义是一个值得追求的政治目标，但是到了 1970 年左右，我开始得出这一结论：市场经济也许会永远伴随着我们，并因此断言：我们必须运用其他方式阻止社会非正义，而非废除私有资本。"[1] 福柯与马克思主义者或许会问，除了废除私有制，罗蒂还有什么更好的办法可以阻止社会非正义呢？如果我们允许资本深入渗透我们的生活空间，就像影视明星为了自己的"人气"，赢得广告商的青睐，从而获得巨大的代言费用，我们不惜把自己身体中最隐私的部分暴露到互联网上，此时，私人的身体还是私人的吗？私人能够免遭资本逻辑的殖民吗？福柯的深刻之处在于，他不仅指出了市场经济以效率和以利润为第一原则的现代工具理性的冷酷，而且资产阶级的法律还在为这种制造痛苦和侮辱的东西披上合法的外衣。罗蒂说市场经济将永远伴随我们，他或许确实看到了市场经济给人类带来的好处，但是，市场经济冷酷的一面，资本侵占私人自我的一面似乎被他毫不犹豫地忽略了。西蒙指出了罗蒂反讽自由主义的不足。他说："罗蒂对自由主义的定义是伦理的政治的，而没有顾及经济的自由主义——根据市场经济界定的自由主义——迅猛地在全球范围展开自己的过程，它经常更加严厉，而不伴随着容忍和对残酷的限制。"[2] 被视为私人自由领域的自我对财富的追求却在公共领域造成了极大的不公正和伤害。这种经济自

---

① 理查德·罗蒂：《哲学的场景》，王俊等译，上海译文出版社 2009 年版，第 263 页。
② Chantal Mouffe editor, *Deconstruction and Pragmatism,* London and New York: Routledge, 1996, P.23.

由主义预设的就是原子式的自我观，用杜威的话说，就是倔犟的个人主义，这种个人主义视放任的自由为核心要素。罗蒂难道还能够说私人领域与公共领域无关吗？

不可否认的是，福柯确实没有足够地看到启蒙运动以来人类生产方式带来的巨大解放和自由，但是，福柯的要点不在这里。他更多地看到新的压迫形式比过去更加深重，看起来似乎也更加科学，因此具有更大的欺骗性。正因为如此，福柯的反讽对象指向了资本主义基本制度及其意识形态。从这一立场出发，福柯对自由的追求目标更加远大。而罗蒂则推崇资产阶级的自由主义，这种自由主义又被罗蒂称为最低限度的自由主义，因为其目标只是减少公共领域之内的残酷。罗蒂说："事实上，我有一个预感，西方社会和政治思想也许已经完成了它所需要的概念上的革命。穆勒曾经建议，希望政府全心全意致力于让人民在恣意支配自己的私人生活与让苦难尽量减少之间，寻找到最佳的平衡。在我看来，这个建议大抵已经是最后的定论了。"①这种自由主义显然满足不了福柯的胃口，他主张时时刻刻保持对资本主义的批判，"如同在创造中主张逾越（transgression）和置法规与不顾一样，福柯对于现代法治和法规，基本上是采取忽视和蔑视的态度的。资本主义社会的法制既然具有上述两面性和悖论性，对于福柯来说，就只能对之采取双重的态度：既要在必要时候遵守它，又要有勇气逾越和蔑视它。"②从这句话可以看出，福柯相比罗蒂更加激进，他对自由的追求更加热烈而深广，而罗蒂则像某些批评者批判的那样走向了保守主义。

四、简短的评论

"自律的骑士"是罗蒂对福柯思想及其追求的概括，通过以上论述，我们

---

① 理查德·罗蒂：《偶然、反讽与团结》，徐文瑞译，商务印书馆 2003 年版，第 92 页。
② 高宣扬：《当代法国哲学导论》，同济大学出版社 2010 年版，第 942 页。

可以看到这一概念存在一定的合理性。福柯确实想做一个更加彻底的自由主义者，他并不满足罗蒂为他设定的最低目标。而罗蒂为了解释的需要构造了私人自律和公共自由的框架，他试图以此来化解福柯与哈贝马斯的争论，从而确立自己的反讽自由主义理论，但是，由于罗蒂拘泥于自己僵硬的划分，他看不到福柯的私人自足不是纯粹的私人的，而是公共的。福柯对知识和权力合谋的批判不仅仅是为了瓦解超越性的主体，而且还要建构新的主体，这种主体就是罗蒂所说的浪漫主义的主体，这种浪漫主义的主体不是什么，但总在成为什么。这种自我观也是福柯式自由主义的核心，即永远不在现有的权力构造的体系内栖息，而是保持一种批判的张力，以高度的警惕性来处理与现存制度及其保卫者的关系。因此，福柯的自我是自由而开放的，而罗蒂的自我则在僵硬的孤立的私人盔甲中失去了生命力。福柯的这种永不停留的精神追求对于我们这个容易走向妥协和保守的民族来说也许具有更加重要的意义。历史上，士大夫们要么是林间隐士要么是庙堂宿儒、江湖侠客，如能以隐士精神做侠客事业，何其幸矣！

福柯的权力观

高宣扬[*]

作为一位社会哲学家，福柯在观察社会的时候，主要把注意力放在促使整个社会不断运作的权力系统及其同社会其他因素的复杂关系。在他看来，社会基本上是一个权力系统。他在谈到《性史》(*Histoire de la sexualité*. Tome. I. 1976; Tome. II and III. 1984) 的时候说："对我来说，我的作品的主要点是重新思考关于政权的理论。"[①]

一、对于传统权力观的批判

在全面地说明和分析福柯有关权力的社会运作及其同社会其他因素的复杂关系以前，首先必须弄清楚福柯的整个权力观是建立在对于传统权力观和社会观的彻底批判的基础上。在福柯看来，不能如同传统社会观那样，简单地把权力归结为社会或国家的统治者的主权，是某种禁止或防止别人去做某些事的外力，不能把权力简单地同镇压相连接，不能把权力看做是一种单纯否定性的力量。权力是一种远比这类简单连接更为复杂的力量对比关系网，是同权力运作时所发生的各种社会、文化和政治因素等密切相关、并相互交错的关系总和，尤其是同权力运作过程中活生生的策略的产生和实施过程相关联。

其次，福柯从来都没有单纯地就权力来论权力，从来都不是把权力当做一

---

[*] 高宣扬，上海交通大学访问讲席教授，博士生导师。

[①] Foucalelt, *Histoire de la sexualité,* P.231.

个孤立的社会现象去分析，也从来都不是把权力同其他社会因素割裂开来、以传统式的化约方式去分析。

因此，在福柯所有关于权力问题的论述中，哪怕是集中分析权力的时候，都是把权力放在它同其他社会因素的关联网络中。与此同时，当福柯论述其他社会问题的时候，特别是当他分析近代社会最重要的知识、道德和社会制度问题的时候，他又不可避免地大谈特谈权力。

在福柯看来，权力是社会的基本生命线和动力，因此，权力构成了社会最基本的构成因素。权力，作为社会的基本动力和运作力量，是同社会本身的产生和存在密切相关，是无所不在并无时无刻地起着作用。实际上，权力与人、文化和社会密不可分；所以，只要有人的存在、有文化的存在、有社会的存在，势必有权力的存在与运作。在这一点上，福柯与传统社会思想家不同，他不愿意把权力抽象化、神秘化和神圣化。福柯严厉批判传统哲学和各种社会思想对于权力的掩饰和扭曲。

在西方近代社会思想史上，英国的霍布斯（Thomas Hobbes，1588—1679）可说是近代权力理论的开创者与奠定者。他根据16世纪西方社会的根本变化和总结中世纪西方政治生活的历史经验，尤其是总结和发展了文艺复兴时代由意大利的马基雅维利（Niccolo Machiavelli，1469—1527）所提出的权力观，发表了重要著作《利维坦》（Leviathan, 1651）。福柯指出，他所要批判的政权问题，与霍布斯在《利维坦》所论述的完全相对立。①

霍布斯在《利维坦》中，首先是以机械论的观点出发，把人和社会当成一部由许多零件所构成的机器。接着他又引用物质运动的规则去分析人和社会，包括分析人和社会的精神和文化生活。因此，在霍布斯看来，社会无非是为数众多的个人的机械地聚合的总体，而国家就是靠强制性的力量和规则，把所有这些个人凝聚成一个共同体。国家要具有强制性的凝聚力量，在霍布斯看来，就必须具有"主权"。这样一来，"主权"就是国家机器的灵魂，也就是他所

---

① See Foucault, *Histoire de la sexualité*, P.179, P.184.

说的"利维坦"的核心力量。如果说主权是国家和社会的灵魂的话，那么一个一个的公民就不过是被灵魂操纵的个别肉体罢了。

显然，霍布斯研究权力的出发点，就是预设国家必须要有至高无上的主权，必须要有统摄整个共同体的强制性中心力量，才能把许许多多分散的个人凝聚起来，并依据各种规定组成为社会。霍布斯在分析国家和社会的时候，首先把主权和代表主权的最高统治者放在首位，并把它作为社会和国家存在的基本前提，也作为社会和国家的生命力的基本来源。在福柯看来，霍布斯的机械论国家观和权力观是继承了中世纪王权至上的国家观，其目的是为了建立一个君主专制的政权。

为了深入批判以霍布斯为代表的近代传统权力观，福柯的权力系谱学把批判的范围上溯到中世纪的封建君主制的权力观。福柯指出："这个关于主权的法律政治理论，起自中世纪；它来自对于古罗马法的修正，同时它也是围绕着君主政权问题而建构。"[1]

霍布斯等人在建构近代国家理论和权力理论的时候，之所以参考和继承封建君王的主权论，是因为资产阶级也需要把近代国家建构成一个以主权为中心的强大行政管理的王国。只是到了 17 和 18 世纪，为建构民主议会制的需要，洛克和法国启蒙思想家卢梭等人，才对上述君王主权至上的国家理论和罗马法做了部分的修改。但是，即使是在这个时刻，洛克和卢梭等人对国家和政权机构的设计，重点仍然是关于主权的建构及其运作的问题。

在政治学和政治哲学的观念史上，对于"权力"这样一个关键性的概念，一直存在着激烈的争论。按照吕克斯（Steven Lukes）的综合性研究，迄今为止，理论界存在着三种权力观：单向度权力观（the one-dimensional view of power）、双向度权力观（the two-dimensional view of power）、三向度权力观（the three-dimensional view of power）。[2]

---

[1] Foucault, *Histoire de la sexualité,* P.184.

[2] See Lukes, S. 1974, P.27.

根据单向度权力观的代表人物达尔（R. Dahl）的说法，所谓"权力"，就是表现在某个主体能够促使另一个主体去做一件原本不会去作的事情。[①] 为此，单向度权力观的思想家们，在分析权力的时候，将焦点集中在决策制定情境中的关键议题；而在决策制定情境中，占优势的一方，就是行使权力的主体，处于劣势的一方，则是受到不利影响的权力对象。[②] 这种单向度权力观显然只看到权力行使过程中的行为效果，并把权力的大小直接表现在行为者的行为性质和形式上。

双向度权力观是针对单向度权力观而提出的观点，虽然仍强调权力行使过程中可观察到的行为关系，但不满足于仅探讨外显的行为现象，而是进一步深入追寻内隐的因素。所以，双向度权力观除了分析和探讨行为者之间的某些外显冲突以外，还深入研究权力结构中那些不明显的"压制面"。[③]

至于三向度权力观，充分地考虑到权力行使过程中极其复杂的社会和文化面的因素，充分考虑到权力是集体力量和社会安排的一个"函数"。这就避免了单向度和双向度权力观局限于个体间的决策和行为层面分析权力的片面性。同时，三向度权力观还把权力的分析从实际冲突延伸到实际冲突的消弭。[④] 决定着三向度权力观同前两种权力观区别的关键概念是"利益"。三向度权力观的代表人物吕克斯指出，单向度权力观采用了自由主义的利益观念，双向度权力观采用改革主义的利益观念，而三向度权力观则采取"激进的利益观念"（radical conception of interests），并以"实际利益"（real interest）诠释"利益"。

综观上述传统权力观的演变过程，我们可以看出：对于权力分析，虽然经历了从表面到内部，从单向度到三向度，从行为过程到行为表现前后的复杂过程，包括与行为相关的非外显的内隐因素，但是，始终未能将权力从行为关系扩展到整个社会的复杂关系网络，尤其未能将权力看做是活生生的多种"力"

---

① See Dahl, R. 1957, P.290.

② See Dahl, R. 1958, P.466.

③ See Bachrach and Baratz, 1970, PP.6-8.

④ See Lukes, S. 1979, PP.270-271.

的竞争消长过程。在这方面，传统权力观仅仅将权力限制在政治活动的领域之中。福柯分析权力观的贡献，正是在于将权力从政治领域扩展到整个社会生活的实际网络中，尤其是集中分析权力同政治领域之外的知识论述、道德活动和人的主观精神活动的复杂关系。而且，福柯还意识到：权力问题并非是纯粹的理论问题，而是同实际的宰制权的竞争、同竞争过程中的策略运用密切相关。

二、在历史和社会的力量关系网络中分析权力

在福柯看来，考察近代社会的权力的性质，必须紧密地结合近代社会的发展过程，紧密结合从 17 世纪以来近代社会中各种社会力量之间关系的变化，也必须紧密地结合近代社会中社会生活结构的变化和人们日常生活方式的改变。为此，福柯在分析近代权力结构和性质的时候，特别注意到 17、18 世纪西方社会的重要变化。他说："在 17、18 世纪，出现了一个重要的现象，甚至应该说这是一个重要的发明。这涉及政权的一种新的机制，它具有非常特殊的执行程序和方式，具有完全崭新的工具和手段，形成与主权完全不同质的新关系。这样一种新的政权机制，它所注重的首先是人的身体和身体的作为，而不是像过去那样只注重土地或它的产品。这样一种政权机制，是为了抽取劳动体和时间，而不是单纯地抽取财富。这样的政权，主要是靠规训和监督进行持续的运作，而不是靠赋税和定期的劳役进行中断性的统治。这样的政权是高度组织化的强有力的物质力量，它实行着一种新的政权经济学，通过这种经济学原则，一方面加强被统治者的力量，另一方面也同时加强统治者对于被统治者的统治力量和统治效力"。①

福柯认为："与其提出（国家和权力的）中心的灵魂的问题，在我看来，不如去研究构成国家和社会的那些边缘部分及其多种多样的成分，因为这些多

---

① Foucault, M. 1994, Vol. III, PP.185–186.

样的构成部分是政权运作的效果"。[1] 他接着指出："必须超出《利维坦》的模式之外，超出主权的界限之外和国家制度之外，去研究政权。也就是说，要从分析统治和宰制的技巧及其策略出发去分析政权"。[2]

根据福柯的权力系谱学，权力作为社会生活中的现实力量，是一种活生生的"力"的关系网。它是在各种关系的现实较量中，由于各关系中的各因素间的张力消长而形成的，又随着各因素间的不断竞争而发生变化，并由此而对整个社会发生作用。因此，权力既不是属于统治者单方面的，不是由统治者单方面所组成和维持，也不是由统治者这个唯一的中心单方向发出的。

就权力的存在形式而言，它始终都是以两个因素以上的相互关系所组成的网络。因此，传统权力观的单一中心论或单向论，都是违背权力本身的实际存在方式。权力离不开关系，而关系始终是两个以上的因素所组成的。任何社会中的统治关系，都不是单纯由统治者一个因素所组成的，而是由统治者和被统治者的相互关系所决定。即使是在统治者和被统治者双方内部，也不是单一的力量或因素所组成。因此，事实上，任何社会的权力关系，总是包含统治者一方的多种内在因素同被统治者另一方的多种内在因素所组成的复合体。权力，就是在这样的复合体中存在并不断发生变化。

福柯把对于近代社会权力系谱、对于权力同社会其他因素的相互交错、对于权力同知识论述和道德建构的相互关联、对于权力结构及其中各组成因素的相互关系、对于权力运作中各组成部分的不同功能、对于权力运作中的策略变化，都做了深入而具体的分析。由于上述诸问题都必须分别地解析、而又相互关联，所以，在解读福柯的权力论述时，既要把握各个论述的具体内容，又不能把它们孤立起来，而是要同时考虑到他的其他相关论述，融会贯通加以理解。

权力贯穿于整个社会网络，而在社会网络中，同权力的关系最密切、最复

---

[1]　Foucault, M. 1994, Vol. III , P.180.

[2]　Ibid, P.184.

杂而又是最关键的因素，就是各种知识论述和道德论述。

三、在权力运作及其策略中分析权力

但是，对于福柯来说，单纯在关系中分析权力还是不够的。因为权力的本质是它的运作及其运作中的操作策略。权力是在其运作中实现，也在其运作中产生、更新和增殖。换句话说，权力的运作本身及其运作中的操作策略，就是权力的展现，就是权力的真正本质。

在福柯看来，近代社会权力结构及其运作，似乎是从权力中心逐渐和有层次地扩展到边陲地区。随着这样一种运作的方向，近代社会的权力结构和形式也逐步地发生内容和策略的多种变化。在分析近代社会权力结构的时候，要充分考虑和注意到从中心到边陲的权力结构及其策略的每一个细微的变化。只有全面地分析和掌握从中心到边陲各个层级的权力结构的特征及其策略变化，才能真正地全面了解近代社会权力的性质。为此，福柯不但集中分析了近代社会主权至上的特征，而且也逐层地分析和揭露了散布在国家机器各个部门中的权力结构及其运作特征。

近代社会的权力中心就是其至上主权所在的最高权力机关及其领袖人物。在这里，不仅显示近代社会权力结构的主权至上和权力高度集中的特征，而且也典型地显示出近代权力结构的高度民主性、社会性和科学性，显示出近代权力结构在法制方面的正当性特征。

但是，近代社会的权力结构离不开边陲地区的"毛细血管系统"的多种政权组织形式及其运作。它们不仅同中央权力中心相呼应，构成为互补的权力结构的一部分，而且，在某种意义上说，正是在这些边陲地区的多种权力组织形式中，才典型而又赤裸裸地呈现出近代社会权力结构的特征和性质。

所以，对于近代社会权力结构的分析，一方面要集中揭露权力的法制系统，另一方面又要具体解剖权力法制系统的实际执行过程及其相应的环节。具体地说，一方面批判围绕着主权性的法制结构，另一方面揭露由一系列规训和强制性法律镇压机构和组织系统所组成的执法网络。

由此可见，权力在其权力系统中的分布和表现是很不平衡的、多样的和多变的。自中世纪以来，包括现代资本主义社会在内，权力系统都是以至高主权作为中心，分布和扩散到整个社会的各个领域中去。这种权力系统的基本结构往往采取"中心／边陲"的存在形式。虽然中心边陲之间有密不可分的互动关系，而且中心永远统治边陲，但是并不意味着权力的性质和运作策略在整个系统中是单一的和同质的。因此，要彻底弄清权力的性质，必须分别集中分析中心和边陲的权力结构及其运作策略。

四、全面批判不同领域中的权力网络

对于近代社会权力系统及其结构的分析，还不能停留在国家和政府的政权组织形式的范围之内。福柯说："权力，这是比一个法律的整体或一个国家机器更加复杂、更加厚实和更加扩散的东西"。[①] 在他看来，权力除了在政治领域中广泛地分布在各个组织系统中以外，还分布在社会的经济、文化和各个社群以及实际生活领域。

为此，福柯高度评价马克思对于资本主义经济生产领域各个部门权力结构的分析和批判。马克思的主要贡献在于深刻地揭露了资本主义社会内部多种权力的存在，强调资产阶级社会并非仅由单一的权力所统治的系统，而是存在着多层次、并协调地相互联系的权力网络的统一结构。福柯赞扬马克思能深刻地发现资本主义社会内部多种富有自律性的权力单位的存在。在这个意义上说，社会是多种不同的权力组织所组成的一个群岛（archipel）。马克思不仅揭露了资本主义社会国家机器的中心权力地位，而且也分析了分布于社会各个区域和各个层次的权力系统及其同国家中央权力系统的复杂关系。而且，马克思还进一步分析了这些权力的不同功能，使权力的功能并不局限于"禁止"、"阻止"

---

① Foucault, M.1994, Vol. Ⅲ, P.201.

和"镇压",而且还起着组织和指挥的作用。

福柯高度赞扬马克思对于工厂和军队内部权力系统的分析。同时,福柯还肯定马克思对于政权机制以及实施政权的策略和技术的分析。他说:"最重要的观点是必须把权力的机制和权力的贯彻程序看做是技术,看做是始终不停地发展、不断地被发明和不断地被完善化的程序。因此存在着一种真正的权力技术,存在着一种展现这些权力技术的实际历史。在这里,在《资本论》第二卷的字里行间,人们可以很容易地发现贯彻于各种工场和各种工厂的权力贯彻技术的分析以及关于这些技术的简史。我正是跟随着这些最重要的指示,并在有关'性'的问题上尝试不再把权力从单纯政治法律的观点上去看、而是从技术的观点去看待"。①

权力就是这样随着社会的发展,特别是随着资本主义的发展而无孔不入地渗透到社会的各个角落,尤其渗透到生活领域中,更紧密地掌握着人的生命,控制着人的肉体。

五、生命权力的运作

福柯明确地指出:"从18世纪开始,生活变成了权力的一个对象。也就是说,生命和身体,都成了权力的对象。在过去,只有那些臣民,也就是那些法律上的臣民,才能够从他们身上抽取出财富,也抽引出生命。但现在,只有身体和居民成为了权力的狩猎对象。政权变成为唯物主义的。政权不再是以法政系统为主。它应该去处理像身体和生活那样的非常现实的事物。生活进入到政权领域,这无疑是人类历史上一个最重要的变动。而更加明显的是,从18世纪开始,'性'变成为一个非常重要的因素,因为从根本上说,'性'正好成为了对于个人身体的规训和对于整个居民的控制的关键点。这也就是为什么,从18世纪开始,在中学和大学,'性'成为了对于个人的监视和控制的中心问题,

---

① Foucault, M. 1994, Vol. Ⅳ, P.189.

而青少年的'性'的问题成为了一个重要的医学问题，成为了一个首要的道德问题，甚至成为了一个重要的政治问题，因为正是通过对'性'的控制，通过'性'的问题，并以此为借口，政府才有可能在青少年的整个生活中，时时刻刻地，甚至在他们睡眠的时候，对他们进行控制。因此，'性'就成为了规训化的一个工具，成为了我所说的那种'解剖政治学'（anatomo-politique）的一个主要因素。但是，也正是通过'性'，才保障了居民的不断再生产；而且，通过一种'性'的政策，才能够改变出生率和死亡率的关系。总而言之，到19世纪的时候，关于'性'的政策变得非常重要，它构成为所有有关生活的政策的重要组成部分。'性'成为了解剖政治学和生物政治学的交接点，也成为了规训和法规的衔接点。也因此在19世纪末的时候，它成为了使社会变成为一部生产的机器的最重要的政策。"①

从上面的论述中，我们可以看到，福柯在集中全力分析批判当代社会的权力系统的政治结构及其运作的同时，也不放过对于当代社会中政治领域以外的广大现实生活中的权力运作的解析。由此看来，随着社会的发展和文明的提升，权力的触角延伸到社会各个部门和生活的所有领域，扩展到人的肉体，特别是人的性生活领域，渗透到每个人的生命历程中去。也正因为如此，当代社会权力对于社会和对于个人的控制，已经远远地超出古代社会和中世纪社会。毫无疑问，当代社会权力的无所不在和全面操纵，主要是借助于文化手段和人的各种知识体系。同样地，也是靠当代社会政治法律制度的民主化和自由化，依据政治法律制度的不断合理化，才使社会权力的运作及其宰制效率发挥到前所未有的程度。

重要的问题在于：近代社会权力系统的发展及其运作的高效率，是以民主自由的形式换取个人自由不断缩小的结果。像近代社会的各种悖论一样，权力与个人自由的这种矛盾，构成了近代社会权力运作的本质。

近代权力运作对于个人自由的侵蚀，除了上述表现在国家政权的双重结构

---

① Foucault, M. 1994, Vol. IV, P.194.

及其具体政策策略对于个人越来越严厉的实际操作以外，还表现在对于个人生命日益严厉的控制。福柯上述有关解剖政治学和生物政治学的概念，有关生物权力的概念，有关肉体在权力关系中的地位和功能的论述，等等，就是在这方面进行的权力研究。

通过对于权力系谱学的研究，福柯发现：西方的"社会"观念在18世纪发生了一个根本的转变，而这个转变是同关于"统治"、"政府"和"警察"的观念的改变相联系的。具体地说，在18世纪，近代资产阶级通过实际的历史经验，充分地意识到"政府不应该只是管辖一个领土，不只是涉及一个领域，也不只是涉及其臣民，而是应该涉及一个复杂的复合体，而这个复合体是一个独立的实体，具有它自己的法规和反应的机制，具有它自身的调整规则和其扰乱自身的可能性。这样一种新的实体，就是社会"。[①] 人们一旦建立这样一种新的社会观念，就同时意识到控制这样的社会的权力网络及其形式的复杂性。在此基础上，作为社会的统治者，那些掌握社会共同体的主权的统治集团，就清醒地估计到，单靠像警察那样的监督力量和镇压部队，是不可能完全控制这个社会。所以，从18世纪开始，西方社会权力网络的结构，特别是政府的统治机构同整个社会各个组成因素之间的关系，发生了重大的变化。

近代社会上述权力观念和社会观念的转变，使统治者不再满足于对于其统治领地纯空间方面的都市化设计和建构，也不满足于在领地内警察系统的空间上的监视，而是远远超出都市系统的空间范围和可以感知的警察系统，把权力的控制范围扩展到更抽象的生命时间结构中去。从18世纪后有关性方面的政策和道德原则的建构和实行，正是在这样的背景下加强了对于个人的控制。表面上，个人自由生活的空间范围不受限制了，但个人所受到的控制和监视反而比以往更加不可承受，以至于社会越开放，人们的生命权力越受到控制，人的生活越不自由，社会的自杀率不断提高。从这里也可以看出，虽然，在古代和中世纪社会中，社会的统治权力可以任意地主宰人的生命，有决定个人生死的

---

① Foucault, M. 1994, Vol. IV, P.273.

权力，但是，到了近代社会，统治者并没有任意主宰人的生命的权力，统治者不需要动用像中世纪的警察那样的暴力手段，而是靠更加复杂的、无形的，甚至在表面上是更自由的宰制管道，使被统治者的生命所承受的宰制压力空前地加重。

福柯在《性史》第一卷中指出，"象征性地表现在主权那里的对于死的决定权，现在，通过对于身体的管理和对于生活的精细周到的关照，而被细腻地加以掩饰。在古典时代，各种各样的规训迅速地发展，其中包括学校、学院、拘留所和工场。因此，在政治实践和经济观察的领域中，也出现了出生、延寿、公共卫生、居住条件和移民的问题。所以，多种多样的统治技术，爆炸性地增加起来，以便达到对于身体的控制和对于居民人口的宰制。这样一来，就开创了'生物权力的时代'（L'ère d'un bio-pouvoir）"。[1]

生物权力是资本主义发展所不可或缺的因素。它不仅表现为在生产机器中对于身体的控制，和在经济发展过程中对于居民人口的调整。而且，这种生物权力还促使人口增长，在加强和提高人口的可利用性的同时，也增强他们的驯服性。不仅要增强生产力，提高他们的才能，延长他们的生命，而且也要有利于统治他们。所以，从18世纪开始，除了加强作为政权制度的国家机器以外，还要发展解剖政治学和生物政治，把它们当做政权的技巧，以便控制社会体的各个层面，并有利于多种多样的制度的运作。在这种情况下，各种制度也随时成为了控制的组织力量。家庭就像军队一样，学校就像警察一样，而医疗网则成为了对于个体和群体的生命和健康进行监督的机构。同样地，这些解剖政治学和生物政治也在经济生产的过程中，在其运作中起作用，成为了经济过程启动和维持的重要力量。这些解剖政治学和生物政治同样也成为了社会阶层化和分层化的重要因素，作为各个阶层和层级调整个人间关系的力量，以便保证统治的关系及其霸权的效果。解剖政治学和生物政治也促使人力资源的积累隶属于资本，成为促使生产力的扩展以及促使利润的分层分配的重要力量。对于活

---

[1] Foucault, M. 1976, P.184.

的、有生命的身体的投资，促使这种生命的不断增值以及对于其力量的分配性的管理，就成为了权力运作的不可缺少的重要步骤。

所以，在人类历史上，关于人的身体的科学、生物学，第一次反映到政治中去。关于生活的问题，已经不是在偶然出现死亡或出生的时候，才成为政府管理的事情。相反地，整个社会的所有人，只要是在主权管辖的领域之内，从出生到死亡，整个生命历程中的空间和时间，全部都掌握在权力的控制之下。

同时，资本主义社会中，这种生物权力发展的另一个结果，就是随着法制的体系化，出现了玩弄规范的各种新的制度化的社会游戏。法制和规范的多样化和专业化，一方面使生命权力合理化和规范化，另一方面又更严谨地控制和监视所有人的生命。如前所述，生物权力的不断发展又是以关于"性"的问题的政治游戏为中心来展开。

就是这样，福柯将对于近代社会权力结构、性质及其运作逻辑的分析，从国家政权的组织系统扩展到社会生活的所有领域，扩展到每个公民的个人生命自始至终的成长过程，深入到权力本身活生生的运作过程，深入到推动这个运作过程的具体政策、策略和程序中去。

福柯的政治学 *

迈克尔·沃尔泽（Michael Walzer）/ 文　任辉献 / 译 **

一、作者与主体

读过福柯的人很难否认他是一个社会批评家，而且是当今世界最重要的社会批评家，但他的哲学著作和更有影响（且更容易读懂的）"系谱学"似乎都否认有效批评的可能性。他的腔调常常是愤怒的，激烈、不依不饶的愤怒；他的著作可以、并且的确被解读为对反抗的呼吁——但以什么的名义反抗？为谁而反抗？反抗的目标是什么？在我看来，这些问题都不可能得到令人满意的回答。福柯的批评是一个谜，下面我将探讨这个谜，但不一定能解开它。在这个谜的核心也有批评的距离这个难题。

不过，在着手研究这个难题之前，首先必须仔细研究福柯的政治学，因为，在一种重要的意义上——而且这种意义没有被充分理解——他的社会批评是对政治本身的批评：虽然并不成功，其重要性却并不因此而减损。我在本文关注的不是福柯对 1968 年 5 月的学生游行、20 世纪 70 年代法国的监狱造反或 1979 年伊朗革命等"事件"采取的政治立场。虽然他坚持认为自己没有政治立场，不想被摆在现有政治立场的棋盘上（他对象棋或任何我们能了解其规则的其他游戏都没有兴趣），但他的确对各种事件发表看法，他针对时事的

　＊　本文选译自 Michael Walzer, *The Company of Critics*（Basic Books, 1988）第 11 章。
＊＊　任辉献，南京大学哲学系博士生。

发言和文章具有相当一以贯之的特点，至少直到他人生最后几年之前还是如此。在我最开始学到的政治话语中，他的这些观点被称为"幼稚的左派观点"（infantile leftism）[1]，换言之，它比任何政治斗争中最激进的观点更激进。不过，福柯的幼稚的左派观点不是我关心的主要问题。

我想讨论的是他的政治理论——虽然福柯坚持自己没有政治理论。有一次他说自己的目的"不是构建一个无所不包的综合的系统理论，而是通过分析权力机制的细微之处……一点一滴地构建一种战略知识"[2]。然而，战略知识暗含着对现实的系统观点和目的意识，我关注的正是这两点：第一点是福柯对当代权力关系及其历史的阐释，或系谱学，第二点是他对这些权力关系的态度和他研究这些权力关系的目的（虽然这也是谜的一部分）。

因为福柯被认为属于彻底怀疑主体观念的"后现代主义"知识分子一类，所以只有忽略他的某些自我否定，他的作品才可以（作为他本人的作品）来研究。所以最好是说明一点：我假定他是"作者"这个词的通常意思的那种作者，即对自己写过的书、说过的话、以自己名字发表的演讲负责的人。我相信福柯在做论证，从广义上讲甚至论证了一个观点。这个信念恰恰把福柯置于他希望摧毁的那种知识结构之中。他是一个反规训者（an anti-disciplinarian）（这是他自己的用语），向既定的知识规则开战。这很可能是一场正义之战；至少是一场令人兴奋的战争。但是，福柯的每次战斗仍然发生并且只能发生在总的语言学和论辩规则（rules of plausibility）（即便不是真实性规则）框架内。他说自己的著作是虚构的，但这仅仅因为权力关系和可以证明他的著作的规训秩序还不存在。[3] 然而，他有许多似乎接受这种秩序的读者，因为他们相信福柯的系谱学是准确的甚至毋庸置疑的；有些学生和追随者继续研究他开辟的研究路径。他的著作中充满主张自己在此时此地

---

[1] 意思大致相当于现在中国人说的"愤青"。——译者注

[2] Michel Foucault, *Power/Knowledge: Selected Interviews and Other Writings, 1972 – 1977*, ed. Colin Gordon (New York: Pantheon, 1980), P.145.

[3] Ibid, P.193.

真实可信的句子。尽管他喜欢用条件句和疑问句，因而他的论证常常曲折隐晦，但他至少有时候也用陈述句。不管怎样，他的论证借助了大量注释和毫无规律（他已经让我们相信）却很难啃的参考文献。所以，我假定他是在说一些希望我们相信的东西——并拒绝其反面，即"使真理的力量脱离它此时在其中操作的霸权形式"①。我假定他在论证一个或对或错，或者部分对部分错的观点。

我将对福柯的这个观点采取一种"建构主义"立场。由于福柯从未以系统的方式作出这个论证，我将从他晚期（更具政治性的）著作和谈话中拼出这个论证，忽略我弄不懂的段落，也不在他那些让人眼花缭乱的东西上耽误工夫。我要像大多数人读书时做的那样：努力弄懂作者在说什么。这么伟大的思想家都被其折服……读博尔赫斯的中文大百科全书的时候，我会坐在那里努力作一个完整的索引。②

巴黎人的声望在当今美国并不是硬通货，所以还有最后一个假定：我假定自己花费精力写这篇文章是值得的，不仅因为福柯有很大的影响，还因为他对我们日常政治的描述虽然常常令人恼怒且并不准确、细致，却足以令人烦扰——还因为其中有严重错误。在这一点上可以把福柯与他在政治理论领域的伟大对手霍布斯作对比。（福柯说："我们在研究权力的时候必须摆脱《利维坦》的模式。"）③两者的对比不是在洞察力和清晰性方面，而是在两位作者的总体观点方面。霍布斯为我们提出了一种有严重错误的对政治主权的阐释；虽然文风华而不实、缺少道德区分，却把握了现代国家的某些现实。福柯为我们提出了一种有严重错误的对局部规训的阐释；虽然文风华而不实、缺少道德区分，却把握了当代社会的某些现实。

---

① Foucault, *Power/Knowledge*, P.133.

② 参见福柯对博尔赫斯的百科全书的论述。See *The Order of Things*. New York: Pantheon, 1970.

③ Foucault, *Power/Knowledge*, P.102.

二、多元性

福柯的政治论证从一个命题开始，这个命题由两部分组成，第二个部分基本上没有明确说出来，因为它是（或曾经）被法国左派知识分子普遍接受的：一、在旧制度中君王是真实的统治者，有形的、真实存在的、不可缺少的掌权者，是政治权力的化身；二、而在现代民主国家里，人民不是统治者，不是权力的化身；他们选出的代表也不是。选举、政党、群众运动、立法会议、政治辩论——这些在福柯的"权力话语"中一概缺失，他对此也不讳言。这只需要最简洁的解释。福柯说："权力不是由（个人或集体的）意志汇集而成，也不是源于利益。"[①]不存在总的意志，也不存在稳定、真实的利益集团的联合；只有当有血有肉的主权者存在的时候，主权才发挥作用。所谓人民主权是骗人的，因为"人民"除了作为一个意识形态的抽象观念之外是不存在的，而抽象观念是不能统治的。废除君主并没有带来解放，没有带来集体自治程序。在当代西方社会，权力被分散了，却不是像民主派希望的那样分散，没有分散到进行辩论、投票和决定中央政府政策的公民手里。公民和政府已经以相似的方式让位于行业专家和局部规训。然而，最初产生于17、18世纪专制国家的现代政治理论的全部目的就是解释公民和政府。理论家们仍在努力回答霍布斯提出的问题，用福柯的话说是这样的："什么是最高统治权？他是怎样成为最高统治者的？为什么个人有义务服从最高统治者？"[②]这样，这些理论家就暴露了他们理论的系谱局限，那种理论是为了证明一套已经瓦解的权力关系的合法性。这也许是福柯不想称自己为政治理论家的另一个原因。当国王的脑袋被砍掉的时候，关于国家的理论也就死亡了；它被社会学、心理学和犯罪学等取代了。

---

① Foucault, *Power/knowledge*, P.188.

② Ibid, P.187.

国王的脑袋被砍掉；政治领域没有任何真实的中心了。福柯巧妙地解答了德国哲学家哈贝马斯描述并在莱茵河彼岸引起热烈争论的"合法性危机"；国家不具有合法性已经很久了。行使权力和承受、忍受权力现在发生在某些其他地方。霍布斯及其理论继承者（自由主义者和民主主义者）的观点是被统治者通过向国家转让自己的部分权力而创造国家并使国家具有合法性；因此国家是合法的，是权利的保护者。但是，这也是意识形态；它仅仅"掩盖"了在法律有效范围之外操作的"权力的真实过程"和"规训的强制机制"。事实上，征服一直在继续；征服现在具有新的形式，主张自己有新的合法性，创造了新的被统治者——他们不是权利的载体而是行为规范的载体，既是道德、医学、性和心理（而不是法律）规则的实施者，也是这些规则的产物。因为行动从唯一的国家转移到了多元的社会，我们关注的东西也改变了。

很多年以前，在巴灵顿·摩尔（Barrington Moore）的研究生讨论课上，我研究了一群被称为"多元论者"的美国政治学家和社会学家，他们认为美国社会的权力是非常分散的。没有最高统治者，没有政治精英，没有统治阶级，只有众多的群体乃至个人。每个人或几乎每个人都有一点小权力；任何人都没有权力在所有时候为所欲为。据说这是一种保守主义理论。[①] 它试图通过否认发号施令的权力中心的存在使激进政治失去反抗对象。然而，的确有这样的中心，即便它并不总是看得见的、有自我意识的、有正式组织的。法律和政策有一个有形的化身，符合一些利益；这些利益利用这个化身，支配——即使不是绝对控制——法律和政策的制定。

把福柯看成多元论者大致不错；他也否认权力中心的存在。"权力来自底层……在权力关系的根基不存在统治者和被统治者之间二元的绝对对立……权力不是某种被获取、占有或分享的东西……权力是由无数节点行使的。"[②]

---

① See Peter Bachrach and Morton S. Baratz, "The Two Face of Power", *American Political Review*, (1962), PP. 947–952.

② Michel Foucault, *The History of Sexuality, Vol. I: An Introduction*, New York: Pantheon, 1980, P.94.

"权力每时每刻都在小的个别局部运作。"①"权力通过一个网状组织被运用和操作……个人在网络中活动；他们总是处于既忍受权力又行使权力的地位。他们不仅是权力被动或顺服的对象；他们也总是它权力网的组成部分。"②

当然，这与美国多元论者的观点不同。福柯关心的不是权力被分散到政治体系的末梢，而是权力在末梢的操作。在美国多元论者看来，权力被分散到每个人和群体，然后重新集中，换言之，在最高统治权的核心被运用。在福柯看来，根本就没有什么核心，只有连绵不绝的权力关系网。而且，他的这种阐释的确似乎具有保守的含义；至少有反列宁主义（这和保守不是一回事）的含义。如果在权力中心没有什么可夺取，就不可能有夺取权力这回事。如果权力是在无数节点被行使，那么它就应该被逐点反抗。"推翻这些小权力不遵循一次定胜负的法则（the law of all or nothing）。"③"有众多的反抗，每次反抗都是个别事件。"④

这听起来开始有点像改良主义的政治学了，事实上福柯的确曾被指责为改良主义。面对来自左翼的批评，他有时候很坚定，虽然也略感不安。他对一个激进杂志的编辑部这样说："要区别对作为政治实践的改良主义的批评与以可能引起改良为理由对一种政治实践的批评。后一种批评常见于左翼阵营，使用这种批评是左翼常用的小型恐怖主义方法的一部分。"⑤这样说当然是正确的，并且在某些语境中也是勇敢的，却回避了承认这些人正在触及的真相：福柯不是一个真正的革命者。他不是真正的革命者，因为他不相信主权国家或统治阶级，所以不相信夺取国家权力或推翻统治阶级。他不相信民主革命，因为在他的政治世界里人民不存在。他当然也不相信革命政党的革命：革命政党只不过

---

① Michel Foucault, *Power, Truth, Strategy,* Sydney: Feral Publications, 1979, P.60.
② Foucault, *Power/Knowledge,* P.98.
③ Foucault, *Power, Truth*, Strategy, P.126.
④ Foucault, *History of Sexuality*, P.96.
⑤ Foucault, *Power/Knowledge*, P.96.

是尚未成功的君主，是又一个觊觎君主权力者。

三、规训社会

推翻王权的英勇时刻不可能重演了（至少在法国不可能了：福柯曾认为伊朗人重演了这一幕，他表达了难以理解的欣喜）。但福柯是否相信不那么激进的英雄主义的可能性呢？他曾说自己的政治理论是为局部反抗而不是为革命准备的"工具"。为了理解这句话的意思，它是否有可能，我们必须更仔细地思考取代王权的社会规训的形式。人类的每个社会都有自己的规训，在达到一定规模的任何社会里，规训都同时在微观和宏观层次上进行。按福柯的理解——我是这么理解的——旧制度在微观层次上只需要相当宽松的规训；或者，至少按照传统看法，传统社会靠的是长期形成的惯例和习惯规则，只是偶尔使用强制。政治干涉令人印象深刻，却十分少见——就像福柯在《规训与惩罚》这本书的开头描写的那些令人毛骨悚然的惩罚，它们使王权被看到，与总体上无能的执法体系并行不悖。但是，我们生活在不同的时代，经济和社会都要求对个人行为实行更严密的控制。没有任何个人、政治精英、执政党、统治阶级可以从一个地方建立和维持这种控制：所以才有福柯的"无数的节点"和他那个所有人都被卷入其中的连绵不绝的网。

很多作者在福柯之前就指出我们生活在一个比以往任何社会有更多规训的社会。这不是说个人行为更规律或更容易预测，而是说规则、标准、程序和权威审查约束个人生活比以往更深、更无孔不入。大约 20 年以前，我在一篇关于福利国家的文章中说过：

现代福利国家最显著的特征是其数量惊人的强制性和禁止性手段。每一种新得到承认的需要、公民接受的每一种服务都创造了一种新的依赖性和新的社会关系。甚至对个人的认可——个人能被看到是来之不易的——也变成了加强控制的根源。普通公民从没有像在福利国家里这样被政府官员了解。我们都被计数、统计、分类、测验、访谈、观察和存档。①

许多人都这样说过，也许我们都高估了监控和镇压的可能性。我们担心群众反抗偏离正确轨道，或者更糟，出乎意料地结束。

福柯发挥和夸大了这种观点，同时把注意力从福利国家转移到在他说的社会"阴暗面"活动的社会机构。他的著作很像国王的惩罚：令人震撼的华丽语句，虽然常常在实行学术规则方面——提出证据、仔细论证、考虑不同观点——十分无能。这些著作研究的焦点是三种社会规训的制度系统，它们都是17、18世纪改革家的成果：精神病院、医院和监狱；有时也涉及军队、学校和工厂。焦点是清晰生动的；福柯辨别细节的能力非常出色；没有任何研究国家的作者可与之媲美（毕竟，国家的存在是看不见摸不着的）。无论你有什么不同观点，没有识别能力就无法读他的书。

我后面还要说到这种识别能力，谈到生活在规训系统中的真实经验。但现在首先要说一下规训系统的一般特点——因为它的确有一般特点，虽然它不由一个意志支配。福柯不是像卡夫卡那样描写监狱或精神病院；他的描述虽然令人恐惧，却并不是超现实的。规训社会仍是一个社会，一个社会整体，在描写这个社会整体的局部时，福柯是一个功能主义者。没有人设计这个整体，也没有人控制它；但它的所有组成部分都以某种方式组合在一起，似乎是被一双无形之手控制。有时候福柯对此大为惊异："这是一个极复杂的关系系统，它最后总让人惊奇：没有人从总体上设计它，它的分配、机制、相互控制和协调何以能如此巧妙？"②有时候他相当实事求是："如果监狱制度存在这么久，又这么稳定，如果惩罚性监禁的原则从未受到严重的挑战，那么毫无疑问是因为这种制度……担负着某种非常重要的功能。"③这些功能在其中作用的"关系系统的复合体"大概是现代工业社会，但福柯有时候偏爱一种更确切的名字。福柯这

① See Michael Walzer, "Dissatisfaction in the Welfare State" (1967), in Radical Principles: *Reflections of an Unreconstructed Democrat,* New York: Basic Books, 1980, P.33.

② Foucault, *Power/Knowledge,* P.62.

③ Michel Foucault, *Discipline and Punish: The Birth of the Prison,* New York: Vintage, 1979, P.271.

样解释 19 世纪的性是如何被构造的："这种生理力量在资本主义发展过程中无疑是不可或缺的要素；如果不控制肉体使其与生产机器结合并调节人口现象使其适应生产过程，资本主义本来是不会出现的。但这并非资本主义需要的全部；它还需要……"① 资本主义获得了必要条件，虽然福柯并没有说清楚这个过程是怎样发生的，而且看来他对局部运用权力的阐释也不可能说清这一点，更传统的马克思主义理论都比他解释得更好。

某种功能主义（和决定论）的马克思主义却给福柯对权力的阐释提供了深远的基础。在一次福柯既有又没有政治立场的作秀般的访谈中，福柯被引导着说：阶级斗争作为"可理解性的保证"支持局部权力斗争。② 这个可理解性是什么意思，在福柯的作品中从未明确解释过。但我想强调这种保证是存在的，它就像是贝克莱主教的上帝，并且福柯对权力关系的局部性的强调不是为了论证局部与整体脱离关系或完全独立。毕竟，福柯是在寻找一种战略知识而不是战术知识。他从底层向上论证，这是一种分析方法，至少这种方法的方向暗示这个世界并不全部是底层。即使找不到可以夺取的最高权力，他仍然可以用某种方式、在某些地方、在现代社会或资本主义经济的复杂系统中找到一个可理解的对手。

然而，福柯却从战术开始，从局部权力关系开始，从处于社会等级秩序最底层的个人开始，或者像他说的那样，从被权力网络的细小网眼捕捉的你我开始。他说，我们无法理解当代社会或自己的生活，除非我们认真分析这种权力和这些人：不是国家、阶级或大公司权力，不是无产阶级、人民或受苦的群众，而是医院、精神病院、监狱、军队、学校和工厂；是病人、疯子、罪犯、被征召入伍的士兵、学生和劳工。我们必须研究这些权力被真实地行使、忍受和反抗的场所。其实，福柯本人并没有这样做；他是一个理论家而不是历史学家，他在自己著作中使用的材料大多是对这些场所的书面方案和提案、建筑设

---

① Foucault, *History of Sexuality*, PP.140–141.

② See Foucault, *Power/Knowledge*, P.142.

计、规章制度，很少有对实践经验的真实记述。他从未非常贴近自己笔下的人物。尽管如此，福柯还是令人兴奋的，因为他告诉我们为何这些方案数量剧增，为何相似的设计在不同机构中反复出现，为何这些规章制度——虽然它们常有一种反乌托邦的完美性，就像《一九八四》和《勇敢新世界》中预见的那样——却最早暗含着我们日常生活的基本轮廓。

福柯对制度的系谱学分析，诸如《疯癫与文明》、《诊所的诞生》和《规训与惩罚》，是他最令人信服的作品，这些作品是有说服力的，虽然它们没有提出任何"可理解性的保证"，或许正因为如此它们才有说服力。不过，它们的确具有某种内在一致性。因为福柯声称，监狱里的规训是在更普通的地方发生的事情的延续和强化——若不如此监狱就是不可能的。所以，我们都靠钟表生活，我们钟响就起床，我们按进度表工作，我们感到掌权者监视的目光，我们定期接受考试和思想检查。没有任何人完全不受这种新的社会控制形式的控制。然而，必须加上一点，受这种控制与蹲监狱是不同的：福柯系统地倾向于低估两者的区别，这个批评抓住了福柯政治学的实质。

所有规训的小单位都服务于更大的体系。福柯有时把这个体系称为资本主义，但他也给它起了若干个更醒目的名字：规训社会（disciplinary society），监狱式社会（the carceral society），全景监控体制（the panoptic regime），最令人恐惧（也是最具有误导性的）是监狱群岛（the carceral archipelago）。这些名字是控诉，却不是一种要求政治反应的控诉。我们应该推翻全景监控体制吗？这可不是容易的事，因为它不是体制这个词通常意义上的一种政治制度；它不是一个国家、一种政体或一个政府。它不是由霍布斯说的由一个创立者或一次创立大会建立并通过立法或司法程序控制的最高统治者统治。福柯说的这个体系更像他早年著作中所说的知识（episteme）的化身；社会结构是居于统治地位的话语有血有肉的具体化。① 他说，当代的规训离开了属于即将消亡的话语的法律和权利领域，并开始在法律和权利领域"开疆拓土"，用生理、心

---

① 关于 episteme 的意思，参见 Foucault, *Order and Things*, PP.xx-xxiv。

理的和精神的常态原则取代合法性原则。所以，他在论监狱的书中这样写道："尽管现代社会的普遍法治状态似乎给行使权力设定了限制，但它普遍推广的全景监控体制使其能在法律的阴暗面操作一部既庞大又精确的机器。"① 支配这部机器的是科学的规则而不是法律的规则。它的功能是创造有用的被统治者，被承认为心智健全、身体健康、听话、符合要求、遵守规则的人，而不是创造自己规则、用权利话语来说"为自己立法"的自由行动者。

专业的或科学的规范对法律权利的胜利和局部规训对宪政法律的胜利也是当代社会批评很常见的主题。它引发了一系列捍卫精神病人、囚犯、医院病人和儿童（在学校和家庭里的）权利的运动。福柯本人就曾参与了监狱改良——我最好说得更准确一点——可能引起改良的有关监狱的政治实践活动。而且的确曾经有过改良：关于同意、私密、查阅记录的新法律；对监狱和学校管理的司法干涉。福柯很少提到这些事，显然是怀疑其效果。虽然他看重局部规训和斗争，却对局部胜利几乎没有兴趣。

但是，福柯的批评还可能有其他结果吗？根据他的战略知识，他可能想到什么其他的胜利吗？我们想想：一、对于当代社会和经济生活（非特定的）大规模特征来说，严密的规训、对行为的精确控制是必不可少的；二、这种控制以小单位、严密的网络和局部权力关系为必要条件，它们典型表现为监狱的狭小囚室、监狱日常活动时间表、监狱管理者实施未经法律许可的惩罚、看守与犯人面对面的对抗等；三、监狱只是紧密关联、相互强化的监狱般的社会的一个小部分，我们都身陷其中，并且不仅是被捕获和被控制的受害者；四、规训机制和制度的综合体创建了当代人文科学，也是被后者创建的——这个观点贯穿福柯的全部著作，我后面还要讨论这个观点。身体规训和知识规训在根本上缠绕不清；监狱般的社会使有关受监控者的知识可能出现，又被这种知识证明为合法。

鉴于以上这些——现在暂且不说它是不是对当代社会生活令人满意的描

---

① Foucault, *Discipline and Punish*, P.223.

述——除了一点一滴的微小改良、减缓规训的痛苦、使用更人道且至少同样有效的规训方法之外，福柯还能希望什么呢？既然政治革命是不可能的，那还有什么是可能的呢？然而，有时候，不是在他的著作而是在 20 世纪 70 年代早期发表的一系列访谈中，福柯似乎看到了另一种伟大可能性：规训体系彻底解体，监禁式城市毁灭，这不是革命而是打碎一切。正因为这个福柯的政治学常常被称为无政府主义，他的思想的确具有无政府主义色彩。倒不是他设想了一个不同于我们自己社会的社会制度，既没有规训也没有主权国家："我认为想象另一种制度就是使我们更深地参与现在的制度。"[1] 恰恰是把社会作为一个体系、一套制度和实践这个观念必须被其他观念——我们无法想象的其他观念——取代。或许人的自由需要一种非功能主义的社会，它的制度无论是怎样的，都不为任何更大的目标服务，不存在任何补偿价值（redeeming value）。最接近对这种社会制度的描述的东西是发表于 1971 年 11 月的一次访谈。福柯说："未来社会的大致轮廓可能是由最近对毒品、性、公社的经验，其他形式的觉悟，其他形式的个性勾画的。"[2] 在同一次访谈中，福柯脑子里带着这种想法，否认自己关于监狱的工作可能产生的改良结果："（我们）介入的最终目标不是把犯人探视权的时间延长到三十分钟，或在囚室装上抽水马桶，而是质疑无辜与有罪之间的社会和道德区分。"[3]

正如上一段暗示，当福柯是无政府主义者的时候，他不仅是政治的无政府主义者，还是道德的无政府主义者。在他看来，道德和政治走的是同一条路。有罪与无辜是由法律创造出来的，正常与反常是由科学的规训创造出来的。要打碎一切权力体系就要打碎一切法律、道德和科学的范畴分类，一起统统扔掉！可是，这样还剩下什么呢？福柯并不像之前的无政府主义者那样认为自由的人类主体是某种确定的主体，本性善良，热心社会生活。相反，并不存在

---

[1] Michel Foucault, *Language Counter-memory, Practice: Selected Essays and Interview*, Ithaca: Cornelll University Press, 1977, P.230.

[2] Foucault, *Language*, P.231.

[3] Ibid, P. 227.

自由的人类主体这样的东西，不存在自然的人。个人总是社会的创造物，是法律规则和规训的产物。所以，福柯的彻底打碎一切主义如果是认真的，那与其说它是无政府主义，不如说它是虚无主义。[①] 因为按照他的论证，要么什么也没有剩下，没有任何人类特有的东西；要么将产生新的法律和规训，福柯没有给出任何理由让我们相信这些新东西将比现有的更好。就此而言，他也没有让我们知道"更好"是什么意思。福柯在社会系统和知识领域都是中立的；他抨击全景监控体制仅仅因为我们刚好生活在这种制度里。他爬这座山的唯一理由是它在那里。

四、政治

福柯是否致力于实行他的无政府主义或虚无主义呢？他有办法刺激任何效仿它或试图在政治上实行它的人，我却倾向于认为它希望有的是描述力量而不是规范力量。在1977年的一次访谈中，他猛烈抨击了"在监狱系统方面斗争"的一些同志已经堕入"把罪犯……变成无辜的受害者和合法的反抗者的极其幼稚、陈旧的意识形态……使这次斗争成了只有一小群人能听到的自说自话和浅吟低唱，严重脱离了群众，群众有正当理由不承认它是正确的政治潮流。"[②] 显然，福柯认为囚犯不可能是无辜的受害者，因为他已经否认有罪与无辜之间的区分。但他的更大观点的确暗含着他在这里驳斥的观点：不管其动机如何，监狱般的社会的每个小环境里的每次反抗都是反抗整个监狱般的社会的"纯粹反抗"——他总是愿意对其表示同情。普通群众有什么"正当理由"区分这些反抗行动呢？

当福柯面对一些混淆监狱群岛与古拉格群岛的年轻左派时，这个区分的难题就再次出现了；而福柯在这里使用的词语和他的作品的总体语言风格永远

---

① 对福柯无政府主义的一个类似批评，参见 J. G. Merquior, *Foucault* London: Fontana, 1985, chap.10。

② Foucault, *Power/Knowledge,* P.130.

刺激这种混淆。他本人抵制这种刺激，并严厉批评那些屈服于它的人。他说："我的确担心从对古拉格监狱比喻产生的一种用法……比如说'所有人都有自己的古拉格，古拉格就在我们的门口，在我们的城市、医院、监狱，它就在我们的脑袋里。'[①] 然后他继续强烈地反对"普遍滥用古拉格问题以至于反对任何形式的监禁"[②]。但是，就我所知，他却没有对古拉格群岛和监狱群岛之间提出任何原则区分。只要福柯仍然坚持反对"基本人权"观念并且模糊有罪与无辜之间的界线，我就不相信他可以提出这样的区分。他也没有提出一种古拉格的系谱学，更重要的是，他对监狱群岛的阐释中没有任何关于为什么他自己的所在的社会没有出现古拉格的线索。因为这要求福柯承认他始终反对的东西：对自由主义国家和社会民主国家的正面评价。

这里再比较一下福柯与霍布斯就清楚了。霍布斯主张政治主权国家是绝对必不可少的；没有国家的生活是肮脏、残酷和短命的。他支持所有已建立的国家：暴政对于他来说不过是"令人讨厌的君主政体"。既然除了国家之外的唯一可能是一切人反对一切人的战争，那么社会批评就总是危险和错误的。福柯相信规训是绝对必不可少的；他憎恶任何形式的规训，憎恶任何限制和控制；在他看来自由主义不过是隐蔽的规训。因为他找不到其他选择和更好的规训，社会批评必定永远是有益的事业。对于霍布斯和福柯来说，政体、法律甚至政治系统的实际运行方式都没有什么不同。我想说，这些东西事实上的确不同。福柯的一位追随者写了一篇很有才的评论《规训与惩罚》的文章，他从这本书和相关的访谈中得出了一个非同寻常的结论：俄国革命之所以失败是因为它"没有触及社会等级制度并且完全没有抑制规训技术发挥作用。"[③] 完全错了：布尔什维克创造了一种超越旧等级制度的新制度，极大地发展和强化了规训技术

---

① 显然，不光是年轻左派们这么说。马尔库塞也是这种路子，也有自己的追随者，他们并不总是注意他那些含混不清的限制性条件。他也说到自由主义社会里隐蔽的极权主义，虽然他更感兴趣的是文化消费而不是标准化规训。

② Foucault, *Power/Knowledge*, P.134, PP.136-137.

③ Paul Patton, "Of Power and Prisons" in Foucault, *Power, Truth, Strategy,* P.126.

的运用。并且他们是从社会体系的中心而不是从福柯喜欢称为毛细血管的地方、从社会的中心而不是末端进行规训的。福柯使他的读者对政治麻木；但政治真的很重要。

他说，权力关系"既有意图又无主体"。[①]我不知道这句话是什么意思，但我想这两个互相矛盾的词是想要（无主体地？）适用于权力的不同层次。所有规训行为都是经过计划和考虑的；在看守对犯人、医生与病人、教师对学生这种战术层次上权力是有意图的。但权力关系的整体、战略关系、权力的深层功能没有主体，不是某人计划的产物。福柯似乎根本就不相信存在设计规训制度性质的独裁者、政党或国家。他关注的是自己认为的日常生活中的"小型法西斯主义"，而很少论及独裁主义和极权主义政治——他本人生活的时代特有的规训形式。

五、批评的距离

不过，独裁主义和极权主义政治不是福柯所在国家的特有规训形式，并且他真相信应该坚持贴近局部权力操作。他也并不经常用"小型法西斯主义"这种词。他告诉我们，自己不是那种对社会整体提出阐释和批评的旧式的"总体知识分子"（general intellectual）[②]。总体知识分子属于国家和政党的时代，那时候似乎还可能夺取权力、改造社会。总体知识分子在政治知识领域里的地位相当于政治权力领域里的国王。一旦我们砍掉了国王的脑袋，权力和知识就都获得了其他形式。在 20 世纪 70 年代中后期的演讲和谈话中，福柯试图解释这些形式，构建他所说的政治认识论。我现在想仔细研究这种认识论，因为这是福柯的无政府主义和虚无主义的终极根源。

有时候似乎福柯只是在努力阐释"discipline"这个意义复杂的双关词——

[①]　Foucault, *History of Sexuality*, P.94.

[②]　Foucault, *Power/Knowledge*, P.126ff.

它的一个意思是一门知识学科，另一个意思是一种纠错和控制体系。他的论证如下：社会生活是规训塑造的。规训使知识学科可能存在（这两个名词的位置可以对调）。知识产生于社会控制，同时也为社会控制提供了根据；社会控制的每一种形式都建立在一门特定形式的知识学科的基础上，并使这门学科可能出现。因此，权力不仅是压制性的，也是创造性的（即便它创造出的只是监狱管理学这类科学）；同样，知识不仅是意识形态，也是真实的。但是，这一点并没有使权力和知识令人喜欢。如果没有监狱，就不可能有关于犯人或监禁效果的研究，在这个显而易见的意义上监狱管理学是由监狱体系"建立"的。一种意思的 discipline 产生了使另一种意思的 discipline 可能出现的素材。然而，监狱管理学同时为监狱体系提供了逻辑依据和知识结构。没有规训的知识，就不可能有任何规训的实践，至少不可能有长期保持且有组织的规训实践。

监狱是一个很好的例子，也许有点太容易了。不管怎样，福柯继续将其推而广之。"真理是这个世界的一种东西：它只有靠多种多样的强制才能被产生出来。它引起权力的规范效果。"所以，每个社会、每个历史时期都有一种真理的体制，它未经设计却发挥着作用，从多种多样的强制中（为我们）产生出来，并与它们一起被实行。存在社会认可"并使活动正确"的某种话语（这段话用英语说很别扭，但的确表达了福柯的意思）。① 存在使我们能区分正确和错误观点的社会机制——还有制裁，使我们不犯错误。福柯认为，真理和制裁相关，知识与产生这种知识的强制相关。

看来在社会内部和外部都不存在独立的立场，不可能产生批评的原则。我不是说福柯不超脱自己的社会，他的确非常超脱，如查尔斯·泰勒（Charles Taylor）所说：他不站在任何地方——不受占统治地位的知识的禁锢，不受任何纪律的约束，不受阶级和运动的限制。② 当然，人们自然会问：福柯本人批评的基础是什么？与系谱学的反规训相关的是什么权力关系？以福柯的聪明

---

① Foucault, *Power/Knowledge,* P.131.

② See Charles Taylor, "Foucault on Freedom and Truth", *Political Theory* 12（1984），PP.179–180.

他不可能想不到这些问题。所有相对主义都会遇到这些问题。福柯有两种回答：一是像我前面提到的那样，说他的系谱学是有待"政治现实"证明的虚构。每个现在都创造自己的过去。在另一些地方，福柯更明确地说使自己的作品可能出现的是1968年事件及其后在监狱般的社会里出现的各种局部反抗。正如传统学科是由运用权力的传统方式产生和证实的，福柯的反规训是由反抗这样运用权力产生的。但是，我不理解，用福柯的话说，在反抗成功之前（就像当代的规训成功那样），反抗如何能证明知识的正确——并且局部反抗能获得什么胜利还不清楚。

不过，这种要福柯表明政治立场、说明自己哲学根据的传统要求真的偏离了要点。因为福柯根本就没有要求我们采取这种或那种批评原则，或者用某些其他学科模式取代这些学科模式。他不是某项事业的鼓吹者，不是有目标的社会批评家。比如说，我们不相信监狱管理学的正确性后支持……什么呢？并不是支持所有监狱反抗活动，因为有些反抗是我们有充分理由不支持的。哪些反抗是我们支持的呢？到这里，福柯的立场明显不一致了。从对规训系统的有力再现摇身一变为大多数是花言巧语和装模作样的反规训政治学。

可是，福柯却深深卷入了监狱改革，并且有时候他似乎极力向读者推销他自己的那种社会批评。他在总体知识分子之外的另一种选择是"专门"（specific）知识分子，他们努力推翻自己所在领域的规训或揭露其非法性。福柯式的批评即便能获胜也只是在局部获胜，只在最临近的制度领域，在权力关系网的特定节点上获胜。然而，批评家做的究竟是什么、批评的目的是什么仍不清楚。福柯的著作和他的例子暗示，那更像是一些孤立的挑逗而不是一套一以贯之的行动——或者像福柯的一位评论者最近说的，更像是不服管教而不是政治异议。[1] 没有任何稳定的道德观念标准和对人和制度的任何可靠承诺可以用来

---

[1] See Jim Merod, *The Political Responsibility of the Critic,* Ithaca: Cornelll University Press, 1987, P.158.

评估行动的结果。这就是福柯之所以不能区分不同制度的原因，不仅在国家这个"总体"的层次上不能区分，在监狱这个"具体"的层次上也不能区分。他的超脱使其丧失了区分能力；一旦批评的距离被无限拉远，批评事业就失败了。

但是，普通人——包括市民和犯人——却完全有能力作出必要的区分。比如说，在我们可以正当地同情的那些监狱造反中，犯人其实并不怀疑有罪与无辜之间的区分和法学、监狱管理学的真理价值。他们的"话语"具有完全不同的形式：他们描述监狱官员的野蛮或监狱条件的不人道，他们控诉那些远远超过法律判决的残酷惩罚，他们谴责政府官员专横跋扈、滥用权力、偏私歧视，等等。他们强烈要求建立和执行我们常说的法治。看来福柯虽然同情他们，却没有倾听他们的这些话语。然而，在这些描述、控诉、谴责和要求中有一个重要的观点。福柯认为传统的道德、法律、医学和精神病学的真理蕴含在权力的运用中，这固然不错；这是很容易被超脱的传统科学家、社会科学家甚至哲学家忘记的事实。但这些真理也控制权力的运用。它们给可以正当地做什么设定限制，给犯人们提出的观点赋予了形式和论证根据。即便这些限制在某种程度上是任意的，它们也十分重要。只要它们是特定学科/规训（在这个词的两种意义上）内在固有的，就不是完全任意的。比如，区分惩罚与预防性拘禁是法学和监狱管理学的真理。区分禁闭精神病患者与禁闭政治异议人士是精神病学的真理。对真理——即便是局部真理——的承诺区分了公民教育和意识形态灌输。

自由主义国家或社会民主主义国家就是维护对其各种局部规训和规训制度的限制并实施这些规训制度的固有原则的国家。相反，专制国家和极权国家践踏这些限制，把教育变成灌输，把惩罚变成镇压，把精神病院变成监狱，把监狱变成集中营。这些只是粗略的定义，却无疑可以详细阐述和改进。无论如何，它们表明了政治制度、主权国家的极端重要性。因为国家是社会凭之以实现自己意志的机关。正是国家建立了所有其他规训机构在其中活动的总框架。正是国家开放或关闭局部反抗的可能性。[①] 当然，所有规训机构的官员都努力扩张自己的势力范围、扩大自己可自由支配的权力。最终只有政治行动和国家权力可以阻止它们。每一种局部反抗行动都是对中央的政治、法律干涉的呼吁。比如，美国 20 世纪 30 年代的工厂造反的结果是确立了集体谈判和冤屈投诉程序（grievance procedure），极大地约束了科学管理的范围——这是福柯所说的规训之一，虽然他只是偶尔间接地提到过。这个成就不仅需要工人的团结，还需要自由民主国家的支持。它不是随便任何国家的成就，而是自由民主国家的成就；我们可以毫不困难地想象需要其他类型的工厂规训的其他"社会体系"。

对这种规训的系谱学阐释将非常吸引人和有价值，毫无疑问，它与福柯对监狱和医院的阐释会有相同之处。但是，如果它是完整的，就必须也包括冤屈投诉程序的系谱学，它将与福柯没有提出的对自由国家和法治的描述有共同之处。这里有一种支配我们社会所有规训制度的知识——我们姑且称为政治理论或法哲学。它从一套权力关系中产生，并扩大到其他权力关系；它提供了对全部强制网络的一种批评视角。这种关于制度和政治文化而不是权力网上"节点"的知识的可能性表明我们仍然需要（我不是说社会需要，或资本主义甚至社会主义需要，而是你我需要）福柯所说的总体知识分子。我们需要这样一些人：他们告诉我们国家权力被腐蚀或者被系统地滥用了，他们大声呼喊有些东西腐败了，他们反复重申我们可以用它来使社会恢复健康状态的批评原则。总体知识分子并不是如本达（Benda）说的那样局限于纯粹价值的领域；在坚持没有任何纯粹价值的领域、没有不受权力影响的价值这一点上福柯是正确的。他们立足于我们中间、这个地方、此时此地，在我们的法律和规范中寻找论证

[①] 比较斯图亚特·霍尔（Stuart Hall）关于葛兰西的"立场的战争"的观点："这并不像某些人解读葛兰西的那样意味着……国家不再重要。国家是……将不同论证领域、不同的对立立场结合为统治体制的绝对枢纽。你能从国家获得足够权力来组织最重要的政治事业的时刻是非常关键的，因为这时你才可以利用国家来计划、推进、鼓励、劝说和惩罚。"（Stuart Hall, "Gramsci and Us," *Marxism Today*, London, June, 1987, p.20.）

的根据。但福柯不立足于任何地方，不寻找任何根据。他愤怒地敲打铁笼的栏杆。[①] 但他没有任何计划或方案来把这个铁笼变得更像人类的家。

　　但我不想就此结束。我不想要求福柯令人精神振奋。这不是福柯给自己确定的任务。问题的关键是你甚至不可能合理地灰心、恼怒、冷酷、义愤、郁闷或怨恨，你无法批评，除非站在某些社会环境中并且——即便是暂时地——运用它的规则和范畴。或者你得（和其他人一起）创造一个新环境、造出新规则和新范畴——这要难得多。这两者都是福柯反对的，这既是他的系谱学冷酷无情，也是他的政治理论和社会批评的致命缺陷。

---

① 这个形象是从克利福德·吉尔茨（Clifford Geertz）那里学到的。

当代法国后现代政治论述的基本特征

高宣扬*

后现代主义对于论述（discours）的批判，既构成后现代主义文化观的基本构成部分，同时又构成后现代主义社会观和政治观的核心，成为它们对于权力批判的重要出发点。正如福柯所说："在像我们这样的一种社会中——实际上当然也包括任何一种社会，政权关系极其复杂地交错并构成社会体。在没有真理论述的生产、积累和流通的情况下，政权关系就不能够连贯、运作并实施于社会中"。[①]

一、以批判论述为基础的后现代权力论

后现代主义者集中力量分析和批判论述或话语，就是因为：

首先，论述或话语已经不是一般化的语言，而是同说话者及其所处的社会环境和文化脉络密切相关的一种事物，或者是一种力量，一种包含权力、意向和关系网络及其未来取向的综合体。

在这种情况下，后现代主义者所批判和解析的传统"论述或话语"，主要指以下三大类：第一是作为某种知识体系的论述或论谈；这显然是以知识分子或文化人作为主体的那些人所说和所写的"话"。第二是作为某种政治或社会力量的表达手段的论述或论谈；这主要是指由社会中占统治地位的阶层或人们

＊ 高宣扬，上海交通大学访问讲席教授，博士生导师。

① Foucault, M. 1994, Vol. Ⅲ, P.176.

所说、所写、所使用、所制度化和正当化的那些"话"，在这些话中显然包含着统治阶级的宰制欲望及其运作力量，也包含着为达其目的所运用的各种实际策略和宰制技巧。第三是指社会中各个阶层的人平常说的"话"；这些话同说话者的日常生活、社会行为及文化活动的环境和脉络紧密相连，同样也包含着极为复杂的语言以外的因素，主要包括说话者的社会地位所产生的某种欲望及其行动力量，也隐含这些说话者所处的社会场域所决定的各种力量的协调趋向。

其次，西方社会和文化传统都是建立在知识论和真理论的基础上，这是由西方的理性中心主义和逻辑中心主义所决定的。西方社会和文化传统的这个特点，也决定了一切权力建构都是同知识论述和真理正当化密切相关。福柯认为："脱离开在特定政权运作范围内、并以该政权为基础而产生的真理论述的经济学，就绝对不会有政权的运作。我们服从于真理的生产，而且，我们也只能靠真理的生产去实行政权；当然，其形式是特殊的。所有这一切适用于一切社会，但我相信在我们西方社会中，政权、法律和真理之间的这种关系，是以一种特别的方式组织起来。"①

二、论语音中心主义与权力运作的相互关系

为了彻底解除传统文化的语音中心主义（phonocentrism）的基础，后结构主义者从两个方面集中力量批判传统的语言结构。首先，后结构主义者揭露了传统语言中符号和意义的关系。在后结构主义者看来，语言同意义的关系虽然是逻辑中心主义者的基本范畴，但同社会历史中普遍地起作用的"统治／被统治"、"男人／女人"、"中心／边陲"、"正常／异常"等二分法或二元对立模式，是密切地相互关联的。其次，后结构主义者揭露语言符号的"在场"（present）和"不在场"（absent）同语言符号所代表的事物的"在场"和"不在场"的

---

① Foucault, M. 1994, Vol. Ⅲ, P.176.

自相矛盾，从而揭露历代社会和文化统治力量借用"在场"和"不在场"的矛盾进行社会宰制的策略。

后现代主义者对于语言的上述态度，使他们集中力量去摧毁语言运作中所包含的各种"意义"体系，同时也揭示语言运用中所包含或渗透的各种"力"，主要是权力的因素。

关于语言同意义的相互关系，后结构主义者注意到语言和意义的关系网的封闭性及其为特定社会阶层利益服务的性质。

在后结构主义者看来，传统文化的制造者和传播者，为了建立和巩固他们对于文化运作的宰制和操作，总是一贯地把语言说成为由"能指"（signifier）和"所指"（signifié）所构成的意义符号体系。

语言的"能指"和"所指"表面上是两种不同的因素，而且两者似乎都是独立的语言系统中的构成因素，似乎都是脱离特定社会利益而客观地运作，但实际上却与不同社会历史环境的语言共同体有密切关系，其产生和实际运用，都是共同体内特定社会关系网取得共识的结果。当传统文化的语言用"能指"去指示或表现"所指"的时候，实际是用"在场"的"能指"去指示或表现"不在场"的"所指"；而当在场的"所指"直接呈现的时候，原来的"能指"却可能变得不在场。

历代传统文化利用语言中"能指"与"所指"的"在场／不在场"的游戏，进行各种知识和道德价值体系的建构，并赋予某种被典范化和被标准化的意义系统。因此，后结构主义者认为，首先必须彻底揭露"能指"与"所指"的"在场／不在场"的游戏的性质，特别是指明这种游戏的虚假性和虚幻性及其社会意义。

语言符号本来就是一系列纯粹的符号。可是当它产生出来和运作以后，这些符号马上改变了性质，而成为其使用者的社会资源和手段。因此为了彻底地弄清语言及其实际运作的奥秘，后结构主义者也集中研究作为纯粹符号的语言，研究作为符号的纯符号所固有的特征。这也就是为什么符号论的研究构成了从结构主义过渡到后结构主义的重要信号。

三、论述的增殖和散播力量

后现代主义者为了深入分析和批判各种论述的奥秘，非常重视对于各种论述的运作逻辑的研究。福柯和德里达特别分析了论述在社会中"增殖"或"繁殖"（proliferation）和"散播"（difussion; disseminer）的逻辑。在他们看来，各种论述作为一种社会现象和社会力量，一方面具有自我散播和增殖的能力，另一方面可以同社会上各种力量或因素相结合，实现其散播或增殖的效果。显然，论述之所以能够以这样或那样的方式进行增殖或散播，就是因为论述本身已经包含了某种力量或权力，同时它又能同社会的各种力量或权力相结合，在一定程度上，作为一个有独立生命的社会力量，增加和扩大其本身增殖和散播的能力。

论述的这种增殖和散播的能力，是论述本身所固有的生命力。也就是说，各种论述中的内在力量，由本身内在结构以及内在各种因素的相互关系，所产生的生命力，是具有决定性的意义；而其本身同外在力量的结合则是附属性的。但是，在后现代社会里，由于种种因素，特别是由于后现代社会本身的结构和性质，使得论述的增殖和散播能力空前地加强。这里所指的，主要是后现代社会中三大因素的特殊地位和功能：第一，在后现代社会中，科学技术和文化的功能发生了根本的变化，使得论述获得了增殖和散播的特殊能力；第二，在后现代社会中，大众媒介的触角无所不在和无孔不入，形成了空前未有的全球文化统一结构，也使得论述能够借助这一通道迅速且高效率地增殖和散播；第三，在后现代社会中，各种权力借助于上述文化和大众媒介的信道和力量，借助于三者的相互渗透，形成了后现代社会权力的高度象征化形式和运作逻辑。

后现代社会中论述的这种特殊增殖和散播功能，由于后现代社会中的统治和宰制阶级的介入和利用而变得更加复杂和更加有效。在这个意义上说，后现代社会语言论述的特殊结构和特殊功能，促进了后现代社会中权力的渗透性和宰制性，同时，反过来，后现代社会权力的膨胀及其象征化的特征，又使后现代语言论述具有比以往社会更强大的象征性权力。

由此可见，论述本身已经不是纯粹的语言因素，而是在特定的社会中根据当时当地的力量对比所产生的说话现象。因此论述的产生和增殖或散播，早已超出语言的单纯领域，而变成了论述运作过程中各种现实社会力量进行较量和协调的总和，它本身就是一种力的关系网。论述在其运作过程中，不管是为了表达某种意义，或者为了达到某种目的，都充满着力的协调和交错，充满着斗争和较量。当论述进行自我调整或向外扩张而显示其存在时，也就是论述赋予它本身产生意义的权力，并不可避免地同社会上一切可以被利用的权力相结合，强制性地使得接受论述的对象和整个环境承认论述所赋有的意义，实际上就是在完成它本身的权力的正当化。

后现代主义对论述的批判和解构的结果，彻底粉碎了作为传统文化和传统社会价值基础的语言论述体系，同时也揭露了历代统治阶级和各种社会力量借助语言论述扩大其本身利益和权力的策略。

四、福柯对论述和权力的批判

后现代主义的思想家福柯、德里达、李欧达和德勒兹等人，都很重视对于语言论述和权力的相互关系的批判。

福柯的整个著作体系，从前期的知识考古学到后期的权力和道德系谱学，以及关于"性"的一系列研究和后期的"主体历史本体论"，不管在观点和方法上经历了许多变化，都是把对于知识论述的批判同对于权力的批判结合在一起，并成为了他对西方传统文化的批判的主轴之一。

在1976年年初，也就是福柯的思想发生转变的重要时刻，福柯指出："从1970—1971年，我所要做的，大致就是研究政权是'如何'运作的问题。研究政权如何运作，就是研究政权在两种限制之间所采取的基本机制：一方面就是法律的规则如何严格地限制着权力，另一方面就是由政权本身所产生的真理如何以其效果限制权力以及如何产生权力。因此，这里就有一个三角关系：政权、法律和真理。"①

后现代主义者研究权力和真理的关系，采用了完全不同于，甚至对立于传统西方社会思想史的基本观点和基本方法。根据西方的传统思想史，知识和真理同"法"的关系，始终是前者处于优先和决定性的地位，也就是说，始终是真理和理性知识决定了"法"，尤其是作为真理和知识的后设论述的哲学，决定着"法"。但是，福柯等后现代主义思想家把社会中运作的权力放在首位，因而就提出了与上述传统观点相反的论题，这个论题就是：是什么样的"法"的规则的论述，促使政权关系得以运作以生产和制造关于真理的论述。福柯把这样一个问题，更清楚地表述如下："这个有能力生产真理论述的政权，也就是说，在我们这样一种社会中，具有如此强大效果的政权，究竟是什么类型的政权？"②

在研究上述问题时，福柯等人充分意识到西方社会传统权力结构的特点及其同知识论述的特殊关系。什么是西方社会传统权力结构的特点？后现代主义者认为，贯穿于西方文化和思想传统中的逻辑中心主义和语音中心主义，决定了西方社会制度、思考模式、道德规范和权力结构的"中心／边陲"特征。就权力结构而言，上述特征表现为主权至上的观点和制度。也就是说，在西方社会中，任何政权和法制，都是把主权问题列为首位。这样的政权和法制结构，就决定了权力、法制和真理之间相互关系的形式，也决定了真理依靠权力和法制而为权力和法制进行论证的内容和基本形式。关于这点，福柯说："当我们说西方社会中主权问题是法制问题的中心时，意指的是，论述和法的技术基本上是为了在政权内部解决统治的问题而运作的。换句话说，论述和法的技术的运作，都是为了在这种统治所在的地方化约或掩饰两大因素：一方面就是关于主权的正当化的权力，另一方面就是关于服从的法律方面的义务。因此，

① Foucault, M. 1994, Vol. Ⅲ, P.176.

② Ibid.

整个法制体系，归根结底，就是为了排除由第三者进行统治的事实及其各种后果。"①

正因为如此，"在西方社会中，法制体系和法律审判场域始终是统治关系和多种形式的臣服计谋的永恒传动装置。因此，法制，在我看来，不应该从一个固定的正当性的角度去看，而是从促使正当性运作的臣服程序去看。所以，对我来说，问题是要把关于主权性和强制个人隶属于这个主权性的服从的问题，变为短程的循环或甚至避免它……我要在这个关于主权性和服从的问题（le problème de la souveraineté et de l'obeissanee）上，凸显出统治的问题和臣服的问题（le problème de la domination et de l'assujetissement）"。②

五、对政权实际运作的法规论述的批判

因此，对于后现代思想家来说，揭露权力和论述的辩证关系，揭露西方权力结构的特征及其主权统治的制度，不是像传统政治哲学和传统思想家那样，把重点放在冠冕堂皇的权威性的哲学论述，诸如皇家御用知识分子的政权论和有关民主自由的各种高度理性化和高度逻辑化的哲学论述。所有这些传统的论述在说明权力结构和权力运作的时候，总是千方百计地论证其客观性、真理性、正义性和正当性。而且，这些传统论述也总是以中央主权统治结构的完满性和抽象性，去论证这些统治结构的客观性。与此相反，福柯等人有意识地撇开传统中央政权的理想结构和传统权威政治哲学的论述模式，把重点转向所有政权制度系统和统治机器的末端和极限之处。为什么呢？因为正是在这个末端和极限或边缘之处，暴露了任何统治结构和权力运作系统设法要加以掩盖的所有弊端，也暴露统治与服从的关系的真面目。也就是说，正是在那里，彻底地暴露了统治结构和权力运作系统最阴险、最狡猾、最残酷和最赤裸的本质。

---

① Foucault, M. 1994, Vol. Ⅲ, P.176.
② Ibid, P.178.

为此，从 20 世纪 70 年代开始，福柯将其研究西方社会中知识论述和权力的关系的重点，转向研究监狱、惩罚、规训以及地方政权和边缘地区权力机构的运作状况。福柯认为，在这些边缘地区和远离中央政权的领域，权力结构及其统治机器的运作方式，具有非常明显和典型的特征，足以暴露西方社会长期以来被官方论述和权威性政治哲学所掩饰的权力运作的性质。福柯指出，在这些领域，政权运作同知识论述的相互关系，一方面表现出政权制度化、法制化和真理科学化的特征，另一方面却表现出时时刻刻不断违法、逾越法规和任意滥用权力的特征；这种一体两面的特征，显示其悖论性，但它正是西方所谓合理和科学的法制的真正性质。同样在这里也显示出西方知识论述和权力运作相互关系十分悖论的性质。

同福柯一样，其他的后现代思想家，特别是李欧达和德勒兹，都认为：要彻底弄清当代知识论述，特别是人文科学和社会科学知识论述同权力运作的相互关系，必须从相互矛盾和相互排斥的两方面进行分析：一方面，集中分析典型的传统权力论述的逻辑结构和理性主义的特色，分析它们如何"客观地"和"公正地"建构起主权至上的权力论述体系（这些典型的权力论述系统，表现在从 16 世纪到 19 世纪末各种政治哲学体系和在此一时期内各个西方主要民主国家的宪法蓝本）；另一方面，集中分析各种有关监督、规训、审查和纪律执行等具体方面的论述，从主权的策略化和制度化的各个细节，从贯彻主权的每一个纪律化和监督网络的管道的各个微细血管部分，从执行纪律和监督的各种具体论述，分析上述至高无上的主权在具体统治过程和政权运作程序中的实际表现（这些具体的有关规训和监督等论述，主要表现在各个监狱、监管所、教养所、诊疗所和精神病院的各种法规和制度的论述中，也表现在精神病学等相关学科的理论论述及其实际规定的论述中，尤其表现在这些法制执行机构的档案记录中）。

关于权力对于知识论述的生产和扩大的影响方面，也同样必须相应地考虑到相互矛盾的两个层面。第一个层面是，整体国家机器和整个统治阶级的利益同整个知识界和理论界的相互关系。在这个层面上，两者的关系往往采用非常迂回、非常模糊和非常抽象的形式，特别是在 17 世纪以后的近代社会，两者往往采取普遍化和标准化的形式，至多采用最一般的意识形态性质。第二个层面是，对于权力运作的各个具体程序和策略运用方面，权力对于论述的干预就更为直接和更为紧迫。在这点上，当各个地方权力机构，特别是各个地方法院，具体审理各个法律案件的时候，或者，当各个监管所和精神疗养院等具体法规执行机构审查和判定具体犯罪或病患的时候，权力对于论述的干预就较为直接和露骨。

所以，福柯说："主权和规训，主权的法制和规训化的机制，是我们社会中政权的基本运作机制两项绝对的构成因素。"①

由于论述往往采取知识和真理的形式，所以，当论述为权力而建构和散播的时候，在主权方面的论述更便于以抽象和客观的形式表达出来，而在规训方面的具体论述则更接近命令式形式，以带强制性的规则、法规、规定、政策和策略形式表现出来。因此，在分析论述为政权服务的性质时，应该尽可能选择那些有关法规、政策和策略的各种论述，因为这些论述同时具有客观真理性和强制规定性两方面的特点。福柯在分析论述的权力性质的时候，正是选择了具有规定性的精神治疗学论述和具有强制规训性质的监狱规则的论述等方面。

---

① Foucault, M. 1994, Vol. Ⅲ, P.189.

第四部分　国家与历史

巴塔耶的"国家批判"：至尊性与封建制度

张　生*

　　尽管法国思想家乔治·巴塔耶（Georges Bataille）是以色情作家的身份为人所知的，但这位以尼采似的"狂人"自命的人，对世界的感知和表达却并不仅仅停留在文学领域之内，实际上，他将更多的精力投入到了研究文学之外的社会、政治、历史、经济等更为广阔的领域，以构建他心目中的能够描摹世界的"普遍历史"。这就是他在总题为《被诅咒的部分》名下的洋洋三卷巨著《消耗》、《色情史》和《至尊性》的由来。这三卷书的内容各有侧重，美国学者斯图尔特·肯德尔（Stuart Kendall）指出，巴塔耶"在《被诅咒的部分》（即《消耗》）中考虑的花费的经济和宗教形式，《色情史》提出的是人的欲望的内在生活的历史，《至尊性》聚焦的是死亡的自我的政治学"[1]。用巴塔耶自己的话来说，就是，"在某种程度上，第二卷（即《色情史》）提供了赋予人类生命的活动的基础（基础，乃是最简单的形式）；第一卷描写（即《消耗》）描写这种基础在整个人类活动，在经济和宗教领域内的作用；第三卷阐述自律问题的解决方法，人相对于有用目的的独立，这一卷以自主权（souveraineté，本文译为'至尊性'）为对象。"[2]

　　具体地说，巴塔耶在《消耗》中是从他的独特的"花费"（dépense /expenditure）的概念出发，对世界历史发展的不同类型的经济形态及与其相联系的宗教形式进行分析，《色情史》，则是探讨人之所以为人的那种根本性及其历史，

---

*　张生，原名张永胜，作家，同济大学文化产业系教授、系主任。

[1]　Stuart Kendall, *Georges Bataille*, London：Reaktion Books Ltd. 2007, P.196.

[2]　[法]乔治·巴塔耶：《色情史》，刘晖译，商务印书馆2003年版，第7页。

而巴塔耶在《至尊性》中所欲探讨的问题，我觉得，正是前两者的结合，即在不同类型的社会结构中，人的生命对其所持的态度和反应，或者就是他欲言的人所享有的 "至尊性" 的不同情况。虽然，巴塔耶并未完全完成这本书，内中的逻辑也并不是十分的合理，但他还是清晰地梳理出了至尊性在不同的社会形态或历史阶段的发展的线索，如从至尊性的出现到封建社会的确立，再到资本主义社会改造，以及其在新兴的社会主义社会中的流变等。同时，巴塔耶还对其不同的表现形态进行了比较深入的研究。所以，我认为，该书基本上还是比较完整的反映了他的思想的。

正是在此前提下，本文试图就巴塔耶对至尊性与封建制度的关系的论述进行分析，以阐发他的至尊性思想的重要组成部分。

一、至尊性的两个面相

至尊性（souveraineté/sovereignty）是巴塔耶思想中的一个核心概念，它特指人们所具有的一种 "反对奴役和屈从" 的品质，他认为，在过去，拥有这种品质的人大多是部落的各种首领或国家的各级官吏，以及宗教领袖，但是，巴塔耶同时又认为，至尊性既是一种 "价值"，或是一种属性，那么，即使是乞丐也一样可以像位高权重的贵族享有它：

我所说的至尊性（souveraineté/sovereignty），与国际法所定义的国家的主权（souveraineté/sovereignty）没有什么关系。一般地说，我所谈及的是它反对奴役和屈从的方面。在过去，至尊性属于那些拥有首领、法老、国王、万王之王名义的人，在我们把自己认同为那种存在——即今天的人——的形成中，它起着一种主导作用。但是，它同样属于各种神灵，至高的上帝就是其中的一种形式，以及服务和成为神灵的化身的牧师，有时，他们与国王没有区别；最终，它（至尊性）属于整个封建和牧师的等级制度，它只在程度上与那些占据其高位的人不同。但是，进一步说，在本质上，它属于所有那些占有和从来没有完全丧失被归之于众神和"显贵"的价值的人。①

显然，在至尊性的这个定义中，巴塔耶首先强调的它的最重要的特点，就是它"反对奴役和屈从"的方面。而只有不愿意接受奴役和不屈从的人，才可能享有至尊性。但是，享有至尊性的人所反对的"奴役和屈从"究竟又是什么东西呢？巴塔耶认为，这个东西当然既可以是人也可以是物，但我们无论是对人或物的屈从，还是接受人或物的奴役，都还只是表面现象，我们最终接受或者屈从的是支配这个世界的根本性的原则，那就是对生命的保存和对死亡的拒斥。因为，正是出于对死亡的恐惧，出于保全生命的强烈的愿望，我们才自甘接受奴役和屈从。而由此产生的"古典功利性"（classical utility）原则，即"物质有用性"（material utility）原则，就成了支配人类行为的潜在的最重要的法则。简单地说，就是物质的生产和保存直接与人的生命的再生产和保存挂钩，并为人的生命的延续服务。这一点，反映在人们的日常生活中，就是在消费中对"有用性"的有意无意的追求，即消费主要是为了物质的生产和保存，也即是为了保障人的生存和发展，才是有意义和有价值的，否则，这种消费便是一种"浪费"，一种无价值和无意义的"消耗"。

是故，从张扬人的存在的超越性出发，巴塔耶反其道而行之，指出至尊性的基本要素就是"超越有用性的消耗"（la consommation au dela de l'utilite）。因为，在消费时，若为"有用性"所控制，则必将会考虑到生产和劳动的目的，这样的消费从某种意义上来说已经转义为一种新的生产或劳动，乃至成为生产和劳动的必要的环节，而若要摆脱这个过程所造成的梦魇，就必须在消费时不再考虑其功利性的追求，以进行率性而肆意的，同时又是不计后果的消耗。只有这样，才能在瞬间享受到至尊性，并同时得以摆脱奴役和屈从的状态。因此，巴塔耶认为，至尊性的一个本质特征就是对有用性的生活的超越。

---

① Georges Bataille, *The Accursed Share: An Essay on General Economy, Volume Ⅲ*, *Sovereignty*, Trans. Robert Hurley, New York：Zone Books, 1991, P.197.

区别一个人是否是至尊，或者是否获得了至尊性，就看其在财富的消费上持什么样的态度。"在理论上，一个被强迫工作的人所消耗的产品，是没有它生产就将是不可能的，然而至尊所消耗的却是生产的过剩部分。至尊，如果他不是想象的而是真正的享有这个世界的产品——超越他的需要的产品。他的至尊性就存在于其中。让我们说，当由于必需品已经被保证，生活的可能性无限制的打开的时候，至尊（或至尊的生活）就开始了。"①巴塔耶进一步指出，这种通过貌似简单易行的消耗而开启的至尊性的生活的背后，其实蕴含有更为深刻的真理，那就是对死亡的蔑视，对神性或圣性的追求。这里面折射出的是人之所以为人的本质，那就是不管是谁，只要他/她是一个人，就必不甘心于永远被奴役，并且不管这种奴役以什么样的形式出现。而正是由于人人皆有的这种不可压抑的对神性或圣性的向往，对至尊性的享有才会是人人皆可为之的行动。所以，从这个意义上来说，巴塔耶才会强调，"本质上"，至尊性是一种人人得享的 "价值" 和品质。

不过，至尊性的这种品质，在理论上，虽然人人得享，但在现实生活中，却并不是人人可以得享，因此，在指出了至尊性所具有的 "反对奴役和屈从" 的一面后，巴塔耶又特别强调了至尊性的另一面，即至尊性在人类社会中的现实存在状况。巴塔耶认为，最早享有它的是 "拥有首领、法老、国王、万王之王名义" 的人，和 "各种神灵"，以及 "服务和成为神灵化身的牧师"，在这里，巴塔耶指的是最早在原始社会阶段享有至尊性的人的情况，显然，这是由两种类型的人构成的，即置身于世俗社会中的人和服务于神圣社会中的人，而至尊性就与区分这两类人的某种等级相联系。随着社会的逐步发展，这种古已有之的等级制逐渐衍生为封建社会中的等级制度，它不仅包括世俗社会中的各种官员及其下属所构成的等级，也包括神圣社会中为各种神灵服务的宗教僧侣的等级。而至尊性就在此中产生。

① Georges Bataille, *The Accursed Share: An Essay on General Economy, Volume III*, *Sovereignty*, Trans. Robert Hurley, New York : Zone Books, 1991, P.198.

实际上，巴塔耶认为，至尊性不仅是一种特殊的精神状态，它还是一种与封建社会密切相关的等级制度，一种政治差序格局所造成的精神状态。故这里可以把至尊性划分为政治和情感两个层面。而巴塔耶在至尊性这个问题中所处理的就是在社会政治制度发展的不同阶段的人的境况，或者说巴塔耶所处理的是人在至尊性的不同的政治层面所产生的不同的情感面相。正因为此，日本学者汤浅博雄方才直言："因此，《被诅咒的部分》第三卷的主要论题即是，作为'国家批判'的一环，探讨了'至高的王君临的体制'的'心理构造'，挖掘出了这种非自觉的心理机制。"① 在这里，汤浅博雄所说的"至高的王君临的制度"就是至尊性的政治面相，而其所言的"心理构造"，也就是至尊性的情感面相。

但巴塔耶同时也指出，虽然至尊性在原始的部落社会，即"古式社会"（archaic society）中也一样存在并普遍存在，而且更加直接和显豁，但其更多的是通过"夸富宴"这种形式在无意识中予以实现，其真正的成为自觉的社会产物，或者真正在制度层面奠定其正当性，则是进入封建社会后才成为可能，所以，若要了解至尊性的核心理念，其关键就在于对至尊性与封建制度之间的关系的探讨。

二、封建制度与至尊性的生产

不过，虽然巴塔耶通过政治和情感两个面相来建构自己的至尊性概念，但是，其理论的根本的出发点或者基础仍然是他的"花费"思想。他认为，人类社会的消费可分为两种类型：一种是为了生产力的发展而消费，是"有用的"消费，其目的是为了带来更多的利益回报；另一种是"无用的"消费，即"花费"，它丝毫不考虑生产的目的，也不考虑任何回报，而是注定了要将用于消费的东西，如财富等化为空无，其目的就是要把它"丧失"掉，如"奢侈、哀悼、战争、祭仪、限制费用的纪念碑的建造、游戏、景观、艺术、不正

---

① ［日］汤浅博雄：《巴塔耶：消尽》，赵汉英译，河北教育出版社 2001 年版，第 27 页。

当的性行为（例如，从生殖的目的偏离）——所有这些表现的活动，它们至少在原初的环境中没有超越自身的目的。现在，有必要保留'花费'这个词以用作这些非生产性的形式的指称，而不用作所有那些作为生产的目的一种手段的消费的所有的模式的指称。"[1] 从这个思想出发，他在对社会制度进行区隔的时候，首先考虑的并不是其生产性的结构，而是其财富"花费"或消耗的模式。换句话说，巴塔耶的至尊性的历史所处理的就是在不同的财富消耗方式下所形成的不同的社会制度，以及在不同的社会制度下人们的心理状态。

因此，巴塔耶在对封建制度进行概括时，他尽管认同马克思和恩格斯对封建社会的划分，即属于资产阶级占主导地位的社会之前的社会，其以农业生产为基础，以土地所有制为制度表现。但是，与马克思等人不同的是，他所认同的并不只是其在"生产关系"上的特质，而是更着眼于它在"消耗关系"上的独特的属性。所以，巴塔耶指出，除了"封建社会"这个称号外，虽然人们对这种社会类型还给予了各种各样的命名，如王权（royalty）、君主制（monarchy）、帝国（empire）等，但是，有一点却没有改变，那就是，"在其中，财富的用途尚还没有为了生产力的积聚而被保留"。[2] 而且，巴塔耶进一步指出，正是在这个前提下，某种程度的至尊性油然而生。而封建社会就是地产的所有者拥有一定程度的至尊性的社会。这种至尊性，对享有其的"至尊"（souverain/sovereign）来说，"它指的是事物的一种古式状态，对于他们来说，它的任性似乎是根本的；在他们看来，事物的这种状态若与那些从其获益的人的赤裸裸的自我利益分离，就没有意义"[3]。在这里，巴塔耶特别强调的这种封建社会的至尊性的特点，具体表现在其两个面相上，就是它所具有的那种"古式状态"的"任性"是其情感面相，而其与"自我利益"即财富的关系就是其

---

[1] Georges Bataille, *Visions of excess, selected writings, 1927—1939*, edited by Allan Stoekl, Minneapolis: University of Minnesota, 1985, P.118.

[2] Georges Bataille, *The Accursed Share: An Essay on General Economy, Volume III, Sovereignty*, Trans. Robert Hurley, New York: Zone Books, 1991, P.282.

[3] Ibid, P.283.

政治面相。我认为，巴塔耶所论述的封建制度下的政治面相，就是封建制度下的财富的生产与至尊性的产生之间的关系，而其所论述的至尊性的情感面相，则是封建制度下的财富的消耗与至尊性的获得之间的关系。当然，巴塔耶在这里部分修改或补充了马克思等对封建社会的定义，即封建社会不仅是一种物质形式，还是一种"精神"上的形式，它所致力的就是要保证和维持土地的所有者能够或有机会享有至尊性。

而封建制度与至尊性的政治面相的关系，其实就是财富的生产与分配机制与至尊性的关系。一般来说，在封建社会，财富主要来源于地产收入（它既包括田间劳动，也包括畜牧业），它是地产所有者的劳动的产品。但是，巴塔耶认为，对地产所有者来说，如果地产收入是其自身亲力亲为劳动的产物的话，那么就不会产生至尊性。这是因为，若地产所有者亲自参与地产的经营，则势必要进行劳动，而劳动则意味着奴役。这也是黑格尔的观点，即接受劳动就是接受奴役，就是为了保全自己的生命而委曲求全，就是放弃自己成为主人的可能，并接受成为奴隶的现实。所以，要想获得至尊性，必须不劳而获，这就是说，必须不经过劳动而直接拥有地产收入。而封建制度其实就是维持这种财产分配方式的一种形式。但是，巴塔耶同时强调，这种源自地产收入的财产分配方式的前提，是地产的剩余部分的出现，也即劳动的富裕部分的产生，因为在一定时空内，除了维持人们基本生存所必需的部分外，劳动的果实总是能够产生剩余，正是这种残留下来的过剩部分给至尊性的产生提供了基础，这部分过剩的劳动被地主无偿占有，使其得以成为至尊，并得以享有至尊性。

但是，在巴塔耶看来，即使具备了成为至尊的条件，拥有由地产收入所产生的过剩的财富，也不能证明，或者保证地产所有者获得了至尊性，它只是至尊性的一个必要条件而非充要条件。若要获得至尊性，则必须要对这种过剩的财富进行"超越有用性的消耗"，也就是说，要把这些过剩用于非生产性的消费，即花费上，才能获得至尊性。

这就涉及封建制度与至尊性的情感面相的关系。显然，拥有至尊地位的所有者是不需要劳动的，因为其可以通过所获得的财富，即剩余的地产，脱离劳动。这就具备了获得至尊性的条件，这是由于劳动首先是一种奴役和屈从，其次，其所着眼的是对生命的保存，是对未来的注意和算计，但是至尊性所关注的却是当下和瞬间，是对未来的唾弃和不以为然，所以，巴塔耶在这里指出，若要真正享有至尊性，就必须放弃对"有用性"的牵挂。这一点，其实就是他的花费思想的变形。从经济上来说，至尊性的谋求和获得必须通过把过剩的财富用于对非生产性的目标的追逐才有可能实现，因此，巴塔耶认为，封建制度下的来自地产的财富，"它不是授予至尊性的财产。至尊性始终是一种主体性的品质，即使似乎——是由土地的财产所追随的品质的遗产——那种品质起源于土地"①。巴塔耶在这里对于至尊性的"主体性"品质的强调，意在说明至尊性的政治面相固然与封建制度下的过剩的财富有关，即与土地的所有制乃至产生于其中的财富有关，但更重要的，也是更根本的，则是只有在人们对过剩的财富进行消耗的时候，才能激发至尊性的情感面相，并最终获得至尊性。

当然，至尊的这种对过剩财富进行"无用的"不求回报的消耗的行为，其所蔑视的并不仅仅是以财富形式表现出来的未来，他所真正蔑视的是隐藏在其背后的对死亡的恐惧和逃避。因为唾弃现有的财富，就是唾弃现有的生命。他企图通过与死亡游戏，或者说直接向死亡挑战，以得到至尊性。而这种对至尊性的追求，在巴塔耶看来，其实就是对神性或圣性的向往。巴塔耶认为，人生来就是至尊的动物，他无论如何沉沦，即使不得已成为奴隶，他也不可能完全泯灭对至尊性的追求，"至尊性是人的原生状态，是他的基本状态：如果志愿的劳动似乎限制了这种状态，如果剧烈的强加的劳动把这种状态改变为它的对立面，改变为奴隶，至尊性仍然是不可侵犯的"②。所以，对死亡的反抗与对神性或圣性的亲近是其永恒的命运。而其最为直接的表现，就是对可保障生命存在的财富毫不犹豫地肆无忌惮地"任性"的"丧失"掉，即把过剩的财富即"有用的"财富有意识地用于"无用的"目标之上。

---

① Georges Bataille, *The Accursed Share: An Essay on General Economy, Volume Ⅲ , Sovereignty*, Trans. Robert Hurley, New York : Zone Books, 1991,P.446.

② Ibid, P.284.

三、封建制度的至尊性的存在与散布形式

巴塔耶认为，从表面上或形式上看，封建制度下的至尊性的存在形式与原始部落时期的那种最初的，同时也是最原始的至尊性是不同的，这是因为封建社会的至尊性是强迫性的后果，至尊消耗的是一个被强迫劳动的同伴的劳动的剩余，这显然是有别于原始部落中在同一家族中所产生的那种可以"平等的"享有至尊性的特点。而在封建制度下，至尊性更多的集中于有权力无偿的消耗过剩财富的人的身上。

从理论上来说，这样势必会在那些得以享有至尊性的人和不得不屈从于他的那些人之间产生冲突，但是，巴塔耶并不认为双方的这种不平等关系必然会导致矛盾，或在本质上与原始部落时期的至尊性有什么大的不同。而巴塔耶之所以会有这种出人意料的看法，是因为他将其归之于至尊性所具有的那种强大的魔力，这种力量如此之强大和迷人，它不仅使至尊不必属意屈从于他的人的因之产生的痛苦，也使屈从于他的人不再对此产生怨恨。其实，巴塔耶之所以把至尊性所具有的这种消弭"主客体"冲突的特点归之于其独具的魔力，根本的原因，在我看来，还是因为至尊性所具有的双重面相相互转化和影响的结果。至尊性的生产是要依赖其所具有的政治面相的，而在获得它的那一刹那间，却是其情感面相在起作用，而情感具有传染性和感染性，也即它是一种"品质"，故人人皆有可能享有，所以，只要有分享其的"轻微的可能性"存在，那种存在于至尊和屈从于他的人之间的龃龉就会荡然无存。还有一个原因就是，至尊性作为一种神性或圣性的显现，它蕴含了人们否定死亡和战胜死亡的强烈的愿望，故有时人们为了能够接近或者见证这种神圣的至尊性，甚至不惜放弃自己所应享有的那种"显贵的价值"，而将其直接赋予国王或者君主，使其成为至尊。"有时，重要的事情不再是至尊自身，但是，那种人的至尊性存在和填补了世界，在其中，在这点上，它不再看重那些被组织的和延续的奴性的劳动，而正是这些劳动使被过多的仇恨所降级的人性

变得可恨。"①换句话说，放射出至尊性光芒的国王或君主之所以会成为至尊，是因为人们需要至尊性，所以他才会成为国王或君主。而国王或君主也就成为封建社会中的至尊性的根源和焦点。

而国王或君主与屈从于他的人之间的可能的冲突关系由此演变成了一种可以沟通的层级关系，它不再是黑格尔的主奴哲学中的势必要展开生死斗争的主人和奴隶，而是一种"先与后取"的交互性的关系，一方"承认"和赋予另一方以至尊地位，另一方则报之以由至尊性所放射出的灿烂的光辉。当然，在封建制度下，这种回报的形式是以土地的赠与表现出来的，"被浓缩在一个人身上的美德（virtue），所有的人的至尊的资源，包括作为它的原则和它的源泉的财产，将从君王（the prince）流溢而出，是符合逻辑的。地产，所有土地的拥有权，事实上是至高无上的尊严（the supreme dignity）的结果。"②显然，在此，巴塔耶把马克思对于封建社会的土地所有制的经济形式与建基于其上的"上层建筑"的关系颠倒了过来，即不是由于有了这种土地所有制才产生了至尊性，而是因为有了这种至尊性，才出现了封建的土地所有制。也因此，巴塔耶认为，在封建社会里，至尊性就在君王对土地的赠与与其流转的过程中得到散布，并借此得以传播到更多的人身上。

巴塔耶把至尊性的这种传播的形式概括为"凝结"（condensation）和"散布"（dispersal）相伴随的过程。至尊性首先"凝结"在国王或君主身上，然后经过他们而"散布"开去，而在这一"散布"的过程中至尊性又形成新的"凝结"，后者同时又开始新的"散布"，而就在至尊性的这种不断"散布"的过程中，封建制度得以形成。"在社会中，对至尊的工作的关注是很盛行的，这种收缩和舒张的活动是不可避免的：指向浪费的权力被不断的分开、组织和分解。但是，从政治上来说，关键是与至尊性相联系的土地所有者的等级制度的经济支配，它既通过服务于至尊，也通过遗传的特权来实现；最主要的是积聚

---

① Georges Bataille, *The Accursed Share: An Essay on General Economy, Volume Ⅲ*, *Sovereignty*, Trans. Robert Hurley, New York：Zone Books, 1991, P.286.

② Ibid.

的缺乏，为了非生产性的目标的可用的资源的连续的消耗。"①而从巴塔耶的这一表述中，也可以看出他始终强调的两个要点，即尽管伴随至尊性的这种传播过程展开的是与其相联系的土地所有制的落实，但这并不是主要的，这只是现象，而真正予以"散布"的其实是"指向浪费的权力"，也即把劳动所产生的过剩用于非生产性目的的权力。还有就是所形成的封建制度下的社会的特点，同样，这里巴塔耶也是从社会的资源与财富的消费方式出发来总结封建制度的特点的，他认为，在封建社会，社会的资源和财富并没有用于生产力发展的"积聚"，而是源源不断的将其用于非生产性目的的"消耗"，这就是巴塔耶所言的"消耗社会"。在这种类型的社会里，人们花钱目的不是为了生产，而是为了某种"精神上"的东西，如桑巴特所言，"不管我们考察何处，我们都会遇到这样一个存在于前资本主义和早期资本主义文化之中的观念：体面只适合于花钱而不适合于挣钱"②。因为挣钱就是劳动，一个从事劳动的人就是忍受奴役的人，这样的人是没有任何"体面"可言的。而这种"体面"，就是巴塔耶的至尊性。

所以，我们可以看到，在封建制度下，无论是欧洲还是中国，帝王们都不约而同把财富用于与生产力的发展无关的"无用的"目的的消耗，如修建金碧辉煌的宫殿、巨大的陵墓、举办盛大的庆典、宴会、哀悼活动，以及发动战争，这是以最奢华的形式将社会资源和财富迅速化为灰烬的一条最为便捷的方式。而国王和君主就在这一过程中获得的那种稍纵即逝的闪耀着诱人光辉的至尊性，同时，他们也借此把"凝结"在自己身上的至尊性"散布"给了更多的人。

四、总结

从以上论述可以看出，巴塔耶从至尊性入手进行的"国家批判"，实际上

---

① Georges Bataille, *The Accursed Share: An Essay on General Economy, Volume Ⅲ*, *Sovereignty*, Trans. Robert Hurley, New York：Zone Books, 1991, P.288.

② [德] 维尔纳·桑巴特：《奢侈与资本主义》，王燕平等译，上海世纪出版集团2005年版，第20页。

其出发点还是他的花费或消耗的思想，只不过，他同时在花费的基础上又对花费过程中所引起的人的心理状态作出了考察，即从至尊性的政治与情感两个方面来研究不同的政治制度下花费的形式及其所产生的情感。他认为封建制度下的至尊性是至尊性的典型表现形态，至尊性的产生与地租的出现有直接的关系。但同时他又指出，至尊性的获得在于地产拥有者不劳动且消耗，而且，消耗的是地产的过剩的部分，而围绕地产以及对地产过剩部分的消耗的权力的分配形成了封建制度，其最大特点就是社会的财富不用于生产力的发展，而用于 "无用的" 消耗。在此过程中，至尊性得以 "凝结" 和 "散布"，进而人们也得以分享来自国王和君主的至尊性，即那种 "显贵" 的品质。显然，巴塔耶 "国家批判" 的重点，或者说，他的政治哲学所关注的中心，还是人们在不同的社会制度下的精神状态，更近一步的说，他关注的其实是人在不同的政治处境中的主体的存在状况。

《五十年政治反思》中的"基本事实"

——简评雷蒙·阿隆的《五十年政治反思》

陈家琪[*]

1977年4月的一天，雷蒙·阿隆因心肌梗塞被送进科森急救中心进行抢救。刚一苏醒过来，他在《回忆录》中写道："我虽然丧失了说话和写字的能力，可头脑却依然清醒（我希望是完全清醒，可是我能有把握吗？）但不能与人交谈。我用手示意要一张纸和一支笔，用左手十分困难地写下了几个字：死，并不可怕。"[①] 1983年10月17日阿隆逝世，在去世前几分钟，阿隆所说的最后一句话是："我相信，我已经说出了基本事实。"[②]（参见茨维坦·托多罗夫为阿隆回忆录所写的"序言"）

能说出"死，并不可怕"，是因为他已经在死亡线上走了一圈，从此"死亡不再是抽象概念，而成为每天都出现在眼前的远景"。

能说出"我相信，我已经说出了基本事实"，是因为他知道在自己五十年的政治反思中，到底什么才是自己所经历并意识到的"基本事实"。

对这些"基本事实"的认定与说出，在某种意义上又全都与对"死，并不可怕"这一"远景"的认定与说出有关。

阿隆出生于1905年。从1905—1983年，在这78年的人生中，阿隆经历了两次世界大战、阿尔及利亚的独立战争、法德和解、1968年的五月运

---

[*] 陈家琪，同济大学哲学系教授，博士生导师。

[①] 雷蒙·阿隆：《五十年的政治反思》，新星出版社2006年版，第595页。

[②] 同上书，第17页。

动、冷战中的美苏争霸、越南战争、核威胁、欧洲联合之路以及自己在本国
被 "左"、右两派的同时抛弃。作为自戴高乐以后历届法国总统，包括蓬皮杜、
德斯坦在内的 "私人朋友"，同时也作为基辛格的朋友（ "由于年龄上的差异，
他总是以一种晚辈和学生的态度敬重我" ①），作为尼赫鲁、李承晚等大人物要
"私下会谈" 的 "非政治人物"，阿隆是一定深深卷入了这五十年间的政治旋
涡的。但他说： "我极少提到过我与当今世界的大人物谈话，因为这种谈话确
实比较少，而且我从中毫无受益或收益甚微。" ②

那么，到底什么才是他在这五十年政治反思中的 "基本事实" 呢？

什么才是他所谓的 "政治反思" ？

在这五十年间，决定了他的政治方向的，不是康德或黑格尔，而是斯大林
和希特勒；但知识分子介入政治的方式又主要是在知识领域而非政治行动，目
的是了解世界而非改造世界。就知识领域的了解而言，思考是不可能脱离生活
的，阿隆留给后代最重要的教训就是： "拒绝把生活与思考割裂开来，始终把
理念同这些理念所反映的所改变的所扭曲的事实加以对照。他在生命走向终点
时强调的不是他的智慧超群，而恰恰是其独特的个人反应力与学术建设之间的
连续性。" 当《新观察家报》在采访过萨特之后，也来采访他，并让他把自己
与萨特进行一番比较时，他说： "毫无疑问，萨特的影响现在已经比我大得多
了。……但是，今后也许有一天，人们对他和我仍然有兴趣，他们会说，我从
来没有为了辩证法的需要去为不合理的事物进行辩护。我从来没有为皮诺切特
进行过辩护，也从来没有为斯大林和希特勒进行过辩护。" ③

请注意 "我从来没有为了辩证法的需要去为不合理的事物进行辩护" 这
句话；它告诉我们，辩证法不能用来为不合理的事物进行辩护，不能在未区
分 "合不合理"（对错好坏）之前就先施出 "坏事也能变好事"、 "失败是成功
之母"、 "没有前面的坏事，就不会有后面的好事" 等之类的 "辩证法" 法宝；

---

① 雷蒙·阿隆：《五十年的政治反思》，新星出版社 2006 年版，第 531 页。
② 同上书，第 532 页。
③ 同上书，第 630 页。

就是区分了"是否合理"后再进行这样一番"辩证法"的自我辩护或自我解嘲也依旧是无聊的。这中间到底需要的是一种什么样的"品行"或"才干"呢？其实就是"个人反应力与学术建设之间的连续性"："个人的反应力"源于生活的现实，"学术建设"源于理念的普世性，具体来说，也就是自由、安宁、幸福，它要求一个人"首先要作出根本选择，接受还是拒绝本人所处的社会制度，在这个前提下才能根据具体情况决定采取何种政治行动"。①

具体到他所经历的这五十年，在现实生活中所发生的最大的事情就是必须对纳粹主义、共产主义、殖民主义当其还没有完全显露出是否合理（他的原话是"当真理尚未被揭示出来之前"②）时就作出正确的判断。

正是围绕着这三大"主义"，他与他的同时代人，也就是那些广为我们所熟悉了的法国第一流的思想家们在不同的路段上"分道扬镳"。

先说纳粹主义。

今天已经不会有多少人再为纳粹主义进行公开辩护了，或者说"纳粹"这个词就已经与"恶"联系在了一起。但在 1930 年前后，阿隆来到德国，并在科隆大学谋到一个法文助教的讲席时，当时的德国是一番怎样的景象呢？

阿隆那时正倾力研读马克思，想理解和估计资本论的价值，因为世界范围内的经济危机仍在继续之中。他说，那时大家对经济危机都得不出一致的诊断，也开不出大家都同意的治疗方案。但"资本主义的各种矛盾，是否一定会通过革命或逐渐改良，把人类引向社会主义？经济大萧条泛滥全世界，德国受害尤为惨重，这是否证实了马克思的先见之明呢？"他个人很想证实他自己在当时相信了"社会主义确实是注定即将到来的历史阶段"。至少，就他个人而言，就很"想靠平衡预算来代替通货紧缩和经济紧缩"，1933 年罗斯福当选总统，他的竞选纲领中也有平衡预算这一条。那么谁来平衡预算呢？当然是国家。

---

① 雷蒙·阿隆：《五十年的政治反思》，新星出版社 2006 年版，"译者前言"第 4 页。
② 同上书，第 630 页。

于是，1930 年和 1931 年的雷蒙·阿隆就在自己当时和随后所发表的文章中发现了让人 "一种牵肠挂肚的东西"，这就是担心德国国家主义的抬头。他说，"我在科隆和柏林时，就预感到国家主义会不可阻挡地突飞猛进，国家主义的政党，兼收并蓄传统的右派和国社主义，这个政党一旦获胜，战争便会如魔影幢幢，显示不祥之兆。正如我在别处已经写过的，1930 年春天，我刚到科隆便感到了冲击。就像汤因比说的：'历史又在重演了'。在 1930 年或 1931 年，我直觉地感到，在大多数法国人里面，我是比较清醒的。我比较能够意识到，狂风暴雨即将袭击整个世界。"①

这里的麻烦在于：一方面，政治行为只有同广义的道德联系起来才有意义，任何政治，尤其是战争，都必须具有合乎道义的目标；但另一方面，政治问题不是道德问题，无论是战争作为目的也罢，作为手段也罢，"都不是考虑了道德然后得出来的，或者说，不完全根据道德。权利平等，就意味着德国要重整军备。国家之间，不能厚此薄彼，在正常情况下，这是公平合理的，但是，德国要求平等，不接受凡尔赛条约关于领土的规定，而要重振军威，那么，和平是加强了呢，还是出了危机呢？"②

德国受了经济危机的创伤，国民情绪激昂；希特勒上台，不到三年，便使 600 万失业者就业；在这种情况下，当时的法兰西第三共和国，甚至当时的整个世界，除了通过放弃赔款或暂缓赔款而在理论上要求一种空洞的 "和平主义" 外，又能怎样？

"形势迫人乃是道德的精髓，这跟宗教差不离，不是理性所能限制得住的。" 在德国的阿隆，一下子就发现了德国哲学的高深和德语的那种 "极富概念性的词句"，一面是社会学家胡塞尔和海德格尔，另一面是西南德国的新康德主义学派的李凯尔特和马克斯·韦伯，一下子便让法国作家相形见绌，几乎显得有点贫乏。"20 世纪 30 年代，现象学、存在主义哲学和黑格尔化的马

---

① 雷蒙·阿隆：《五十年的政治反思》，新星出版社 2006 年版，第 46—47 页。
② 同上书，第 49 页。

克思主义，统治着德国的思想界。"对作者来说，"在思想方面，我认识了最根本的东西。一方面是胡塞尔和海德格尔的学说，另一方面则是第二国际的劫后余生，法兰克福学派和卡尔·曼海姆，正是哲学政治思想的两极。"① 当时的德国，电影和戏剧也放射出耀眼的光芒，几乎所有的人都向希特勒欢呼，"狰狞的死神飘荡在魏玛这个没有共和人士的共和国上空，徘徊在左翼知识分子头顶，同情马克思主义的知识界，痛恨资本主义，而对纳粹却不够警惕，从而不肯断然起来保卫魏玛政权。"②

阿隆说，他从一开始就痛恨希特勒，"因为他是个反犹分子，而我是犹太人。这得算在账上，但不如想象的那么厉害。听他演说，我便毛骨悚然。他的嗓门能够让某些人着魔，而我却一听就难受，几乎听不下去。我讨厌他那种伧俗粗野的语言。瞧着几百万德国人的欢欣鼓舞，我只是目瞪口呆。希特勒杀气腾腾，真是罪恶的化身，对我来说，他就是战争。"③

但几百万工人，德国的无产阶级，为什么一触即溃，一败涂地，几个月前还高举红旗，结队游行，而几个月后（希特勒当上总理后几个月便是五一劳动节）便又全部站在纳粹的旗帜下结队游行呢？

至于犹太人，当时却流行着这样一些说法："他奈何不了普天之下的犹太人……他会激怒美国人的……他没法撵走搞物理化学的犹太人，没有这些人，威廉帝国在盟国的封锁下，支持不了4年之久……"

在这种情况下要作出正确判断容易吗？

德国在他一生中留下的印象太深了。正是在德国的一次自发的"十日会"活动上，他遇见了他的终身伴侣苏珊·高松，并通过她结识了西蒙娜·韦伊，感受到她浓郁的宗教气质；也是在德国，国社党让他知道了不合情理的强权有多么厉害；还是在德国，马克斯·韦伯教给他"匹夫有责，责不在思想感情，

---

① 雷蒙·阿隆：《五十年的政治反思》，新星出版社 2006 年版，第 62 页。
② 同上。
③ 同上书，第 53 页。

而在抉择的后果"。①

所有这一切，注定了他是一位战后法德和解的最为积极地推动者。

当阿隆在德国时，萨特也去了德国；但如萨特日后所说，"他是在德国'度假'"；所以当阿隆相信世界将有大事发生时，"萨特却好像什么也没有看到，心思不为任何事所激动"，"他看胡塞尔的作品"（这是阿隆向他推荐的），也初次接触了海德格尔的哲学，"好像又回到了高等师范读书时那种不用为任何事负责任的轻松愉快的时候"②。

当战争爆发后，萨特与阿隆都以各自的方式进行了抵抗，萨特是留在法国写剧本和《存在与虚无》，阿隆则追随戴高乐将军在英国，一心想作为一名坦克手返回法国作战，但最后却不得不承办《自由法国》杂志，每天写一篇关于法国时局的分析文章；萨特在读到这些文章时曾说过："雷蒙·阿隆的专栏文章为我们分析国家社会主义，像光谱那样层次分明，光彩夺目。"③

会有许多人认为萨特在该介入的时候并没有介入，剧本《巴利奥纳》和《苍蝇》"算不上是正经参加抵抗运动"④；但萨特对于当时的维希投降政府的态度却要严厉得多；他通过剧本反复向人们宣扬的一个道理就是：英雄主义在任何情况下都是可能的，不管什么时候，人的自由都不可战胜。在剧本《巴利奥拉》中，他借剧中人物的话说"这个城市只要不放弃那对坏蛋强加给它的罪孽和悔过的思想，便只能承受坏蛋的蹂躏。一望而知，这是在影射维希政府的'痛苦有用论'，影射维希政府让人悔过自新的说教，以及政府强加给法国的令人作呕的忏悔气氛"。⑤

相比较之下，"正经参加了抵抗运动"的阿隆对待维希政府的态度却要宽容得多。第一，停战在当时是无法避免的，"不管怎样，我并没有觉得这些签

---

① 雷蒙·阿隆：《五十年的政治反思》，新星出版社 2006 年版，第 68 页。
② 贝尔纳·亨利：《萨特的世纪》，商务印书馆 2005 年版，第 436 页。
③ 雷蒙·阿隆：《五十年的政治反思》，新星出版社 2006 年版，第 152 页。
④ 贝尔纳·亨利：《萨特的世纪》，商务印书馆 2005 年版，第 436 页。
⑤ 同上书，第 449 页。

署或承认停战协议的人就因此而声名狼藉"。第二，1940 年年末，整个法国，包括法定的社团、军队、海军、空军都是奉贝当元帅之令行事的，尽管维希和伦敦都以法国正统政府的化身自居，但日后的审判与清洗运动以战时"临时政府"的"革命法制"为依据却说不过去，当时的维希政府是法国人民选举出来的最后一批代表所赋予的立法权，这是最高的权力，"当国土沦陷之际，奢谈元首通敌，可谓纯属空谈法律"①。第三，起诉维希政府，或因其有亏名节，或因其违反国家利益；起诉人选用了后一条，但谁又能相信贝当元帅投靠纳粹是为了残害百姓和"国家利益"呢？第四，停战协议，从后果来看是好的，甚至包括犹太人，非占领区毕竟庇护了大量犹太人，如不停战，犹太人大概会吃更大的苦头。第五，应把历史的判决与法庭的判决区分开来：悲惨年代的当事人有的是追随一个显然具有合法权力的政府，有的则为通敌合作特别卖力；如果当时贝当元帅驻节阿尔及利亚，许多人就会奔他而去，投身抵抗运动，由于贝当元帅恰恰身在法国，所以他的投降也就断送了全国人民的大团结。

我引述这些话以及比较萨特与阿隆的区别有什么意义呢？

萨特逝世时，十数万民众自发走上街头为他送葬，可见他在民间、在青年知识分子中所享有的崇高威望，这种威望很大程度上与"激进"这个词联系在一起；阿隆逝世时，法国官方、世界政要纷纷出来表示沉痛哀悼，密特朗说阿隆是一个一直坚持对话、主张宽容但又信仰坚定、学养深厚的人；基辛格甚至说阿隆走了以后，这个世界将会感到孤独、空虚。

一个影响在民间，一个影响在官方，一边是激进的、代表下层民众呼声的"左"派，一边是稍显平和的、有着资产阶级贵族遗风（阿隆承认自己在出身上是这样）的右派，我们能用我们惯常的思路去评判他们的是非对错吗？阿隆关于维希政府所说的这些话，对于我们重新审视历史上的主战与议和，重新评价某个人的附逆或通敌，不是也同样有着启迪作用吗？也许应该引述阿隆的两段话作为哲学背景以理解他所谓的"基本事实"：

---

① 雷蒙·阿隆：《五十年的政治反思》，新星出版社 2006 年版，第 179 页。

"谁赢得了战争，谁就可以指定由战败者对战争负责。"

"没有客观真理，只有个人或群体观察形势和事件的方法不同而已。"①

关于纳粹主义，前面说了，分歧不大，阿隆在战前对法国人的多次提醒，一直存在着这样一种质疑：这家伙到底是作为法国人还是作为犹太人发出这样的警告？而他自己，"从 1933—1939 年的 6 年中，在既怕打仗又知道一定会打仗的心情下，也许经历了我一生中最有成果的 6 年。作为人，我是幸福的，作为公民，我只有心灰绝望"。②

再说共产主义。

共产主义不仅与马克思主义学说有关，也与苏联在牺牲了 2500 万人后而赢得抗击纳粹德国的胜利这一 "基本事实" 有关；但在阿隆眼中，这一 "基本事实" 却与另一 "基本事实" 密不可分，这就是 "铁幕" ——这个词正出于阿隆之手，正如 "西方马克思主义" 这个词出于梅洛 - 庞蒂之手一样。③

"铁幕" 一词出现于 1945 年 7 月以后阿隆所写的文章中，而那正是苏联因胜利的光环而达至顶点的时候，几乎所有抗击过纳粹的知识分子都通过为苏联喝彩而加重了自己的砝码；唯独阿隆选择了独立思考，并把对共产主义的反对从战前一直坚持到生命结束；哪怕 1942 年苏联已经成为反对纳粹的盟国，他也对这种联盟的性质持怀疑态度。他在 1950 年就发起了一个反对专制主义的组织 "保卫文化自由大会"，1955 年再出版了《知识分子的鸦片》，该书与哈耶克的《个人主义与自由秩序》(1947)、阿伦特的《极权主义的起源》(1951)并称为三部 "反共" 作品，其基本理念都建基于自由主义之上，但这三个人对自由主义的理解又不尽相同。阿隆的自由主义反对哈耶克的 "市场原教旨主义"，他认为自由就是妥协：把自主权交给个人，但国家要为弱势群体提供生存手段，帮助他们行使本应享有的权利，建立一个公正的社会，关注全体国民的福利；他心目中的自由民主制度绝非地上天堂，"只是两害相权取其轻的一

---

① 雷蒙·阿隆：《五十年的政治反思》，新星出版社 2006 年版，第 4、11 页。

② 同上书，第 68 页。

③ 参见上书，第 62 页。

种妥协"①。

萨特要比他激烈得多，但不是为了维护自由民主制度，而是为了维护苏联的形象。当战后的阿隆成为教授以后，立即遭受到巴黎大学几乎全校师生的沉默或明显敌意。在萨特看来，马克思主义已经属于明白无误的真理，提到阿隆这位他在高师时的同班同学，他说："一个反共的家伙，就是一只狗。"②

两人的这种紧张（也许说对立更恰当）关系几乎持续了一生。

阿隆想继续他的妥协信条。1979 年 6 月 20 日，在一个名为"越南之船"的组织的倡议下，萨特和阿隆同时出现在了同一个讲坛上，为越南"船民"辩护。当时，阿隆主动走上前去同萨特握手，说了一句在他们青年时代都很熟悉的话："你好，我的小同学。"萨特一言未发；但两个人握手的照片却被一万多家报刊买去转载。阿隆事后解释说："事实上，当我看到他双目失明，近乎瘫痪时，我只感到一片同情和无限怜悯，感到他正向死亡走去。"③

第二年的 4 月，萨特逝世，再过三年，阿隆也去世了。

但围绕着共产主义的争论却仍在继续。

法国里尔第三大学教授、专门研究知识分子问题的让 - 弗朗索瓦·西里奈利在《20 世纪的两位知识分子：萨特和阿隆》中做了这样的概括：

"从此，要想反映萨特和阿隆之间的对立，就再也用不着去分析那些狭隘的矛盾了，比如理智与情感、冷静与冲动、淡漠与热情、梦幻与现实，等等。这并不是因为上述陈词滥调毫无可取之处。……更深刻地说，我们还要分析萨特和阿隆与历史的不同关系，这种不同关系本身所反映的，是他们两人在现实问题上的根本不同之处。在政治上，也就是在个人对现实的理解和加入国家大事辩论的方面，阿隆追求的是真。从本质上说，要达到这一目标永远是复杂的。因此，阿隆的思想摇摆不定，将信将疑，但它还是希望同现实的复杂性作斗争。在同样的政治领域里，萨特最初什么都不追求。接着，在这一领域多重

---

① 雷蒙·阿隆：《五十年的政治反思》，新星出版社 2006 年版，第 10 页。
② 同上书，第 8 页。
③ 同上书，第 621 页。

因素的作用下，他开始追求善。因此，萨特的思想充满激情，如同救世主一样，希望通过语言的魔力以及由此而生的行动使现实屈服。"①

这一概括与阿隆本人的认识很近似。我们在前面已经引用了阿隆的一段话，说明"没有客观真理，只有个人或群体观察形势和事件的方法不同而已。"具体到历史，当你意识到文化（也就是文明）的多元性，意识到价值准则的历史性时，自然就免不了生出知识分子特有的悲观与惶惑。至于萨特，阿隆说：一直就存在着两个萨特，一个萨特（作为行动家）一直想通过集体行动寻找到一条走出密室的通道；另一个萨特（作为形而上学者）却明确意识到"人是无用的激情"；50 多年前，当他们还是密友时，萨特就曾对阿隆说过：他不愿意要孩子，因为在他看来，人的生存条件是没有出路的。②

所以，对于作为一个行动主义的萨特来说，他是一个无政府主义者；对于作为一个形而上学者来说，他在对待世人方面始终是一位伦理学家，而且在逝世前夕承认了自己的一个真实思想，这就是在人类历史上对救世主的希望③；至少，以斯大林为代表的社会主义阵营就曾盼演过这样的"救世主"或至少带给人这样的希望。

但一个无政府主义者怎么可能赞美斯大林，而一个本质上是伦理学家的萨特又怎么可能"主张为美好事业采取极端的暴力形式"呢（为此而与加缪彻底决裂）？

阿隆说，那时普遍流行的说法是：宁肯与萨特站在谬误一边，也不与阿隆站在真理一边④；这就是"大多数"法国民众的呼声。萨特自己是这样回敬阿隆的："既然你不相信革命，既然你明知道这个社会卑鄙，但却赞同这个社会，你为什么还对政治感兴趣呢？"⑤

---

① 让-弗朗索瓦·西里奈利：《20 世纪两位知识分子：萨特与阿隆》，江苏人民出版社 2001 年版第 387—388 页。
② 参见雷蒙·阿隆：《五十年的政治反思》，新星出版社 2006 年版，第 628 页。
③ 参见上书，第 629—630 页。
④ 参见上书，第 631 页。
⑤ 同上书，第 625 页。

就是到了今天，也并没有说明关于共产主义的争论就已经有了一个结论。阿隆这样概括出了四个方面的问题，而且有关它们的争论也一直持续到了今天。

首先，就是市场经济与集中的计划经济孰优孰劣的问题。这并不是一个简单的统计数字或仅凭直观感受就能做出回答的问题，它后面涉及科层、学位、体制甚至如法国高师这样的大学还要不要办等一系列问题；阿隆说，"在较高的层次上，西方与苏联争论的是双方各自体制的政治和社会后果，或者是人文后果。我举出社会的活动性作为例子。苏联制度是否比西方民主更善于提拔低微阶级的子弟呢？"[1] 这是一个很严重的问题，特别是相对于法国这个在门第、学府、资历上都有着严格等级观念的社会中，社会主义制度是否更能为广大社会底层的青年学生提供一个施展才干的机会呢？具体到萨特与阿隆，无论在出身、教养还是自我意识上，显然被划归为不同的社会等级，那么他们自然也就有着不同的价值选择。但阿隆提出的这个问题却依然存在：苏联制度是否比西方民主更善于提拔低微阶级的子弟呢？奥巴马的竞选成功能否算做一个反证？

其次，"世纪视野"下的争论涉及市场经济与计划经济是否最后会殊途同归的问题。阿隆把这种"殊途同归"了的制度称为"民主社会主义"或"社会民主主义"，它的立论基础就是技术决定论，或者是生产决定论。阿隆说："经济增长的每一阶段，都有利于某一种体制。苏联体制比较容易在起飞阶段建立起来。在已经工业化的社会里就没那么容易了。"当然，最为根本的问题还是我们是否接受这种盖然的进化论，是否认为生产力的发展（按人均国民产品计算）就会决定社会制度，是否相信历史有一个人类可以确定的"未来"。[2]

再次，阿隆说，"苏联的历史未来论，不太容易符合现实。虽然苏联的社会主义会'接替'资本主义，却又要'追上'美国，但是经济增长的阶段与体

---

[1] 雷蒙·阿隆：《五十年的政治反思》，新星出版社 2006 年版，第 350 页。
[2] 同上。

制交接班，二者之间并没有平行的关系。为什么不发达国家非得走苏联的道路呢？既然皈依马列主义并没有历史的必然性，那么今后苏联人就得证明社会主义制度，去芜存菁，洗净了个人崇拜的一切污点，确实优于西方体制，不管在经济效能上，或是在人的价值上，都比西方体制强。"到底怎样证明？显然不是一个单纯的 GDP 问题，于是又回到了前面所说的 "人文后果"，但是，如上所说，政治问题从来就不是一个道德问题，甚至也不是一个人文后果的问题，谁来做此裁判？

最后，阿隆说，根本的问题还是 "工业型社会是否都趋向于同一个目标呢？我在《奥古斯特·孔德：战争与工业社会》一书中，指出实证论鼻祖天真的乐观。科学开发自然，使人剥削人变得不合时代，毫无用处。战争随神学与军事政权的消亡而消亡。今天，人们都在寻思，生产到底是为了什么？这样，意识形态的教条主义就要让位于思想"。[①] 真是这样吗？不要说 "意识形态的教条主义就要让位于思想"，哪怕就是给思想留下一条发展的缝隙又谈何容易？

但不管怎么说，阿隆所概括出的这四条争论是十分中肯的。但在利希坦看来，全面解释历史，有一套较为能够让人信服的历史哲学，对于任何一个想实现现代化的国家来说都是必不可免的；对此的反驳就是：日本和中国台湾的现代化就既没有靠全面解释历史，也没有靠革命。阿隆自己的观点是：马尔库塞说，应该解放那些发展所固有的可能性，这当然是对的，但我们从美苏这两种都不尽合理的社会制度中并引申不出 "现实固有的种种潜力"。他的结论是：西方的成功，部分地归功于政教分离（所以他说他依然是一个启蒙时期的人）；而马克思主义的 "阶级救世论" 最终也只会变为一种装饰门面的东西；在文化多元已被普遍接受，在 "立宪多元制" 也并不能视为最好或唯一正确的政体的情况下，公共生活只能以多种方式组成，我们只能采取一种 "懂得战斗但不要仇恨" 的态度，相信 "人类总在探索一个难以捕捉到的真理"；相信人

---

① 雷蒙·阿隆：《五十年的政治反思》，新星出版社 2006 年版，第 359 页。

们只能以救世主的角度才会讨论一个道德社会（人与人之间的关系是道德关系）的降临。①

最后，再讨论一下殖民主义的问题。

相对于法国的具体情况，殖民主义的问题也就是如何处理越南、阿尔及利亚等殖民地的问题。

1946年12月，印支战争爆发，据说是越盟突然袭击河内的法军；当时过渡政府的社会党首脑莱昂·波鲁姆的意见是"在和平秩序尚未恢复之前拒绝谈判"；而"恢复和平秩序"就意味着用兵征服。阿隆在此之前当过两个月的政府宣传部的办公室主任（这是他平生第一次，也是最后一次当官，充分领教了官场的漫画式的常态：机构臃肿，人浮于事，钩心斗角，彼此倾轧），但他认为派遣援军可以，武力镇压不行，"国民下决心要拯救的立场，绝不是单凭武力所能保持的。用暴力来维持，不是维护法兰西"。②按照那种"学术建设的连续性"的准则，他是一定会维护自己的普世价值的："刚刚通过的宪法隆重宣称，法国绝不采取任何行动，侵犯任何国家民族的自由。……我们没有任何理由，认为我们的代表们打算推翻这项原则，所以，目前的战斗越发显得可悲，因为我们不成心，也不能成心，用兵力重新征服越南。"这就是他当时所发表的文章。但因为他本质上是一个疑虑重重，并且努力想与火热运动或高涨的民族情绪保持距离的人，所以萨特说他在越南问题上有些支支吾吾是对的，而且就是在以后的以色列、英、法联合作战，包括重新占据苏伊士运河的战斗中，他依然采取了"模棱两可的暧昧立场。"他说，"事后，我自责没有立即把自己的想法坚持到底……幸好，尽管我中了毒，但还没有到发狂的地步"。这里所说的"中毒"，在我看来，除了自己对有关运河的知识一无所有外，大约也与他是一个犹太人，而当时发生在中东的战争又与犹太人如何才能争取到一个生存环境密切相关，③与埃及人正在支持阿尔及利亚的独立并掀起狂热的反

① 参见雷蒙·阿隆：《五十年的政治反思》，新星出版社2006年版，第361、629页。
② 参见上书，第186页。
③ 同上书，第310页。

法宣传有关。在《回忆录》中，阿隆说：“毫无疑问，我错了：在爱丽舍圆形广场《费加罗报》报社占优势的那种情绪，特别是布里松的情绪，不能成为我的借口，它只说明我的文章为什么吞吞吐吐。”[1]

到 1957 年，当阿隆出版了他的《阿尔及利亚悲剧》后，正如他自己所说：“我发誓不再像几年前那样谨小慎微了。”

阿尔及利亚对于法国人来说意味着什么？意味着就如一个省即将脱离法国，而且那里居住在 100 多万法国公民，意味着那些人将不得不离开那里回到法国。

但阿隆坚持说：今天的法国不再是、也不可能再是以前的帝国了，“法国的革命者，在以自由的名义征服的欧洲，多方敲诈勒索，而他们却问心无愧。苏联共产党人以人民解放的名义在东欧使用暴力把他们的制度强加于人，而他们也问心无愧。当我们在非洲使用武力时，我们却问心有愧，可是，我们每年都要在那里投资几百亿，有时甚至几千亿。”他正是用这种看起来有些“自私”的理由来说服法国人民的：阿尔及利亚对法国，与其说是财富，不如说是负担；在一体化的口号下，这个负担只会越来越重，因为我们必须努力减少法国和阿尔及利亚生活水平上的差距。[2]

这些话，说起来不再“谨小慎微”，但与那些公开号召士兵倒戈或新兵开小差的人比较起来，他仍然不够“激进”，因为他认为在一个民主国家里，服从法律要高于服从民意，或如孟德斯鸠所说，谁也不该或没有义务为了国家而去骗人，对法国人而言，缺少的从来就不是勇气，而是头脑。[3]

许多人把阿隆比做孟德斯鸠、托克维尔，至少说他继承的是法国思想家中的这一传统；他自己认为他比上述两人更关注现实，也更深入地卷入了政治；当然也正是政治使他与萨特、马尔罗等有着几十年友谊的人分手。当晚年的他已经可以比较超脱地回顾往事时，他更怀念的还是亲情与友谊，因为，当他回

---

① 雷蒙·阿隆：《五十年的政治反思》，新星出版社 2006 年版，第 311 页。
② 同上书，第 318 页。
③ 同上。

顾一生时，他必须给自己一个解释：我到底是因时运不济而误入歧途，还是因为自己错误地把经济、战争、国际关系这些自己并不擅长的课题当成了时代的课题并据此也成为了自己的思考主题呢？

阿隆说："说实在的，我还能够作出其他的选择吗？"①

但无论是时运不济还是自己的选择错误，阿隆说：当我展望未来时，我没有发现什么可以值得乐观的理由；我为之奋斗的全部思想和事业都似乎已经岌岌可危了，而且，"不管上帝存在与否，任何人在生命结束时，都无法判断自己将升入天堂还是堕入地狱"。这就是这本《回忆录：五十年的政治反思》一书最后的几句话。这本书出版后没有几周，他就告别了这个世界。那么这句话，大约也可以视为他所经历并意识到的"基本事实"。

---

① 雷蒙·阿隆：《五十年的政治反思》，新星出版社 2006 年版，第 658 页。

历史的冒险

——梅洛-庞蒂的政治哲学概述 *

张尧均 **

梅洛-庞蒂对政治的思考是从历史出发的，因为历史不但是政治得以展开的场所，而且也为政治行动提供了基础。而对历史的思考又是与对意义（sens）的思考联系在一起的，意义既来自历史发展的方向（sens），同时又与人的感知（sens）有关。但是，在感知中呈现出来的意义注定是暧昧不明的，这样，历史发展的方向其实也很难是一目了然的。政治行动只能根据在特定的历史背景中呈现出来的有限意义而进行，这使得历史的发展具有了一种冒险的性质，其中也隐藏着悲剧的可能性，梅洛-庞蒂本人的政治和历史思考也表明了这一点。

一、存在主义化的马克思主义

在 1949 年的索邦讲座中，梅洛-庞蒂讲到，在对待历史时有两种重要的哲学态度：一种是经验论因果式的态度，它在历史中只看到一系列彼此没有内在关联的事件。它认为历史完全是偶然的，不存在一种内在的逻辑和意义。另一种是"目的论的"或"天启式的"态度，它把历史看做是一种理性计划的简

---

  * 本文为作者承担的上海市社会科学规划课题青年项目"不可见者的诱惑——基于梅洛-庞蒂的哲学反思"的阶段性研究成果。
  ** 张尧均，同济大学哲学系副教授。

单展开，或者认为历史受某一人类精神或超验理性（Reason）意向的指导。这又是一种决定论的、必然的历史，它忽视了历史事件的偶然性，及事件结局的开放性和不确定性。①

梅洛 - 庞蒂对这两种态度都加以拒斥，他想要在这两者之外寻找第三种态度。他在"境遇"（situation）这个概念里找到了他的立场，因为境遇既是偶然的，又包含着内在的逻辑，它是偶然与必然的统一，它因此就成了梅洛 - 庞蒂思考历史的出发点。历史是一种境遇的历史，这就是说，它是通过人与情境的辩证互动关系而发展起来的。每个人生来就是偶然的，他被迫接受他的处境也是毫无理由的，比如说我出生在一个农民家庭，从小在农村长大，我生来就贫苦，我天性忧郁，被孤独和苦恼包围，等等，这都是我一开始就不得不接受的境遇。但是并不能由此就说这个环境就决定了我的命运。我渐渐地意识到自己的境遇，我针对这种处境作出种种反应，或者无怨无悔随遇而安地承受它，或者想方设法地改变它。只要境遇成为我的意识，我就绝不会只是被动的、被决定的。我从被动变为主动，从束缚走向自由，不再是处境支配我，而是我占有这个实际的处境，并"把一种其本义之外的转义赋予给它"。这样，马克思不满足于做律师的儿子和哲学系的学生，而是用阶级斗争的新观点把自己的处境设想为一个小资产阶级知识分子的处境，瓦莱里则把纠缠他的苦恼和孤独变成了纯粹的诗。②

个体的历史是如此，人类的历史也是这样，当然这里的情况更为复杂，因为在历史中起作用的并不是个体，而是由无数的个体组合成的群体或阶级，梅洛 - 庞蒂有时也称为匿名的"人们"（On）。阶级的出现在开始时也完全是自发的或偶然的。我首先作为个体而存在，如作为一个工人、一个雇工或一个佃农等，这是我被迫接受的境遇。但是，在劳动与合作中，我与我的伙伴逐渐走到了一起，因为我们有同样的行为和生活，面临同样的问题，与压迫着我们的

---

① See *Bulletin de psycholgie, Maurice Merleau-Ponty a la Sorbonne, xviii*, 236(nov.1964), P.216, P.259. cf..Madison: *the Phenonomenology of Merleau-Ponty*, Ohio University Press, 1981, P.254.

② 参见梅洛-庞蒂：《知觉现象学》，姜志辉译，商务印书馆 2001 年版，第 226 页。

共同的敌人相抗争。总之，我们有同样的境遇，感受到同样的命运，由此，这些原本分散的个体就逐渐走到了一起。社会空间开始极化，出现了剥削阶层和被剥削阶层的分化。"来自社会界域的任何一点的推动，都使在意识形态和不同职业方面的重组变得明朗起来。"由此，阶级产生了。①我不再作为个体而存在，而是归属于某一阶级，它成了我与世界和社会相联系的方式。

因此，在梅洛-庞蒂看来，阶级意识的形成是内在于我们的境遇的，它是因感受到群体生活的共同命运而产生的。这个观点显然是与萨特的观点有区别的。在《存在与虚无》中，萨特把阶级意识的产生看做是第三者注视的结果：也就是说，我和你的结合只有在作为第三者的他的注视下才有可能。在萨特看来，处于被压迫境遇的工人并不会因共同的痛苦而联合起来；相反，这种痛苦还有可能使陷入痛苦中的人相互孤立和彼此冲突。因为处于同一个处境中的人还是一种我和你的关系，他们免不了爱、恨、利益竞争这些基本的冲突。只有在与另一个团体（资本家、贵族等）相对时，他们才可能作为一个团体而存在。被压迫阶级的实在性是相对于压迫阶级，并在压迫阶级的自由中才存在的。压迫阶级用他们的注视使这实在性产生。②换言之，在萨特这里，阶级意识是由他人从外部引入的，而不是像梅洛-庞蒂所说的那样自发地形成于群体的共同处境中。这一基本的差异其实已经隐含了他与梅洛-庞蒂后来在政治立场上的主要分歧。

随阶级的分化与阶级意识的出现而来的就是不同阶级之间的对抗，而"历史在本质上就是一场斗争——主奴之间的斗争，阶级之间的斗争——这是一种人类状况的必然性"③。

把历史看做是一种阶级斗争的展开，这显然是马克思的观点，但从个体的生存境遇出发，却又是典型的存在主义的思想，因此，梅洛-庞蒂的历史观是一种存在主义与马克思主义的结合，或者用雷蒙·阿隆的话来说，是一种

① 参见梅洛-庞蒂：《知觉现象学》，姜志辉译，商务印书馆 2001 年版，第 556—557 页。
② 参见萨特：《存在与虚无》，陈宣良等译，三联书店 1997 年版，第 526—527 页。
③ Merleau-Ponty, *Humanisme et Terreur*, Gallimard, 1980, P.204.

"存在主义化了的马克思主义"①。

马克思主义为历史的发展提供了方向，但这个方向只有当它为个体所感知，并进入他的意识时才有意义。问题是，个体如何才能亲身感知到这一历史的方向或意义（sens）？马克思主义认为历史的发展方向是唯一的，但在个体性的境遇中，甚至在阶级对抗的处境中，个体所感知到的意义显然都不可能是唯一的，那么，又如何协调个体的感知与马克思主义理论之间的矛盾？马克思主义认为，当历史沿着其正确的发展方向前进时，它所实现的将是历史的终极意义，但个人的感知又始终是有限的，它如何能感知到这种超境遇的终极意义？显然，在这种"存在主义化了的马克思主义"中，隐含着一种内在的紧张关系，这也使得梅洛 - 庞蒂在思考和追寻历史的意义时显得并非一帆风顺。

二、《人道主义与恐怖》：历史的终结与暴力的合法性

更进一步来看，马克思主义的历史观其实来源于黑格尔。因此，"如果不返回到黑格尔对人与人之间的基本关系的描述，就不可能对马克思主义政治学的重要性有决定性的了解"②。而黑格尔对"人与人之间的基本关系"的描述，则可以归结为"主奴关系"的辩证法，马克思关于阶级斗争的论述，在某种程度上不过是对黑格尔的主奴关系辩证法的演绎，梅洛 - 庞蒂把"主奴主间的斗争"与"阶级之间的斗争"相提并论，显然也是为了指出这一点。

在 20 世纪 30 年代，黑格尔的"主奴关系辩证法"由于科耶夫在巴黎高等研究学院（Ecole des Hautes Etudes）的"黑格尔讲座"而变得广为人知。梅洛 - 庞蒂本人也于 1937—1938 年间参加了科耶夫的讲座，这些讲座无疑给他留下了深刻的印象。科耶夫讲座的核心主题就是"主奴关系辩证法"，而这也是梅洛 - 庞蒂著作中屡屡出现的主题。科耶夫对梅洛 - 庞蒂的影响尤其体现在

---

① 参见雷蒙·阿隆：《论治史》，冯学俊、吴泓缈译，三联书店 2003 年版，第 41 页及以下。
② Merleau-Ponty, *Humanisme et Terreur,* Gallimard, 1980, P.204.

《人道主义与恐怖》（1947年）一书中。

根据科耶夫对黑格尔的解读，人类历史的发展其实可以说是起源于一场人类为获得承认而进行的斗争，斗争的结果是导致了主人与奴隶这两类人或两个阶级的区分，主人获得了奴隶的承认。但这只是一种单方面的承认，因为奴隶本身还没有得到承认，他们也需要得到承认。为了使这种相互承认具有普遍性，奴隶必须再继续进行一场更为血腥的最后之战，使自己彻底从主人那里摆脱出来。只有在最终的彻底的相互承认中，人类欲望的普遍满足才可能达到，这就是自由。而当这种人与人的普遍承认的个体得到满足时，历史的脚步也就停滞下来了：历史终结了。这就是科耶夫所解释的黑格尔的"主奴关系辩证法"的精髓。而根据马克思，这场主奴之间的最后之战就是资产阶级与无产阶级之间的斗争。梅洛-庞蒂的《人道主义与恐怖》一书可以说就是在这样的理论前提之下，思考这场最后之战的残酷与恐怖。

梅洛-庞蒂说："政治问题来源于这样一个事实，即我们所有的人都是主体，然而我们看待别人时却把他们当成客体。因此，在人们之间的共存看起来注定是要失败的。"[1] 这表明了相互承认的困难。只要一种社会还存在并允许存在主体与客体、主人与奴隶之间的区分，那么，相互承认就是不可能的。在当时所存在的两种社会制度——自由主义的资产阶级制度与无产阶级所建立的共产主义制度——中，也都同样存在着暴力和不公正的现象。自由主义虽然打着自由平等的口号，实际上却存在着"赤裸裸的阶级斗争：罢工和镇压、马达加斯加屠杀、越南战争、麦卡锡主义和美国恐怖、纳粹复苏、教会势力泛滥并伪善地保护法西斯主义在其羽翼下复生"。[2] 而由无产阶级建立起来的苏维埃政权，也似乎同样偏离了马克思主义的革命理想，而出现了专制统治和恐怖的暴力，1937年的莫斯科审判就是这一方面的例证。因此，从现状看，无论哪一种社会制度，都不是完全纯洁的，或者说，政治活动就其性质而言就是不纯

---

[1]　Merleau-Ponty, *Humanisme et Terreur,* Gallimard, 1980, P.214.

[2]　《萨特自述》，黄忠晶等译，河南人民出版社2000年版，第316页。

的，它不能排除暴力。"我们并不在纯洁与暴力之间作出选择，而在不同种类的暴力之间作出选择。……重要的、我们必须加以讨论的不是暴力而是它的意义和它的将来。"[1] 因此，问题只在于如何妥善地使用暴力，只在于认清一种暴力的形式是否适合于历史的意义（sens），它是否在自身中就包含着消除将来的暴力的承诺。这样，对一种暴力的使用和判断必须以对历史的认识为前提。暴力的意义是由它所从属的历史总体所赋予的，也只有历史本身才能给予我们某种暴力是否合理的最终判决。但问题是，我们如何知道这种暴力是进步的还是只是无偿的苦难？

在这里，科耶夫所揭示的"人与人的相互承认"为梅洛-庞蒂提供了一种标准，即衡量一种暴力的合理性与否就在于看它是否能实现人性，导向于人对人的承认。"要真正地理解和评判一个社会，我们就需要穿透其表面上的基本结构而深入到它得以建基其上的人际联结中去，这无疑取决于人与人之间的法律关系，但它也同样取决于人们的劳动形式，爱的方式以及生与死的方式。"[2] 这样来看时，梅洛-庞蒂认为，马克思主义理论依然是一种合乎人道的理想指南，而且，只有无产阶级的革命才能胜任这一历史使命。因为无产阶级作为主奴关系中的奴隶一方，自身中就具有一种普遍性。无产阶级的力量，"作为生产的本质因素，能够解决资本主义的矛盾，能够组织人类占有自然，并且，无产阶级作为'普遍的阶级'，能够超越国家和社会的冲突，同样也能超越人与人之间的斗争"[3]。而马克思主义哲学，作为对无产阶级的历史使命的正确揭示，也就成了真正的历史哲学。它"不是某种历史哲学，它就是这种历史哲学"[4]。在它之外，不再有其他的历史哲学。因此，摒弃它就是"掘历史理性的坟墓"。

从这样一种历史哲学及它所规定的历史的终极意义出发，梅洛-庞蒂开始

---

[1] Merleau-Ponty, *Humanisme et Terreur,* Gallimard, 1980, P.213.

[2] Ibid, PP.40–41.

[3] Ibid, P.237.

[4] Ibid, P.266.

为无产阶级革命中所出现的暴力辩护。在《人道主义与恐怖》中，梅洛 - 庞蒂特别针对柯斯特勒（Arthur Koestler）的小说《中午的黑暗》考察了布哈林（Nikolai Burkharin）在 1937 年的莫斯科审判中的供词。柯斯特勒在这本书中描写了一个老布尔什维克鲁巴肖夫（Rubashov）在斯大林开始党内大清洗之后，开始对苏共党内的不正常现象产生了怀疑，从而招致斯大林的猜忌，以致被捕入狱，经过疲劳轰炸式的狱中审讯后，终于精神崩溃，承认了莫须有的罪名，最后被处决的故事。鲁巴肖夫就是基洛夫和布哈林的混合物。按照梅洛 - 庞蒂的理解，柯斯特勒将莫斯科审判描绘成了"瑜珈行者"（yogi）与"人民委员"之间的斗争，即道德上的良心与政治上的马基雅维利主义之间的斗争。鲁巴肖夫在这两种抉择之间摇摆不定。最后，他所信奉的历史哲学使他招认了自己的罪行：党是不会犯错误的，相对于党所代表的无产阶级的远大目标来说，个体只是党的工具！①

对梅洛 - 庞蒂来说，莫斯科审判展示了政治的固有悲剧：即行为的客观结果可能与作者的主观意图截然相反。鲁巴肖夫或布哈林的主观意图无疑是善良的，但是这种主观意图无助于革命的总体目标，从客观的目的上来说，它甚至可能是有害的。而在到处充满斗争、无法回避暴力的政治领域中，只能借助于目的本身来确证手段的合理性。这也是马克思主义的一个原则，它要求"通过一个人的所作所为，而不是通过他的意图来描述他，要根据行动的客观意义而不是其主观意义来评价这种行动"②。鲁巴肖夫或布哈林的悲剧的根源在于他们的行动偏离了历史的轨道，或者说，他们对历史的意义领悟错了，就此而言，他们的失败是必然的，"搞垮他们的是那一历史阶段的必然性"③。或者说，历史本身就是"邪恶的"："它诱惑人们，怂恿人们，使人们相信他们正沿着它的方向运行，然后它突然脱下伪装，事情发生了变化并证明还有另一种可能性。被历史以这种方式抛弃而只将自己看做同犯的人们，突然发现自己原来是历史

---

① See Merleau-Ponty, *Humanisme et Terreur*, Gallimard, 1980, P.99.

② Ibid, P.89.

③ Ibid, P.155.

曾刺激过他们的某种罪行的教唆犯。他们不能寻找托辞，甚至没有理由推卸部分责任。"[1] 这样，通过诉诸于历史的终极意义及暴力的合法性，梅洛-庞蒂事实上已经承认了莫斯科审判的合理性，并在某种程度上替斯大林的集权恐怖政治做了辩护。

这种辩护其实是成问题的。雷蒙·阿隆后来曾对梅洛-庞蒂作出过严厉的批评。在阿隆看来，梅洛-庞蒂的根本失误在于：他把马克思主义混同于一种历史哲学，而且是唯一的历史哲学，由此他也就忽视了历史意义的多样性。这在某种程度上可以说偏离了梅洛-庞蒂作为历史出发点的生存境遇。因为从个体的偶然的生存境遇出发，是很难把某一种特定的历史知觉意义当做唯一普遍的历史意义，更不能由此而把其他的与之相对立的意义看做是必须予以铲除的障碍。由于是从一种被奉为真实的历史哲学出发，梅洛-庞蒂也就自然地把革命的暴力视为正当，这在某种程度上是重新回到了一种决定论式的历史哲学。[2] 另外，梅洛-庞蒂也有意无意地混淆了马克思主义的规范原则与现实中的共产主义国家（苏联）之间的差别，尽管他也认识到了苏维埃政权所存在的种种问题："革命逐渐停顿下来，它保留和加强了专政机构，而放弃了在苏维埃及其政党方面无产阶级的解放，放弃了对于国家的人道控制。"[3] 但他依然有意无意地从马克思主义的理念出发为其辩护，从而把罪恶推给神秘的历史本身。

更进一步来说，梅洛-庞蒂的失误在于，他把马克思主义神圣化了，或者说，他把马克思主义当做他的信仰了。"信仰"这个词可以从两种意义上来理解，一是宗教含义上的信仰。梅洛-庞蒂早年曾接受天主教信仰，但在接触马克思主义后，他逐渐放弃了他的天主教信仰，转而信奉了马克思主义。因此，对梅洛-庞蒂来说，马克思主义可以说是一种取代天主教的另一种新的宗教。

---

[1]　Merleau-Ponty, *Humanisme et Terreur*, Gallimard, P.129.

[2]　参见雷蒙·阿隆：《知识分子的鸦片》，吕一民、顾杭译，译林出版社 2005 年版，第四、五章。

[3]　Merleau-Ponty, *Humanisme et Terreur,* Gallimard, 1980, P.49.

而苏维埃政权，作为这一新的宗教理念在现实中的化身，他也就多多少少地倾向于它。但"信仰"一词也可以从现象学的意义上来说，它指的是一种"知觉信仰"。正如在图形—背景结构中显现出来的知觉意义一样，历史的意义也能在某个背景中显现出来。而作为一个马克思主义者，就是要相信"历史具有一种格式塔……具有一个趋向平衡状态，即无阶级社会的整体系统，没有个体的努力和行动，这个无阶级社会就不可能实现，但是，它已经在当前的危机中作为对这些危机的解决办法而被勾勒出来的"①。不过，如我们所说，知觉意义总是不确定的，充满着偶然性的，因此，对后一种作为知觉信仰的历史意义的接受需要前一种作为宗教信仰的历史意义的确认，而在作出这样的确认时，它也可以说是把原本开放的意义带入了它的终结之中。一种终极的意义同时也是意义的终结。

三、《辩证法的冒险》：历史意义的多样性

无论如何，《人道主义与恐怖》的影响是巨大的。当它在 1947 年出版时，不但引起了雷蒙·阿隆等右翼政治人士的激烈攻击，也在梅洛-庞蒂所属的《现代》杂志这一小阵营内产生了分歧，加缪严厉地斥责梅洛-庞蒂为审判事件做辩护，而萨特则深受鼓舞。在某种程度上，《人道主义与恐怖》一书甚至称得上是萨特的政治启蒙读物，因为正是通过这本书，萨特开始向共产党靠拢。萨特这样说："正是《人道主义与恐怖》一书使我作出了一项重要决定。这本小小的厚书向我展示了方法与对象。它给了我需要的动力，让我把自己从静止中解放出来。"②

但是，梅洛-庞蒂本人的态度却逐渐地改变了。这种转变一方面是由于《人道主义与恐怖》一书出版后受到的各种批判，另一方面也是由于他对现实

---

① Merleau-Ponty, *Humanisme et Terreur*, Gallimard, 1980, P.237.
② 《萨特自述》，黄忠晶等译，河南人民出版社 2000 年版，第 305 页。

局势，尤其是斯大林的政治体制的更充分的认识。首先是苏联集中营的发现，使他对苏联的态度开始冷淡下来。正如萨特所说："1945 年的苏联在他看来还是'模糊的'，他在其中找到了'进步的信号和退步的征兆'。这个国家正从可怕的考验中出现，希望是可能的。在 1950 年，在集中营系统被揭发后……'产生整全的人'的革命目标被降低为仅仅对共产党的一种幻想。可以说就在这个时候，梅洛发现自己正处在十字路口，他仍面临着选择。"①

朝鲜战争的爆发使梅洛 - 庞蒂对苏联彻底失望。他本以为苏联会阻止这场战争的，但是相反，苏联反而是这次战争的发动者，它想借这个机会确定自己的战略优势来弥补自己在军备竞赛中的不利地位。由此，梅洛 - 庞蒂相信他已经看透了斯大林的真面目，他是不折不扣的波拿巴主义。苏联在他眼里已失去了所有的特权身份，它不多不少与其他肉食者列强没有什么区别。与此同时，马克思主义也开始失去了它的魅力。在后来的《辩证法的冒险》（1955 年）一书中，梅洛 - 庞蒂说，他在战后对马克思主义一直采取"等待和观望"的态度，但现在它"仅仅只是一场梦而已，一场可疑的梦"，他完全置身于"共产主义之外"了。②

他与萨特的关系也越来越疏远，最终导致了两人的分裂。当梅洛 - 庞蒂逐渐远离共产主义的时候，萨特却日益靠近它。萨特后来回忆道："我们每个人都受到了制约，但是在相反的方向上。我们慢慢积累起来的反感突然间让一个人发现了斯大林主义的恐怖，而让另一个则发现了他自己阶级的恐怖。"③

梅洛 - 庞蒂与萨特在政治立场上的分歧由来已久，这种分歧甚至已经隐含在《存在与虚无》和《知觉现象学》中了。我们在上面已经讲到过他们对于"阶级"的不同认识。事实上，他们后来的分歧也是与这个有关的。在 1952—

---

① 《萨特自述》，黄忠晶等译，河南人民出版社 2000 年版，第 315 页。译文据英译文有改动。英译文见 Jon Stewart(ed.): *The debate between Sartre and Merleau-Ponty,* Northwestern University Press, 1998, P.589。

② See Merleau-Ponty, *Adventures of the Dialectic,* trans. Joseph Bien, Northwestern University Press, 1973, P.230.

③ 《萨特自述》，黄忠晶等译，河南人民出版社 2000 年版，第 329—330 页。译文略有改动。

1954 年期间，萨特写了一系列捍卫法国共产党的文章，后来以《共产党人与和平》为题结集出版，而梅洛 - 庞蒂则在《辩证法的冒险》一书中对之展开了批评。

两个人的分歧首先就涉及阶级问题。无产阶级是自发形成的还是在资产阶级的注视下形成的？梅洛 - 庞蒂持前一种观点，而萨特则赞同后一种观点。在萨特看来，群众只是一堆个体的聚集，它的本质"不允许他们在政治上思维和行动"，"确切地说，不能指望他们制定政策；相反，他们只是政策的工具"。[①]随之而来的是党与无产阶级的关系问题。在梅洛 - 庞蒂看来，政党并不是无产阶级的创造者，而只是对话中的交谈者，是无产阶级形成团体的一个纽结，或者说，是无产阶级的自我意识。与此相反，萨特由于认为群众没有自发性，因此，无产阶级只能是通过外部力量形成的，这就是政党。因此，是政党构成了无产阶级，在政党出现之前，并不存在无产阶级。萨特还指出，由于战后法国经济的发展，使得阶级差别模糊不清，破坏了无产者作为一个阶级的构成。工人们几乎没有发现自己被作为资产者的"第三者"所注视；工人和管理者的复杂等级缓解了阶级冲突。在这种状态下，党必须扮演为资产者"第三者"所抛弃的角色，换言之，要通过党的注视把无产者重新团聚在一起。[②]

由政党与无产阶级而引起的争论，还进一步把萨特和梅洛 - 庞蒂带回到他们的"生存本身"，带回到他们的"生活风格"，这尤其体现在他们对于"介入"的理解上。生存哲学就是一种介入哲学，这无论对于萨特还是梅洛 - 庞蒂都是毋庸置疑的。但在对介入的具体理解上，他们又是各不相同的，尤其是当面临着复杂的社会历史事件时，究竟怎么样的姿态才算是一种介入呢？朝鲜战争爆发后，梅洛 - 庞蒂开始对政治保持沉默，而由他负责的《现代》杂志

---

① Sartre: *The Communists and Peace with A Reply to Claude Lefort,* George Braziller,1968.P.226. 转引自詹姆斯·施密特：《梅洛 - 庞蒂：现象学与结构主义之间》，尚新建、杜丽燕译，台北桂冠图书公司 1992 年版，第 147 页注 150。

② 参见詹姆斯·施密特：《梅洛 - 庞蒂：现象学与结构主义之间》，尚新建、杜丽燕等译，台北桂冠图书公司 1992 年版，第 117 页。

的政治版块也有意地淡化政治。这也是导致萨特对梅洛－庞蒂不满的一个重要因素。两人公开决裂后，萨特在写给梅洛－庞蒂的信中，就指责梅洛－庞蒂缺乏政治介入，躲进了纯粹的哲学研究中，而缺乏对社会与现实的关注。梅洛－庞蒂则在他的回信中说，他从来就没有逃避对政治的介入。① 他认为，有两种介入的方法，一种是在每一事件上都介入，这就是萨特的"持续的介入"。这种介入有"它自己的适宜性"，因为有许多事情，要求人们立即对它们作出判断；但是梅洛－庞蒂也强调，大多数时候，单个的事件"并不能作为一个政治活动的整体而得到评价"，因为"政治活动会改变这一事件的意义，它可能成为一种策略或一种权谋以引起人们对政策的每一点都进行判断而不是从它的结果、从它与它的对立面的关系中来加以考虑"，而且，在每一事件上都介入也就"毫无反思地拒绝了一个改正的权利"②。因此，梅洛－庞蒂强调一种更为审慎的介入，这就是要"在事件与总体的观点之间往返运动"，对单个的事件得以发生的整体背景做更透彻的研究。③ 而这样的研究也就离不了哲学的反思。萨特指责梅洛－庞蒂躲进哲学中以逃避政治现实，但梅洛－庞蒂却认为，哲学本身并不是脱离世界的，哲学就是在世界中的一种立场，它要求对事件采取一种审慎的态度。这种审慎的介入比起萨特的"持续的介入"来说"离政治更为切近"，因为它"在事件与对事件的判断之间引入了一种距离，这种距离解除了事件的陷阱，并能使人们更清晰地看清事件的意义"④。

在这种审慎态度的指引下，梅洛－庞蒂认为有必要改进他在《人道主义与恐怖》中的历史观与政治立场："我们需要一种历史和精神哲学，以解决我们在这里所遇到的问题。"这就是《辩证法的冒险》的出发点，在这里展开的是一系列的"取样、试探、哲学轶事、分析的开端，简言之，是在阅读、个人会

---

① 萨特与梅洛－庞蒂的这几封通信 1994 年才首次发表在《文学杂志》（*Magazine littéraire*）上，英译文见 Jon Stewart(ed.): *The debate between Sartre and Merleau-Ponty,* Northwestern University Press, 1998, PP.327-354。

② Jon Stewart(ed.): *The debate between Sartre and Merleau-Ponty,* PP.338-339.

③ Ibid, P.340, PP.329-330.

④ Ibid, PP.340-341.

面和当代的事件过程中持续不断的沉思"①。

在《辩证法的冒险》的"前言"中，梅洛－庞蒂谈到我们的政治学正处在一个自由主义和历史唯物主义，或者说"知性政治学"和"理性政治学"都已经丧失其名誉的时代，知性政治学只知道分立的特殊性而严格地回避总体化的趋势；与之相反，理性政治学则只知道总体化的宏大叙事而把特殊性还原为必须予以克服的否定性。"政治学，无论是知性的还是理性的，都摇摆在事实世界和价值世界、个体的判断和共同的行动、现在和将来之间。"②梅洛－庞蒂希望超出这种两者择一，选择一种更加开放，更为多样化的历史观。因此，它不再把马克思主义看做是唯一的一种历史哲学，他也彻底放弃了早期受科耶夫的影响而接受的历史会有一个终点的看法。在某种程度上，《辩证法的冒险》中的历史观重新与《知觉现象学》的基本立场衔接起来了。

在《知觉现象学》中，梅洛－庞蒂曾提到，存在着两种历史或历史性：一种是动态的，可以称为革命的历史；另一种是静态的，可以称为习惯的历史。前者意味着冲突和斗争，它一方面破坏着既存的秩序，另一方面又创造出新的意义来。后者意味着和谐与共存，它既是一种意义的积淀和制度的创建，但也陷入刻板和平庸的重复中。人类的历史就是这两种历史形式的交替呈现。因此，"历史既不是一种不断的创新，也不是一种不断的重复，而是既产生稳定的形式又砸碎它们的唯一运动"③。在这两种历史中，梅洛－庞蒂认为后者是更加普遍，也更为平凡的，前者却是特殊的。因为在日常的社会生活中有一种相对稳定甚至刻板的历史先天性，只要社会各种力量的平衡能使同样的形式继续存在下去，历史的个体就不会标新立异，他总是面对典型的情境，作出典型的决定。除非真正的革命出现，并砸碎了直到那时为止还仍然有效的历史范畴，否则，历史的个体不会对之作出积极的回应。这种历史的惰性或惯性可以追溯

---

① Merleau-Ponty, *Adventures of the Dialectic,* trans. Joseph Bien, Northwestern University Press, 1973, P.3.

② Ibid, P.6.

③ 梅洛－庞蒂：《知觉现象学》，姜志辉译，商务印书馆 2001 年版，第 123 页。

到我们身体的先天机制上，因为存在着"习惯的身体"和"当前实际的身体"的双重性，存在着"生理现象"和"心理现象"的双重性；也因为存在着一种"历史的身体"，它与我们的身体是相互蕴涵的，我们在自己的身体中就已经拥有了"对历史的触摸不到的身体的最原始经验"[1]。因此，与我们的身体一样，历史最终也显现出这种双重性。

在《辩证法的冒险》中，梅洛-庞蒂把这个观点应用到他对历史唯物主义的理解上。他接受科尔施（Karl Korsch）的观点，认为存在着两个马克思，一个是青年马克思，他建立的是一种"辩证的"和"哲学的"马克思主义，"与革命行将到来的急剧变化时期相对应"；另一个则是已经建立起了"科学的社会主义"体系的老年马克思，他开始大谈"摧毁哲学"，把哲学"抛在一边"，这种马克思主义"在低潮时期占支配地位"，在这时，"实际历史与它的内在逻辑之间出现了分歧，社会基础的重负已让人感受得到"。[2]换言之，青年马克思主义更强调革命与实践活动，而老年马克思主义更关注的是制度的建设。正是因此，"科学的社会主义"便成了老年马克思的新理想。这两种马克思主义后来分别在卢卡奇的《历史与阶级意识》和列宁的《唯物论和经验批判主义》这两本书中得到表达，这也就体现了西方马克思主义和列宁主义的冲突。

在梅洛-庞蒂看来，青年马克思主义和老年马克思主义只是分别强调了历史运动的某一方面，因此需要把这两者综合起来。在一个既定的社会中，同时存在着"运动和惰性"，比如说，同时存在着无产阶级和资产阶级，这两者就是"作为向一般性和向人际关系的创制过渡的历史的特定结构"[3]。因此，历史既是运动也是停滞，既是进步也是倒退，既有意义也无意义。

历史的意义（sens，或译"方向"）在每一步都受到脱轨的威胁，需要不

---

[1] Merleau-Ponty, *The Prose of the World,* trans. John O'Neill, Northwestern University Press, 1973, P.83.

[2] Merleau-Ponty, *Adventures of the Dialectic*, trans. Joseph Bien, Northwestern University Press, 1973, P.64.

[3] Ibid, P.221.

断地重新解释。主流从来不会不伴有逆流或涡流。它甚至从来就不是作为一件事实给出的。它只有通过不对称、残留、转向、倒退，才表现出来，它可以类比于被知觉事物的意义，类比于那些只有从特定的视点看呈现出形式，但也不绝对排除其他的知觉形式的突出形象；与其说历史有一种意义，不如说历史有的是对无意义的排除。[①]

历史既然作为这样两种因素的交替呈现，它也就不可能终结。在《人道主义与恐怖》中，梅洛 - 庞蒂其实已经对此有所怀疑，而现在，他却更为肯定了：无产阶级的革命即使成功，它最后也一定会蜕化变质："这是因为建立了政权的革命根本不同于作为运动的革命，确切地说，历史运动一旦成功，并作为一种制度而告结束，便不再是它自身：它在自我实现的过程中'背叛'并'玷污'了自身。革命作为运动是正确的，作为统治则是错误的。"[②]

从更深的层面上来说，历史的不可终结性源于历史境遇的复杂多变。科耶夫事实上只是从抽象的人性层面来谈论历史的终结的，也就是说，在他看来，人性是可以探究穷尽的，当这种人性（欲望）的可能性被穷尽的时候，历史也就终结了。而在梅洛 - 庞蒂看来，人性恰恰是在现实的境遇中生成的，而境遇却从来都不是确定的，所以，我们也就从来都不可能完整地探究人性："人类问题的历史性解决，历史的终结，只有在人性成为一件可以被知晓的事物的情况下——在其中，只有在知识足以穷尽存在并达到实在地包容所有曾经存在过的以及所有能够存在的人性的状态的情况下——才是可以想象的。"[③]然而这是不可能的。正是因此，梅洛 - 庞蒂认为，我们"应该相对地看待马克思主义关于让位于历史的一种史前史的观念和关于人与人、人与自然和谐一致的真正完美社会临近的观点，因为尽管这是我们的社会批判所需要的，但是，在历史中没有注定产生这种社会的力量。人类的历史因此不是为了有一天能在其所有刻

---

①   See Merleau-Ponty, *Adventures of the Dialectic*, trans. Joseph Bien, Northwestern University Press, 1973, P.39.

②   Ibid, P.207.

③   Ibid, PP.22-23.

度盘上显示出同一的正午而编造出来的。社会—经济史的发展，乃至革命，与其说是向无阶级的大同社会的过渡，不如说是透过始终异型的各种文化机制来寻找一种对于多数人并非过不下去的生活"①。至此，我们可以说，梅洛-庞蒂的历史观已完全与他的现象学立场统一起来了。

---

① Merleau-Ponty, *Signes*, Gallimard, 1960, PP.164-165.

种族与历史 [*]

克劳德·列维-施特劳斯（Claude Lévi-Strauss）/文　林泉/译 [**]

一、种族和文化

在一本要与种族偏见作抗争的论文集中谈论人类种族对世界文明的贡献可能会令人惊讶。除非似乎是为了论证那些建构人类的伟大民族单独为共同的遗产作出了独特贡献，而秘密地将实质诉诸种族的概念，否则，投入诸多的才能和努力来证明，在目前的科学状态下，没有什么允许我们断言一个种族较另一个更为优越或低劣，那是没有什么意义的。

但是，再没有什么比一项会导向制定逆反的种族主义教条的事业更远离我们的意图了。如果试图通过特定的心理属性来规定生物种族的特征的话，那么，这种定义因偏离科学事实所产生的积极意义就与消极意义同样大了。我们不能够忘记历史使其成为种族主义理论之父的戈宾诺（Gobineau），他定性而非定量地构建了"人类种族的不平等"。对他而言，那些对构建当代人类作出贡献却没有被冠以原始的伟大民族——白种的、黄种的、黑种的——在真实价值上的不平等并没有他们在特有天资上的差异来得那么多。他认为，退化的污名更多的是与混血现象相关，而非与每个种族在占有共有价值的数量方面的地位相关。这种观点意在攻击被谴责为没有种族差异而倾向于血液大混杂的整个

　＊　本文译自 Claude Lévi-Strauss, *Structural Anthropology 2*, Penguin Books, UK, 1978。
　＊＊　林泉，自由撰稿人。

人类。然而，人类学最初的罪过在于混淆了作为纯粹的生物学概念（假使在这一有限的领域内，这个概念也可能伪装成一种客观标准，而这种标准是为现代遗传学所否认的。）的种族和作为人类文化的社会与精神产物的种族。戈宾诺足以承担这项罪过，并发现自己囿于可怕的循环中，这种循环在智力上的错误虽不是由于缺乏好的信仰，却不知不觉地导致了所有歧视和压迫企图的合法化。

因而，当我们在这项研究中谈到人类种族对文明的贡献时，并非是说亚洲或欧洲，非洲或美洲作出文化贡献的创造力是源自在那些大洲基本上居住着种族起源相异的民族这一事实。如果这种创造力是存在的——这是毫无疑问的——它要归因于地理、历史和社会环境，而非与黑色、黄色和白色种族的身体和心理结构相关的各种有差异的天资。考虑到这一系列文章是要试图指出这个消极观点的正义性，我们感到，它同时承担着滑落到与人类生活同等重要的背景中的风险。它不是在单调一致的风俗中发展，而是贯穿于非常多样的社会与文明当中。这种智力的、美学的和社会的多元性与在人类群体中存在的某些可见的生物多样性是没有任何因果关系的，它们只是在另外一种方式上相互平行。同时，它们在两个重要方面存在差异。首先，在数量秩序上不同。人类文化的种类比人类种族的种类更多，因为前者是以千计的，而后者仅仅是以单位个体来计算的。诚然，由同一种族的人创造的两种文化之间的差异，可能与不同种族创造的两种文化之间的差异一样大，甚至还要更大。其次，种族的关注点在于它们的历史起源和分布，与种族的多样性不同；文化的多元性会带来许多问题，一个普遍的问题会自然地被分解为许多问题，或许有人想知道这究竟是给人类带来了有利条件，还是障碍。最后，也是最重要的，我们必须问问自己是什么冒着出现种族偏见的危险，仅仅从他们的生物学根源出发，在另一个平面上重塑他们，从而造成了这种多样性。仅仅从普通人身上得到保证，说他不再把智力或道德的重要性归因于肤色的黑或白，头发的直或曲；或者说当他遇到另一个问题时保持缄默，这些都是没有用的。如经验显示，他会立刻详细阐述的问题是：如果没有天生的种族天资存在，我们如何解释白种人发展的文明取得了更大的进步，而那些有色民族却依然落后——有些只企及它们的一半，另一些落后几千或几万年？如果同时考虑到人类文化——事实的，而非法律的——不平等——或多元性与民意密切相关，就不应该设想能够通过一种消极的方式解决人类种族不平等的问题。

二、文化的多元性

为了理解人类文化是在何种程度上，怎样相互存在差异的，这些差异是否会使它们相互抵消或发生矛盾，它们是否能构建一个和谐的整体，我们必须首先设法起草一个人类文化的清单。但是，当我们必须意识到人类文化相互间不仅存在差异的方式不同，而且差异的程度也不同时，困难就出现了。首先，我们要面对在空间位置上并列的社会，有些近，有些远，但总的来讲，都处在同一个时代。其次，我们必须把社会生活的模式考虑在内，这些模式是在时间中被继承下来的，是我们无法通过直接经验认识到的。任何人都可以把自己变成一个民族志学者，身临其境地去分享他所感兴趣的社会生活；另外，纵使他成为一个历史学家或考古学家，也绝不可能直接接触已逝的文明，而只能通过书面档案或这个社会——或其他社会——留下的许多不朽作品进入其中。最后，我们不能忘记当代那些依然存在的、没有被记载的社会，像被我们称为"野蛮的"或"原始的"社会。它们自身被其他形式所超越；即使是通过间接的方式，也几乎不可能认识它们。一份谨慎的清单必做为它们保留空白空间——无疑要比我们感到能够记录下来的东西所占的空间还要大。显然必须作出最初的观察：人类文化的多元性（对目前来讲是事实，对过去来讲既是事实的又是法律上的）比我们所能知道的更加丰富。

但即使我们充满谦卑，相信这些局限存在，却依然要面对其他问题。我们通过不同的文化必须明白些什么呢？有些似乎是不同的，但如果它们起自共同的一棵树，那么，它们相异的方式就不同于在任何发展阶段都没有联系的两种社会之间的差异了。因此，在秘鲁的古印加帝国和在非洲的古达荷美帝国之间呈现的差异比那些，如说当代的英国和美国之间的差异，要更为绝对，尽管后两种社会肯定也被视为有区别的。与此相反，一些新近密切接触的社会看起来呈现出相同的文明景象，尽管它们是通过不同的路径抵达这种文明的，而这种路径是不能被忽视的。在人类社会中，同时存在着相反的力量，一些倾向于保留，甚至强调个性，另一些朝向集体和姻亲关系。对语言的研究呈现出这种现象的惊人事例。例如，虽然具有相同起源的几种语言会彼此有差异（例如，俄语、法语和英语），但起源不同却在临近区域使用的语言却形成了相同的特征。例如，俄语，在某些方面与其他的斯拉夫语存在差异，它吸收了在邻近区域使用的芬兰—乌戈尔语和土耳其语的一些特征，至少在发音上如此。

当研究这些事实时（其他的文明特征，像社会制度、艺术和宗教会非常容易出现相似的例子），就不会停止想知道人类社会是否不是被某种最优多样性所规范（与它们相互的关系相关），超过了这种最优化，它们就不能再继续，达不到这种最优化，它们也不能够不危及自身地继续发展下去。这种最优化作为社会的数量、它们数值的重要性、地理的遥远性以及它们所采用的材料与智力的交流方式的函数，而发生变化。诚然，当思考那些文化之间的相互关系时，会出现多元化问题；多元化问题还存在于每一个社会内部，存在于构成社会的所有群体内部——种姓、阶级、职业或宗教信仰背景，等等，每一个都使形成的这些差异显得非常重要。如果社会以其他方式变得更大，更加同一时，我们可以试问这种内部多元化是否不会趋向于增加。这可能就是古印度的情况，在雅利安政权建立以后，它的种姓制度就盛行起来。

所以，我们看到，人类文化多元化的概念不能通过静态的方式构成。这种多元化不是一个惰性的抽样，也不是一个干枯的目录。由于地理位置上的距离、环境的独特性以及对其余人类的无知，人类无疑建造了不同的文化。在严格意义上说，只有在每一种文化或每一个社会天生就是或已经发展到与其他文化或社会完全隔离的情况下，这种说法才是正确的。然而，这种情况是绝不会出现的，除非可能是例外，比如塔斯马尼亚人（Tasmanians）（这也是极短的一个时期）。人类社会绝不会独一存在，当它们看起来是最孤立的时候，也依然是以群体或扎堆的形式出现。例如，可以不夸张地认为，几千年来，北美洲和南美洲的文化几乎完全与其余的世界脱离了联系。但是，在脱离人类的群体中占有大比例的他们，却是由许许多多或大或小、彼此有紧密联系的社会组成的。除了因隔离产生的差异外，还有那些（是同等重要的）因接近产生的差异，即渴望不同，突出，成为自己。许多习俗的产生不是由于内在的需求或一些喜人的事件，而是单纯因为不要再落后于临近群体的欲望。临近群体用严格的统治操控了思想和行动的领域，而要摆脱它的那个群体还没有想到这种统治。因此，我们不能从人类文化的多元性中得到观察报告，说它既能够带来分离，又被分离。较群体的隔离而言，多元性更是将群体维系在一起的关系的函数。

三、民族优越感

然而，似乎文化的多元性很少向人显露它为何如此：一种自然的现象，源于社会之间直接或间接的关系。人们宁可在其中看到残暴的东西或丑陋的东西。在这些情况下，为了寻找更精确的观点而消除错误观念的过程所包含的知识进步，比在接受错误观念，并找到服从于错误观念的途径过程中所包含的还要少。

最古老的见解无疑依据的是坚实的心理学基础（当我们发现自己处在一种未曾预料到的情况时，它就倾向于再现），这种基础存在于对文化形态（道德的、宗教的、社会的和审美的）的完全否定之中。这种否定最为远离我们所认可的事物。"野蛮人的习俗"，"我们不这样做"，"那是不允许的"，等等——所有这些都是粗鄙的反应，当面对异己的生存、信仰和思维时，就会出现同样的震颤，同样的排斥。古人对不属于希腊（以及后来的希腊罗马）文化的全部事物都感到困惑，把它们置于野蛮的（barbarous）名义下；西方文明后来是在同样的意义上使用野蛮（savage）这一术语。在这些术语的名义下，相同的判断就被隐藏了。"野蛮的"（barbarous）一词的词源可能与弄不明白含糊不清的鸟鸣有关，而鸟鸣和具有意义价值的人类语言是相反的；另外，"野蛮"（savage）的意思是"来自丛林的"，它也能让人想起一种与人类文化相悖的动物生活。在这两种情况下，人拒绝承认文化多元性的特有事实，更喜欢将所有不符合规范我们的生活的规则的事物视为文化之外、返回自然的东西。

这种深深扎根于多数人思想中的、过分简单化的观点是不必讨论了，因为这篇文章——还有这本文集中的其他文章——恰恰是为了驳斥这种观点。在这里，只要注意到这种观点掩盖了一个非常重要的悖论就够了。这种思维方式将"野蛮人"（或所有那些被如此定位的人）拒斥在人类之外，而这种思维方式也正是那些野蛮人自身最显著、最典型的特征。我们知道，实际上，没有种族或文明差异、包括所有人种的人类概念出现得很晚，而且受到限制。当它似乎发展到制高点时，它却毫不确定——近代历史证明这一点——它避免含糊不清和退化。在数万年的进程中，若不是由于大部分的人种，这个概念似乎也已经完全缺失了。人类停留在部落、语言群，有时甚至是村落的边缘，到了许多被冠以"原始"的民族给自己取一个意思是"人类"的名字（或者有时是——我们应该更谨慎地说——"好人"、"卓越的人"、"完备的人"，以此暗示其他的部落、群体和村落与人类的美德，甚至人性之间没有关系，充其量不过是由"坏人"、"下流的人"、"地面上的猴子"或"虱子卵"组成的）的程度。有人甚至经常为了剥去异乡人最后一点真实性，而把他当做"鬼怪"或"幽灵"。于是就产生了奇怪的状况，在这些形势下，两个对话者继续进行残忍的交换。在发现美洲几年之后，西班牙人拨出调研经费来探究大安地列斯群岛的土著人是否拥有灵魂，而后者则淹死白人囚犯，通过长期观察，来查证他们的尸体是否易于腐烂。

这种奇闻逸事怪异而又不幸，它能够立刻很好地阐明文化相对主义的悖论（我们在其他地方也能看到它以别种形式出现）。正是由于一个人试图要在文化和风俗之间建立偏见的行为方式，他才最彻底地与那些设法反驳他的人相一致。拒绝将那些看起来是最"野蛮的"（savage）或"原始的"（barbaric）人类成员视为人，这样做不过是从他们那里借来了他们最典型的态度之一。原始人是最相信原始的。①

毋庸置疑，人类最主要的哲学体系和信仰体系——它们是佛教、基督教或伊斯兰教，斯多葛学派的、康德学派的或马克思主义的信条——不断地抨击这种失常。然而，对所有人自然平等，以及对可以把他们不加种族与文化区别而维系起来的手足之谊的简单宣称却多少有些令理智失望，因为它忽略了一种显而易见的、真实的多元性。并且没有充分的理由说，这种多元性没有影响到问题的根源，使人能够在理论和实践上假装这个问题不存在。因而，"联合国教科文组织"对种族问题的第二篇宣言的序文发出了明智的言辞："街上的人"，"当他看到一个非洲人、一个欧洲人、一个亚洲人和一个美洲印第安人在一起的时候，通过当下感知的迹象"相信种族的存在。

对人权的种种伟大宣言既有力又虚弱，因为它们阐明的理念太过频繁地忘记，人不是在抽象的人类中，而是在传统文化中认识自己的天性。传统文化的大多数变革依然全部留存下来，它们自身也被解释为在时空中被严格定义的形势的函数。陷于双重诱惑下，既谴责震惊他情感的经历，又否认他理智上无法理解的差异，现代人放任上百种哲学和社会学思索，以此在这些相悖的极之间作出无用的让步，并在设法压制看来是可耻的和令人厌恶的文化的同时，寻求文化多元性的解释。

然而，有时，尽管各种思考是有差异的、奇怪的，但事实上，它们可以缩减为一条单一的准则。"错误的进化论"似乎最好地呈现出这一准则。它是由什么构成的？非常精确地说，它是在假装充分认识到文化多元性的同时，对压抑文化多元性的一种尝试。倘若把各种不同的人类社会，包括古代的和远方的社会，视为一种发展过程中的阶段或步骤，它们发自相同的起点，朝向相同的终点，那么，很明显，多元性就只是表面上的了。人类成为了一和同，但是，这种统一和一致只能被逐渐认识到，并且，文化的多元性阐明了那种掩盖

---

① 参见雷蒙·阿隆（Raymond Aron）对这段进行的有趣的讨论，"Le Paradixe dy même de de l'autre," in *Échanges et communicatios,* ed. J. Pouillon and P. Maranda, *Studies in General Anthropology,* V (The Hague, 1970), Vol. II, PP.943-952。

了更深层的真实或延迟了它的表现的过程中的各个时刻。

虑及达尔文主义取得的巨大胜利，这种解说或许就显得简明了。然而，我们并没有考虑到后者，因为我们这里思考的生物学进化论和伪进化论是两种截然不同的信条。前者作为一种伟大可行的假设，以观察为基础，并且那些留存待解的观察是最微小的。例如，构成马的系谱的不同类型可以因为两种理由而被放置在一种进化系列中。第一，一匹马必须繁殖；第二，土壤的重叠层（因而在历史上越来越古老）存有从最近到最久远的骨骼形状。因此，很有可能三趾马是家马的真正祖先。同样的推理无疑适用于人种及其种族。但是，在从生物学特征过渡到文化事实的过程中，事情变得更为复杂了。一个人可以从土地上得到一个物体，并根据地质层的深度注意到物体的形状或制作工艺逐渐得到了改进。然而，一把斧子不能像动物繁殖那样，从身体上生产出另一把斧子。因而，在这种情况下，一把斧子是由另一把斧子进化而来的说法，构成了一种比喻性的和近似的准则，缺乏用于生物学现象的同种表达所具备的科学精确性。物体的物理特征呈现在土地中，归属于可认识的时代，物体的真实性比在逐渐为我们所不知的过去存在的制度、信仰和品位更为真实。生物进化论的概念与一种假说吻合，在社会科学中发现的可能性的最大系数归因于这种假说。另外，社会或文化进化论的概念充其量不过是一种具有诱惑力的，却危险便捷的陈述事实的方式。

此外，在正确的进化论和错误的进化论之间存在的、总是被忽略的差异，是通过各自的表面年代来解释的。无疑，社会进化论要接受生物进化论产生的生殖冲力，但它却在时间上优于生物进化论。无须追溯到古代的概念（帕斯卡又重新拾起），把人类比做一个生物，经过童年、青春期和成熟的阶段。我们看到基本的纲要在 18 世纪兴盛起来，后来又做了许多处理：维科（Vico）的"螺旋"，他的"三个时代"早于孔德（Comet）的"三种状态"和孔多塞（Condorcet）的"阶梯"。社会进化论的两位创立者，斯宾塞（Spencer）和泰勒（Tylor），在《物种起源》出版之前，尚未阅读此书的情况下，精心完成并出版了他们的学说。作为生物进化论之前的社会学理论，社会进化论通常不过是一种错误的科学，它掩盖了一个古老的哲学问题，而根本就不能确定或许有一天通过观察和归纳就可以找到解决这个问题的答案。

四、古代文化与原始文化

我们已经提出，任何一个社会都能够把自己的文化划分为三个范畴：同时代的却居于世界其他区域的文化；大致出现在相同地域却在时间上领先的文化；最后，是既在时间上领先，又在不同地方出现的文化。

我们已经看到，获取有关这三种群体的知识的途径一样是有变化的。在第三种情况下，在处理没有文字和建筑，只有最初级的技艺（世界上一半的居住地，自从文明的开端起，从百分之九十到百分之九十九——根据地区来说——的时间已经逝去。）的文化时，可以说我们一无所知，我们对它们竭力的想象是无端臆测的产物。

然而，设法在第一种群体的文化之间建立能与时间上的连续秩序相匹敌的关系是颇具诱惑力的。当代的社会怎么能够无视电力和蒸汽机，不唤起对西方文明发展过程中相应阶段的记忆？我们怎能不去比较土著的部落和具有相同文明的古代形态？前者没有文字或冶金，而是在石壁上画图，制造石器；在法国和西班牙的山洞发现的后者的遗迹与前者的相似性是非常明显的。这多半是错误的进化论失去了控制。然而，这种每次只要我们有机会去做（西方的旅行家得意忘形，而没有认识到东方的"中世纪"，第一次世界大战之前的北京的"路易十四世纪"，澳大利亚和新几内亚的土著人的"石器时代"），就会无可抗拒地加入其中的，诱人的游戏是极端有害的。对于那些消失的文明，我们仅仅了解其某些方面——这些已知的方面随着文明的愈加古老就愈为稀少，因为它们仅仅是那些能够经得起时间摧毁的部分。这个过程存在于把部分作为整体的方式，把它们所有方面的类比为结束中——因为现在的和消失的文明在一些方面呈现出相似性。这种推理不仅在逻辑上是站不住脚的，而且事实上，在许多情况下都被证明是错误的。

直到相对较近的时期，塔斯马尼亚人（Tasmanians）和巴塔哥尼亚人（Patagonians）还持有打火石，一些澳大利亚和美国的部落依然在制造打火石。但研究这些工具对理解工具在旧石器时代是如何使用的几乎没有任何帮助。一个人是如何使用那些著名的"手斧"的？它们的外形和制造工艺，在一两千年的时间内，在从英国到南非，从法国到中国的区域内，保持不变。那些在考古点以数百计发现的三角平面的勒瓦娄哇文化时期的（Levalloisian）[1] 物件，它们用途何在？至今还没有一个让人满意的解释。那些用驯鹿骨头制作的所谓的"指挥官"是什么？塔登努阿文化（Tardenoisian cultures）[2] 是用什么技艺在几乎没有什么可上手的工具之下，留下了数量惊人、几何外形的种类不计其数的小打火石？所有这些不确定性表明，在旧石器时代的社会和当代的一些土著社会之间无疑存在着相似之处：它们都使用雕砌的石头制作的工具。但即使在技术层面上，也不能进行地更为深入：使用材料的方式，工具的种类及其目的是不同的；因而后者几乎不能启示我们有关前者的任何东西。那么，它们怎么能够在语言上、社会制度上或宗教信仰上对我们有所启发呢？

受文化进化论的启发，对新石器时代遗留的洞穴壁画最流行的其中一种解释是，把它们作为与狩猎仪式相关的巫术形式。推理如下：当代的原始民族施行仪式，而通常在我们看来，这些仪式没有实用价值；史前的洞穴壁画，通过它们的数量和位于洞穴最深处的位置来看，都被视做没有实用价值的；作者是猎人：因此，它们是被用于狩猎仪式的。这就足以简明判断，这里隐含的论证是多么靠不住。此外，通常都是非专业人士这样推理，因为民族志学者（对这些原始民族掌握了直接的知识，很容易将伪科学的食人主义应用到每种工作上，对人类文化的整体性几乎没有表现出丝毫尊重）一致认同，在观察到的事实当中，没有什么许可我们可以明确表达任何质疑这些档案的假设。既然我们提及洞穴壁画，那就必须强调这一事实，除了南非的洞穴壁画（有人认为是新

---

① 勒瓦娄哇文化指旧石器时代中期文化，因文物出土于法国勒瓦娄哇而得名。——译者注
② 塔登努阿文化指欧洲中石器时代文化。——译者注

近的土著作品）以外，"原始的"艺术距马格达林时期（Magdalenian）①和奥瑞纳文化时期（Aurignacian）②的艺术，同距当代欧洲艺术一样遥远。这些艺术具有高超的构图模式，走向一种极端的变形，而史前艺术则显示出惊人的现实主义。从后者的特征去寻找欧洲艺术的源头是具有诱惑力的；但纵使如此也是错误的，因为，在同一地区，紧随旧石器时期艺术的是其他具有不同特征的艺术形式。地理位置的连续性影响不了以下事实，不同的人群依次相随，对前辈的作品不了解或不感兴趣，各自发展了相反的信仰、技术和风格。

在发现新大陆前夕的前哥伦布美洲大陆时期的文明状态让人联想到新石器时期，但这种比较也经不起严密的检验。在欧洲，农业和动物驯养是同时发展的；而在美洲，前者的特殊发展几乎完全——或至少非常接近于此——对后者一无所知。在美洲，石器存在于农业经济中；而在欧洲，农业经济则是与冶金术的起源相关的。

不必再多举例子。发现人类文化的财富和创造力，并把它们降格为西方文明的多种倒退的复制品的尝试遭遇到另一个更大的困难。整体而言（除了美洲以外，我们将返回到那里），所有的人类社会背后都有一段过去，这些过去可能是属于同一量级的。要把一些社会视为其他社会发展的"阶段"，就必须承认在后者中一些事情过去正在发生，而在前者中过去没有事情（或非常少的）正在发生。诚然，一个人会欣然谈起"没有历史的民族"（有时说它们是最幸福的）。这一省略的说法意思是，它们的历史是而且将是未知的——不是指它不存在。几万年甚至几十万年以来，一直存在能爱、能恨、受苦、发明创造和在那些地方打仗的人。其实，没有哪个民族仍处在童年时期。它们都成年了，即使是那些没有记录它们的幼年和青春期的民族。

毫无疑问，人类社会是在不同意义上使用"过去的时代"的，对有些社会而言，时代或许甚至都被冲刷过去了。可以说，一些在匆匆行路，而另一些在

---

① 马格德林时期指欧洲西南部旧石器时代晚期。——译者注
② 奥瑞纳文化指西欧旧石器时代后期文化，因最早发现于法国奥瑞纳村而得名。——译者注

路上漫步。如此，就可以区分两种类型的历史：发展的、孜孜以求的历史，它为了建构伟大的文明积累发现和发明；另外一种历史，可能同样积极和智慧，但缺乏前者所特有的综合天赋，它的每一次革新，不是加在先前相同方向的革新之上，而是消解在起伏的波浪中，这就使它长期不能脱离原始的方式。

在我们看来，这一概念比在前些段落中讨论的那些过分简单的观点更为灵活和微妙。在我们尝试解释文化多元性的过程中，我们可以保留这种观点，而不会对它们任何一个不公。但在开始之前，我们必须考查几点。

五、进步的概念

我们必须首先考虑属于第二种群体的文化。用我们对待自身的观点来区分这种群体，它的历史优于文化（不管是什么文化）。它们的形势比前面思考的情况还要复杂，因为当用进化论的假说把相距遥远的当代社会按等级组织起来的时候，它似乎是如此不确定和无力，但在这种情况下，不仅很难驳斥它，而且甚至直接被事实证实了。我们知道，经过考古学、史前学和古生物学的证据证明，现代欧洲是首先居住了多种人种。他们会使用由粗糙切割的硅石制作的工具。在那些最早的文化之后是其他的文化，石头切割变得更加精细了。然后，随同骨头和象牙雕刻出现了抛光技术；制陶、编织、农业和动物饲养后来出现了，逐渐又和冶金以及其他我们能够区分的各种阶段联系起来。因而，这些连续的形式就以一种进化论和进步的方式组织起来；一些更高级，另一些更低级。但如果这一切都是事实，那么，这些差异怎能不必然影响到我们对待表现出相似差异的当代形态的方式？因此，我们先前的结论承担着在这种新偏见中被重新考虑的风险。

人类自起源以来前进的脚步如此明显和惊人，以致所有对它们的讨论都成为一种夸张的活动。然而，要把它们作为一种持续的和规则的系列组织起来并没有想象的那么容易。大约50年前，学者们用非常简易的图表来描绘它们：旧石器时期、新石器时期、铜器时期、青铜器时期和铁器时期。这些都太方便了。今天，我们猜测石头的抛光和切割有时是同时存在的；如果第二种技术彻底遮盖了第一种技术，这不是因为技术进步自发地从前一阶段冒现出来，而是由于对无疑更"先进"的文明所拥有的石头和金属武器以及工具的复制，事实上，是与模仿者处于同一时期。相反，制陶过去被认为是与"石头抛光时期"相关联的，在北欧一些地区却是和石头切割相关联的。

仅仅考虑被称为"旧石器时期"的石头切割时代，不久前人们看，依然认为不同形式的技术——分别以"核"、"片"及"刃"制作为特征——与被称为低级旧石器时期、中级旧石器时期和高级旧石器时期的三个历史进步阶段相关。现在承认以上三种形式共存过，它们构成的不是单向的进步，而是一个事实的多个方面——或者，不妨说是多个平面——这种事实无疑是静态的，却又服从于非常复杂的变化和转化。事实上，已经提到的兴盛于公元前 7 万年到公元前 250 世纪之间勒瓦娄哇文化，在燧石切割上已经臻至。这种技艺只有在245 万年到 65000 年之后的旧石器时期的末期才再次被发现，而今天已经很难再重现了。

对文化而言是正确的东西，对种族而言依然如此，不可能（由于差异巨大的秩序）在两个过程之间建立任何联系。在欧洲，尼安德特人（Neanderthal）不比更古老的智人（Homo sapiens）出现得早；后者是他们的同代人，或许甚至是他们的前辈。大多数原始人类，像南非的"侏儒族"（pygmies）和中国与印度尼西亚的"巨人族"（giants），在同一时期内共存并不是不可能的；他们甚至在非洲的一些区域内和平共存。

再者，这些绝不是为了否认人类的进步，而是让我们能够更谨慎地思考。史前学和考古学知识的发展易于在空间上传播那些文明形式，而我们则把它们想象为是在时间中流传的。这意味着两件事情：第一，"进步"（如果这个术语依然适于标志一种非常不同于它起初所适用的情况的现实）既不是必然的，也不是持续的；它是跳跃行进的，或者，如生物学家所说，是突变式的。第二，跳跃不总是沿着同样的方向行进，有点像国际象棋的马，可以一直前进，但从不走相同的方向。人类的进步和一个人攀登一段阶梯或楼梯几乎没有类似之处，后者每次运动都会在已经通过的路程中增加新的一步；它更像是一个赌博的人，他的运气依赖几个骰子。每一次掷骰子的时候，看见它们以各种组合散落在桌子上。一个人一次投掷所赢总是可能在另一局中输掉。历史只是偶尔才累计的——换言之，数字可以累积成一种有利的组合。

美洲的实例足够有说服力地显示出，这种累积的历史不是一种文明或一段历史所有的特权。这一广阔的大洲无疑见证了，在上次冰河世纪时，人类以小群体流浪者的形式迁移过白令海峡。现代的考古学知识把这一时期暂定在公元前两万年左右。在这一时期，这些人成就了世界上最惊人的累积历史的范例。他们彻底开发了新自然环境的资源，除了饲养一些动物外，他们还培育了多种蔬菜作为食用、医疗和药物。并且——一些在其他地方无与伦比的东西——他们采用这些药用物质如木薯作为主食，而把其他植物用作兴奋剂或麻醉剂；他们根据作用在一些动物种群的效力，收集一些药物或致幻剂；最终，他们最完善地发展了一些行业，如编织、制陶和贵金属加工。为了欣赏这一巨大成就，只要估量美洲在抵抗旧大陆文明的过程中所作出的贡献就足够了。首先，有土豆、橡胶、烟草和古柯（现代麻醉剂的基础），它们以不同的方式构成了西方文化的四个支柱；还有玉米和花生，它们在欧洲食谱上广泛流传之前，彻底转变了非洲的经济。其次，还有可可、香草、番茄、菠萝、甜椒、几种豆类、棉花和葫芦。最后，零，算术的（间接地构成现代数学的基础）基础，已被玛雅人所知和所用，这至少早于印度学者的发现 5000 年，而欧洲是经由阿拉伯人接受到从印度来的零的概念。或许因为这个理由，他们当时的历法比旧大陆的更为精确。关于印加政权是社会主义的还是极权主义的问题已经溢出了太多笔墨。无论如何，它都落入最现代的规则中，而且领先欧洲同类型的现象许多世纪。最近对箭毒（curare）[①]兴趣的重演应该使人记起，如果有必要的话，土著美洲人应用于许多蔬菜的科学知识，虽然这些蔬菜在世界其他地方不被使用，但这些知识却依然为后者带来了重要贡献。

----

① 箭毒，又名苦拉拉，一种取自马钱子的树脂状物质，南美印第安人用以涂箭头的毒素。

六、静态历史与累积历史

对美洲实例的上述讨论应该促使我们进一步反思"静态历史"与"累积历史"之间的差异。如果我们赋予美洲以累积历史的特权，这难道不是仅仅因为实际上我们把它作为某些我们舶来的贡献或与我们相似的贡献的诞生地吗？然而，在一种倾向于发展自己的价值，而不轻易对观察者的文明感兴趣的文明面前，我们处于什么样的位置呢？他难道不会倾向于把这种文明视为静态的吗？换句话说，这两种历史形态之间的区别依赖于与之相关的文化的固有性质吗？或者说，这种区别是源于我们评估不同的文化时一直所持守的种族优越感的视角吗？我们从而会把任何与我们发展相似的文化视为累积的——换言之，它的发展对我们来说是有意义的。反之，另一种文化在我们看来是静态的——不一定是因为它们如此，而是因为它们的发展路线对我们来说没有意义，也不能够根据我们所用的参照来去衡量。

通过简要考查我们对两种历史的差异所应用的条件，明显可以看到这种情况——要描述的不是那些和我们不同的社会，而正是那些属于我们当中的社会。这种应用出现的频率比我们料想的更高。年长的人通常把在他们老年展开的历史看做是静态的，这与他们年轻时期见证的累积的历史相反。在一个年代中，老年人不再活跃，不再起作用，不再有意义；没有什么发生，或者无论发生了什么，他们都只看到消极的一面。另外，他们的孙子在这一时期带着他们的长辈失去的全部热情活着。政敌不会乐意承认它在发展；他们把它全盘否定，将之作为一种畸形的中断置于历史之外，认为只有在其终结之时生命才重新开始。政党的概念非常不同的，当它们参与高层次的运作时，我们尤其必须注意到这点。历史性，或更精确地说，一种文化或一个文化进程中的事件的财富，不是它们固有属性的函数，而是我们发现自己与它们相关的状况以及我们对它们的兴趣的程度的函数。进步文化和静态文化的对立因而看起来首先是由于聚焦的不同。一个使用显微镜的观察者在距对象一定距离聚焦，前后的主

307

体——纵使只有百分之几毫米的距离——就显得混乱和模糊，或者甚至一点儿都看不见；我们看穿了它们。

还有一个比较可以让我们揭示相同的错觉：用来解释相对论基础知识的比较。为了证明主体位移的距离和速度没有绝对值，而是观察者位置的函数，我们被提醒回忆当一个乘客坐在火车窗边的时候，其他火车的速度和长度是根据它们是朝着相同方向还是相反方向来定的。并且一种文化的每个成员都与他的文化密切相关，就像想象出来的乘客与他的火车之间一样。从我们出生的那天起，我们的环境就通过上千种有意识或无意识的途径渗透到我们身上，带着一种存在于价值判断、动机和利益中心（包括通过教育灌输给我们的，有关我们的文明的历史发展的自反性观点）的复杂参照系统。如果没有这些，文明将是不可想象的或者会与真实的行为相矛盾。我们沿着这套参照系统逐渐移动，外部的文化事实只能通过强加于其上的歪曲被观察（它甚至不能使我们不可能对它一无所感）。

在很大程度上，"运动文化"和"静止文化"之间的差异是按照一列移动的火车在乘客看来是运动还是静止的相同运动观点来去解释的。同样，肯定会有一种不同的东西出现，它的全部影响力有那么一天会显现出来——迄今依然遥远，但肯定会到来——那时我们会设法构建一种与爱因斯坦概括的相对论非常不同的相对论——它同时适用于物理科学和社会科学（在两者当中，每一件事物都似乎以对称却又颠倒的方式出现）。对于物理世界的观察者而言，就像火车中乘客的例子显示的那样，正是那些与他自身朝相同方向行进的系统似乎是静止的，而速度最快的是那些朝不同方向行进的。对文化而言是另外一种方式，因为在我们看来，当与我们的文化沿同方向行进的时候，它们才更为活跃；如果方向与我们的偏离，就会是静止的。但是，在研究人的科学中，速度因素只有比喻价值。为了使这种比较生效，必须用信息和意义置换速度因素。我们知道，比起经过我们的火车，或我们快速经过它的火车，或是当它朝其他方向行进时，在我们看来似乎越来越短的火车，从一列和我们线路平行、速度相似的火车上（可以看到乘客的脸，能够数它们，等等）累积更多的信息是可能的。在限度之内，它开得如此迅速，以致我们对它只能有一个模糊的印象。对它而言，速度的信号是不存在的；它变成了视野中一片短暂的模糊。它不再是一列火车，它不再意味着什么。在我看来，在物理学的视移概念和另一个同时适用于物理学、心理学和社会学的概念信息量之间存在一种关系。信息量在两个人或两个群体之间"传递"，是他们各自文化的或多或少的多样性的函数。每当我们要把一种文化划分为无生命力的或静止的时候，我们必须问问自己，这种表面的运动缺失是否不是由于我们对它的正确价值有意无意的忽视；并且倘它若持有的标准和我们的不同，这种文化不是——就我们而言——同样错觉的牺牲品。换句话说，我们彼此看来缺乏价值，只是因为我们互不相似。

二三个世纪以来，西方文明一直完全致力于投入越来越有力的机械工具供人使用。如果这一标准被采纳了，每一个居民可用能量的数量就会成为衡量人类社会发展大小的天平。北美形式的西方文明将占据首位，欧洲、苏联和日本社会居次，后面的是许许多多的亚洲和非洲社会，这两种社会很快将变得难以区分。然而，这些成百甚至上千个被我们称为"不发达的"或"原始的"社会，实际上并不是完全相同的，尽管当用我们刚才提到的方式（这简直不是划分它们的适当方式，因为这种发展路线是它们完全没有的，或居于非常次要的位置）思考它们的时候，它们就合并成一个混乱的整体。从其他角度来看，结果就会相反。所以，我们将根据所选择的观点，以不同的划分作为结束。

如果所用的标准是战胜最不利的地理环境的能力大小，那么，几乎毫无疑问一种是爱斯基摩人，另一种是贝多因人，他们将是最大的获胜者。印度优于其他任何文明，一直以来都能发展一种哲学和宗教体系，中国则是形成一种生活方式，两者都能够减小人口失调的心理影响。早在 13 个世纪以前，伊斯兰教就构建了一种人类生活的各种形式休戚与共的理论——技术的、经济的、社会的和精神的——西方世界只有最近在马克思主义思想的某些观点和现代民族学的开端中才重新发现这一理论。我们知道这种前瞻性视野在阿拉伯人中世纪时期的智力生活中占据的显著位置。西方世界，机械大师，对一种至高的机械，即人体的应用和智慧只表现出最初级的知识。相反，就像在身体与道德之间的联系的相关领域一样，东方和远东在这一领域也领先西方几千年。他们在理论和实践上都有大量创作，像印度的瑜伽，中国的气功，或是毛利人的体操。现在时髦的无土农业已经在一些波利尼亚民族进行了几个世纪，这些民族本来也能够向这个世界传授航海的艺术，并通过揭示一种令人难以想象的慷慨和自由的社会和道德生活，强烈扰乱了18世纪。

澳大利亚人经济水平落后，但在涉及家庭组织和家庭与社会团体之间的和谐关系上却远远领先于其他人类，因此，为了理解他们精心而谨慎制定的统治制度，有必要诉诸现代数学的一些形式。他们真正发现了婚姻法则是画布，而其他的社会制度仅仅是上面的刺绣。因为即使在家庭的角色正趋于减少的现代社会，家庭纽带的强度依然没有减弱；它只是以其他关系为界，被限制在一个更牢固的圈子内；一旦与其他家庭发生关系，这种纽带就会立刻显现。家庭与家庭之间通过通婚而建立的连接可能会在少量实体之间建立大的联系，或是在大量组群之间建立小的联系；然而，无论是小还是大，正是这些连接使整个社会结构共存并带有自身的灵活性。澳大利亚人已经非常清晰地构建了这种机械理论，并列出使之得以可能的主要方法及各自的优缺点。他们也已超出经验主义观察的水平，形成管理这个体系的一些法律知识。因而可以毫不夸张地把他们既视为所有家庭社会学的先驱，也看做是首先把严密的思索应用于研究社会事实的人。

美拉尼西亚人在美学创造上的财富和勇气——他们在融入社会生活时表现出的天赋是心智无意识活动的最晦涩的产物——构成了人类在那个方向所取得的最高峰之一。非洲的贡献更为复杂，同时也更为模糊，因为直到最近才开始怀疑它作为古代世界"熔炉"的重要性。在那里所有的影响都融合在一起，要么再次离开，要么保留，但通常都要改变。埃及文明，我们知道它对人类的重要性，但它只能被理解为亚洲和非洲的一件普通作品。古代非洲的伟大政治制度，它的司法建构，它的哲学原理都长时期地向西方智慧隐藏起来；它的造型艺术和音乐——系统地探索了每一种表达方式所承载的发展潜能——成为通向异常繁荣的过去的诸多线索。另外，在古代，制作青铜和象牙的完美技艺直接证实了后者，这远远超过了西方世界在同一时期的任何制作产品。我们已经提到美洲的贡献，没有必要再返回到这一点上了。

此外，我们也不应该保持对这些零散的贡献的关注，因为它们会给我们有关这个裁剪的像一套小丑服装的文明世界的双重错误观念。所有的发现者们已经发现了许许多多的东西：腓尼基人的文字，中国人的纸、火药和指南针，印度人的玻璃和钢。这些元素不比每一种文化对它们进行分类、保存或抵制的方式更重要。每一种文化的创造性更是由解决问题的特殊方式造成的，这给予了它特定的价值观念视角，对于所有人而言大都如此。毫无例外，人类都有语言、技艺、艺术、正面的知识、宗教信仰以及社会、经济和政治组织。然而，这些东西的混合物对于每一种文化来讲并不是完全一样的，现代的民族学越来越努力地去发现这些选集的起源，而不是为这些分离的特征列一个详细目录。

七、西方文明的地位

由于理论上的性质，有人或许会对这种观点提出异议。因此可以说，在抽象逻辑层面上，一种文化不能够对另一种文化持有正确的判断；因为一种文化不能够摆脱自身，它的判断肯定依然局限于相对主义当中。但是看看你的周围。注意一个世纪以来这个世界一直在发生些什么，那么，你的所有推测都会瓦解。远不是囿于自身，所有的文明，一个接着一个，认识到它们当中的一个——西方文明所具备的优越性。难道我们没有看到整个世界都在逐步借鉴它的技术、生活方式、娱乐，甚至它的服装吗？正如迪欧真尼斯（Diogenes）通过走路证明运动一样，正是人类文化（从大量的亚洲民众到巴西和非洲丛林中不为人知的部落）的行进，史无前例地一致证明了一种形式的人类文明优于其他一切文明。"不发达"国家在国际会议中指责其他国家，不是由于它们把它西化了，而是指责它们不提供使它尽快西化的方法。

　　这里，我们就触碰到了讨论中的最敏感点。想要保护人类文化的创造性而抵制它们自身是没有意义的。另外，由于几种原因，民族学者很难准确判断一种现象，比如西方文明的普遍化。首先，一种世界文明的存在可能在历史中是一个独一无二的事实，至少，它的先例理应在我们对其一无所知的、遥远的史前史中去寻找。其次，大量的不确定性凌驾于这种现象的坚实性之上，并对它提出质疑。事实上，一个半世纪以来，西方文明，或者是整体，或者是一些主要元素（例如工业化）已经有传遍全球的趋势，并且到了其他文化要设法保护它们的遗产的程度。它们的努力通常化为上层建筑，即最脆弱的方面将可能被发生的深刻变革一扫而空。但这种现象正在上演，我们尚不知道它将如何结束。会作为俄罗斯和美国的变体结束于一个彻底西化的行星上吗？如所感到的伊斯兰教世界、印度和中国西化的可能性，会出现融合的形式吗？或者，最终，这股潮流已经处于浪峰，将会减弱到西方世界几近屈服（像史前的怪物）于内部机制不能承受的物理膨胀点上？头脑中正是带着这些想法，我们将试图评估那些尚未在我们眼前展开的过程，我们将是它们有意识或无意识的代理人、同谋，或受害者。

　　一开始我们将注意到，对西方生活方式（或一些其他方面）的接纳远不是西方人所认为的是自发性的。与其说是自由选择的结果，不如说是由于缺乏选择造成的。西方文明已经在全世界设立了自己的军人、交易站、种植园和传教士。它已经直接或间接地干预了有色人群的生活，彻底颠覆了其他的传统生活方式；要么是把自己强加于其上，取代以前的生活方式；要么是创造引起既有结构消失的条件，却又不用其他东西取代它。因此，被征服的或无组织的民族就只能接受提供给它们的替代方案；否则，如果它们不愿如此，那就只能寄希望于充分接近它们可以在自己的土地上与之抗争的替代品。在没有兵力大小不平等的情况下，社会不会轻易把这些全部放弃。它们的世界观更接近于巴西东部的贫穷部落，民族志学者科特·尼姆达菊（Curt Nimuendaju）得以使自己被那些部落接受。每当他从文明世界逗留一段时间回到土著人那里的时候，他们就会为他在离开他们的村庄——他们感到唯一值得生活的地方时所遭受的苦难而哭泣。

然而，这种保留只是转化了问题。如果西方的优越性不是依赖于认同，那么难道不是因为它拥有更大的能量吗？这种能量使得它能够强迫认同。这里我们就到达了论证的核心，因为力量的不平等不再属于集体主观性，像我们前面提到的坚守。这是一种客观现象，只能通过客观原因来解释。

我们不打算在这里进行有关文明的哲学研究。如果我们整卷讨论西方文明信奉的那些价值标准，我们提及的只是那些最明显的，最无争议的价值观。它们似乎变成了两种：西方文明，第一方面，根据莱斯利·怀特（Leslie White）的表述，寻求持续增加每一位居民可用能量的数量；第二方面，保护和延长人类生命。如果要简略一点，第二方面可以作为第一方面的一个形态，因为可用能量随着个人生命的长短和整体而增加——在绝对意义上说。为了避免争论，我们首先也将承认，这些特征可以与补偿现象并行不悖，在某种程度上说，扮演着制动装置的角色。从而出现了世界战争的大屠杀和控制着人与人之间以及阶级之间可用能量分布的不平等。

一旦这种观点被确立起来，我们立刻就能注意到，如果西方文明事实上已用自己专属的方式完全贯注于这些任务，那么，这种方式或许是由于它的弱点所致，并且它当然不是这样行动的唯一文明。从最遥远的时代开始，所有的人类社会都这样行动过；而且，正是那些被我们比做今天的"野蛮"民族的，非常遥远，非常古老的社会，已经在那个方向取得了最具决定性的进步。目前，这种进步仍然构成了我们称为文明的绝大部分。我们依然依赖这些庞大的发现，它们标志着可以被毫不夸张地称为"新石器革命"的文明，即农业、家畜饲养、诗歌和编织。针对所有这些"文明的艺术"，我们在最后的八千到一万年间仅仅是做了一些改进。

事实上，有些思想不幸要把成就、智力和想象的特权归属于近来的发现，并认为人类在"原始"时期取得的成果仅仅是偶然造成的，不值得赞颂。这种异常看来是如此严重和普遍，它很有可能妨碍我们探寻文化之间关系的正确角度，以致我们相信极其有必要把它彻底消除掉。

八、侥幸和文明

我们在民族学指南中——以及那些不比它更轻微的书中——读到人对火的知识归功于一些偶然的照明工具或灌木丛火灾；偶然在这些条件下烘烤猎物向他揭示了食物的烹饪；陶器是几块泥土忘在火边的结果。看起来似乎人首先居住于一种技术的黄金时代，那时人可以像采摘水果和鲜花一样轻而易举地拾起发明。而现代人则要陷入工作的劳顿和天才的阐述中。

这种天真的观点源于对最基本的技术所隐含的复杂性和多样性的无知。要制作一种有效的燧石工具，只是把一块石头敲到爆炸还不够——当我们设法重做主要的史前工具时，这一点就显而易见了。按照这种方式——也是通过观察那些依旧运用相同的技术人们——发现了涉及的必要工序的复杂性，有时需要首先制作真正的"切割工具"，如控制冲击力及其方向的平衡锤和防止裂开的石头震动的阻尼装置。还必须有对本地出处、取石程序、使用材料的阻力和结构的知识的大量积累，以及充分的体能训练和"行内诀窍"等。简言之，加上必要的变更，是与冶金术的各章节相对应的真正"礼拜仪式"。

按照同样的方式，自然火有时可能会烧烤。但很难想象（除了有非常严格的地理分布的火山现象之外）它们通过煮或蒸来烹饪。然而，这些烹饪的方式的普遍性不亚于其他方式。因而要想解释前者，就没有理由排除后来方式必需的创造性。

陶器是一个极好的的例子，因为普遍认为，没有什么比先把一块泥土塑形，再用火使它变硬更容易的了。只要尝试着做一下。首先，必须塑造正确的土形来去烘烤。其次，需要许多自然条件，不是哪一条就能满足了，因为为了做出一个烧后能够使用的容器，泥土必须与一些根据它的特征选择的惰性物质相混合。为了实现长时间保持平衡的技艺，必须精心塑形，并且同时要修改不能"装"的可塑物质。最后，还要有特殊类型的加热材料、窑的形状、加热的类型和燃烧的持续时间，除了可能的事故外——裂开、破碎、变形——这些都用来使陶器变得更结实耐水。这种例子是非常多的。

所有这些操作太过繁多和复杂，不能完全由运气来解释。单独一个操作没有任何意义，只有借助想象和意志，通过试验探索把它们结合起来，才能获得成功。侥幸确实是存在的，但它自身是毫无成果的。西方世界知道电的存在大约已有两千五百年了——无疑是偶然发现的——但直到像安培和法拉第这样的人进行有目的的试验，这种机会一直都是无果的。侥幸在弓、回旋飞镖或吹箭筒的发明中（或者在农业和动物饲养业的出现中）所起的作用也不比它在盘尼西林的发现中大。因此，必须谨慎地区分技术从一代流传到下一代（由于观察和日常实践，这总是相对容易发生的。）和在一代之内的技术创造或改进。不论是何种技术，后者总是以一些个人的相同的想象力和毅力为先决条件。那些被我们称为原始的社会在巴斯德和帕利西的研究方面并不亚于其他社会。（Lévi-Strauss，1966）

稍后我们将重新回到侥幸和概率当中，但是在另一个方位，带有另一种功能。我们将不再懒惰地用它们去解释现成品发明的出现，而是在另一种现实的层面上阐述一种现象。不管想象、发明和创造力（我们或多或少认为它们在人类历史中是永恒的）所占比例如何，在某些时候和某些环境下，这种结合只带来了重要的文化突变。仅仅心理因素还不足以取得这种结果，它们必须首先在大量的个体中以相似的方向呈现出来，因为创造者将要立刻向公众担保；并且这本身依赖于大量的其他因素——历史的、经济的和社会的。因此，为了解释文明进程中出现的差异，必须要调用各种原因的组合体，这些原因如此复杂和不连续，以至于不可能去理解它们，无论是那些实践的原因，或甚至是那些在观察技术中固有的、不可避免的、并发的理论原因。事实上，要解开由许许多多的细线组成的线束，至少必须要把这个社会的问题（和它周遭的世界）进行整体和持续的民族志学研究。即使不用提到这一事业的艰巨性，我们也知道，尽管为数缩减的民族志学者们经常因为那些敏感的变化局限于他们的观察中，单独这些变化的存在就足以引入到他们的研究对象人类群体中。在现代社会，我们也知道，民意测验通过对他们有用事实和在人们当中创造一个以前不曾存在的自我意识因素改变了意见的方向。

这种形势使得把概率概念引入到社会科学当中正当化了。概率在很长时间是存在于物理学的分支中（例如，热力学）。我们将回到后者。目前，能够充分回忆，现代发现的复杂性并不是由于在我们当代人中天才出现的频率较大或者说获得性更大。完全相反，我们已经认识到，在世纪相传中，为了取得进步，每一代只需增添了对前代们主要遗赠的持续兴趣。我们十分之九的财富都受惠于他们，或者还有更多，如果——像某些人为了好玩进行计算——估算和大致的文明起源相关的那些主要发现的出现日期。我们注意到，农业是在近阶段出现的，与百分之二的时期相对应；冶金术是百分之零点七；字母表是百分之零点三五；伽利略物理是百分之零点零三五；达尔文主义是百分之零点零零九。（White 1949，P. 350）西方的科学和工业革命全部都包含在一个相当于人类生命千分之零点五的时期。因此，在坚持认为这一革命注定彻底改变人类意义之前，应该小心谨慎。

尽管事实——我们相信这是可以给我们的问题提供的最后表述——是，从技术发明的角度看，西方文明确实比其他文明有更多的积累；并且在摒弃最初的新石器时期的同样资本后，它懂得了该如何进行改进（字母书写、算术和几何），有些改进很快被遗忘了。但在停止了两千或两千五百年（从公元前 1 世纪到大约 18 世纪）之后，西方骤然呈现为一场工业革命的中心。这场工业革命的程度、普遍特征和结果的重要性都可以与新石器革命相匹敌。

结果，在一万年的历史时间内，人类两次在相同方向累积了大量的发明。一方面是多样性，另一方面是连续性，它们集中在一个时期内，这个时期对于高度的技术合成操作而言是过短了。这些导致人与自然之间的关系发生了重大变化，相应地，这些变化使得其他变化得以可能发生。由催化剂引起的连锁反应揭示了这一进程，到现在为止，这种进程在人类历史上出现了两次，并且仅仅是两次。这是怎样发生的呢？

首先，我们不能忘记呈现出相同累积特征的其他革命在其他地点和其他时期已经发生过，它们发生在人类活动的不同领域。我们上面解释过为什么唯独我们自己的工业革命和新石器革命（它虽在时间上领先，但却起自相同的关注点）能够这样呈现在我们面前，因为我们的参照系统使我们能够衡量它们。其他的变化肯定也发生了，但只是以碎片的形式显露出来，或者彻底被歪曲了。它们对现代西方人而言没有意义（无论如何，绝不会是它们全部的重要性）。对他而言，它们可能也是不存在的。

其次，新石器革命的例子（现代西方人唯一能够理解清楚的）必然能激发他谦逊对待他可能对一个民族、一种信仰或一个国家所认可的卓越。工业革命诞生于西欧，然后出现在美国，再后是日本。从 1917 年以来，开始在苏联增长，将来无疑会在其他地方跃起。从这半个世纪到另半个世纪，它以或多或少的光照耀在这一个或另一个中心。在几千年的时期内，是什么形成为那些我们如此夸耀的优先性问题？

在一千或两千年的时间内，新石器革命在爱琴海盆地、埃及、近东、印度河流域和中国同时发生。自从发现碳元素来确定考古学时期以来，我们猜想美洲的新石器时期比曾以为的更早，很可能它开始的时间并不比在旧大陆迟多久。在这场关于优先性的辩论中，有可能可以断言有三四个流域领先了几个世纪。关于这点，我们今天知道些什么呢？无论如何，我们确定优先性问题并不重要，恰恰因为相同的技术变革（紧随社会变革之后）在如此广阔的领域和相隔如此遥远的区域同时出现，显然，技术变革并不依赖于一个种族或一种文化的天才，而是依靠人意识之外的普遍条件。让我们来确认如果工业革命并非首先出现在西欧和东欧，哪天它会在世界上的其他地方发生。如果这是可能的话，它一定传播到世界上有人居住的全部地方，每一种文化都会把它引进，许多特殊的贡献都会加诸它身上，在遥远的未来的历史学家将会合理地认为，知道谁在一或两个世纪内声称是最先的问题并不重要。

一旦确立了这点，我们必须引入一种新的限制，即使不是那么有效，至少和静态历史与累积历史之间差异的确实性相关。这种差异不仅和我们的利益相关，如我们已经展示的，但它绝不会有明确表现。在技术发明中，很明显，没有哪个时期，没有哪种文化是绝对静态的。所有的民族都拥有、改变、完善或忘记使他们能够支配环境的复杂技术；如果没有这些技术，他们会在很长时间以前就消失了。所以，在累积历史和非累积历史之间不会存在差异——在多种程度上讲，所有历史都是累积的。中国人和爱斯基摩人把机械的艺术提早了很久，这些发展已经非常接近于开始一个决定着从一种文明类型过渡到另一种文明的"连锁反应"。我们知道火药的例子：从技术上讲，中国人解决了所有的问题，除了一个着眼于伟大结果的运用问题。并不像通常说的那样，古代墨西哥人不懂得轮子，其实，他们非常了解轮子，能够在儿童玩具上造轮子，只差一步就给它们装上马车了。

在这些条件下，"较多累积的"文化和"较少累积的"文化相比，哪个相对罕见（适合于每一种参照系统）的问题就变成了众所周知的概率理论问题。在确定一种复杂的组合与另一种同类型的相对不太复杂的组合相比哪种的相对几率更大时，也存在同样的问题。例如，在轮盘赌中出现一系列两个连续数字（如7和8，12和13，30和31）是相当常见的。一系列三个连续数字就已经罕见了，四分之一，极有可能如此。在许多次的投掷中只会出现一次一系列六个、七个或八个数字按顺序依次出现。如果我们把我们的注意力锁定在长序列上（例如，我们赌五个连续数字），那么，对我们而言，更短的序列会如同不连续的系列一样。这是忘记了它们与我们的例子只是稍有不同，并且换个角度考虑，它们可能会呈现出同样牢固的规律。让我们来做进一步的比较。一个赌博者会把他赢得的所有钱转投到越来越长的序列，在成千上万的投掷后，他会因看不到9个连续数字的出现而气馁，想他开始要是尽快停下就好了。但没有什么可以证明，另一个按照同样赌博规则却赌另一种序列（例如，变换红黑或奇偶的节奏）的赌博者不会看重第一个赌博者仅仅认为是混乱的组合。人类不是按一种方式发展。如果在某种观点下，他的发展似乎是静止的或甚至倒退的，这并不意味着，以另一种观点来看，不存在重要变革。

大卫·休谟，英国18世纪的大哲学家，一天决定去解决一个困扰了许多人的假想的问题。他们不明白为什么只有少数的女人而不是全部都漂亮呢。他轻而易举地证明了这个问题是无意义的。如果所有的女人都和最美丽的女人一样漂亮，我们就会感到她们普普通通，也只会把超越通常模式的少数人称为美丽的。同样，如果某种类型的进步让我们感兴趣，我们就会称赞它是那些文化中最完美的，并对其他文化保持冷漠。于是，在某种意义上讲，进步就只不过是众人的趣味已经决定了的进步的最大值。

九、文化合作

现在让我们从最后一个角度考察我们的问题。像我们前面提到的那样一个赌博者，他只赌最长的序列（无论如何，这些序列是可以想象的），最有可能输掉所有的钱。但如果是赌博者结盟赌具有绝对价值的相同序列，情况就不同了——在一些轮盘赌桌上也是如此，因而他们就有了将每一个赌博者的有利结果组合起来的优势。因为如果已经有了 21 和 22，我需要 23 来继续我的序列，那个数字在十张桌子中出现的机会当然比在一张桌子上更多。

这种情况很像那些成功实现最大累积的历史形式的文化。这些极端的形式从来都不是孤立的文化，而是无论愿意还是不愿意都把它们各自的游戏联合起来，通过各种方式（移民、借贷、商业往来、战争）实现我们构想的联合模式。这里我们触及到断言一种文化优于其他文化的荒谬性。诚然，如果一种文化是单独存在的，它就绝不会是"更优的"。像一个单独的赌徒的情况，只可能赢得含有几个元素的短序列，长序列在历史上"出现"的概率如此之小（不排除理论上的），以致一个人要花费很长时间赢得比赛，这比他期望看到的人类全面发展发生的实现所经历的时间还要长。然而，像我们上面提到的，没有哪种文化是孤立的。它通常都是与其他文化联合，使自己能够建立累积序列。在这些序列中，一个较长的序列出现的概率可能会自然地依赖联合政体的范围、持续时间和变化。

这些评论引发了两种结果。在这一研究过程中，我们多次对人类怎么能够在十分之九，甚至更长的历史中停留于静态而感到惊讶。最初的文明有两万到五万年之久，而生活的状况仅仅在最后一万年中发生了变革。如果我们的分析是正确的，那么，这不是因为旧石器时代的人没有新石器时代的继承者聪明，有天赋；仅仅是因为在人类历史中一种联合（n 项）已经持续出现了一段时间（t）。它原本可以出现得更早，或者更晚。这一事实并不比一个赌博者必须等待许多次投掷才能看到产生的组合出现更引人注意。这种组合可以在第一次投掷时出现，或者在第一千次时，或者在第一百万次时，或者永不出现。但像赌博者一样，人类自始至终都没有停止思索。不是总是想要，也不是总是清醒意识到这点，人类"创建了文化商业"，投入于开化并不总是被冠以成功的"运营"当中。有时它接近成功，有时它向先前所获作出让步。由于我们对史前社会诸多方面的无知导致的过分简单化，使我们可以阐明这种不确定的和有分歧的进步，因为没有什么比对从勒瓦娄哇文化期的顶峰到莫斯特时代的平庸，从奥瑞纳时期和索留特累时期的辉煌到马格达林时期的粗陋，再到中石器时代多方面承受的极端对比的反思更为惊人了。

时间的真实性不会低于空间的真实性，但是必须用另一种方式表达。一种文化将各种不同种类的所有复杂发明，也就是我们称呼的一种文明，组合在一起的可能性，是所阐述的文化的数量和多样性的函数——多数通常是不知不觉的——一种惯常的战略。我们提到数量和多样性。旧大陆和新大陆在大发现前夕之间的比较很好地说明了这种双重必要性。

在文艺复兴初期，欧洲是最多种影响相遇和融合的地方，例如，希腊的、罗马的、盎格鲁－撒克逊的、阿拉伯的和中国的影响。从量上而言，前哥伦布时期的美洲大陆并非享有较少的文化联系，因为美洲文化之间有关系，两个美洲一起形成了一个广阔的大陆。然而，考虑到在欧洲那些相互丰富的文化是有几千年之久的分化产生的结果，而更近流行的美洲文化分化的时间较短，因而呈现出更一致的形势。因此，虽然不能说墨西哥或秘鲁的文化水平在发现的时候比欧洲文化要低等（我们甚至看到在很多方面前者要优于后者），但却可能没有很好地形成文化的多样性。与惊人的成就并行，前哥伦布时期的文明充满了失败；它们就像是存在的"空白"。不比我们想象的矛盾少，它们也呈现出不稳定形式和失败形式并存的景象。它们非常呆板和脆弱的多样化组织很可能解释了它们在少数征服者面前的彻底瓦解。深层原因可能可以在建立美洲的文化"联合"的联合者之间的差异比那些旧大陆联合者之间的差异要小的事实中找到。

因此，不存在自身就是累积社会的或者通过自身就成为累积社会的社会。累积历史不是某些种族或某些文化的财产，它们也不能因此变得与众不同。这源于它们的行为，而非它们的天性。这表达了文化的某种生活方式，它不外乎是共同生存的方式。在这种意义上，可以讲，累积历史是描述那些由社会群体组成的社会超级有机体特征的历史形式，而静态历史——如果果真存在的话——是属于孤立社会的低等生命类型的标志。

能够折磨一个人类群体并阻碍它完全实现自己天性的特有不幸、唯一错误，是单独存在的。

因此，在论证人类种族和文化对文明作出贡献的尝试中，有人常常区分什么是不适于心智的和令心智不安的。而这些尝试通常被认为是不足的。特征被列举出来，起源的问题被仔细地检查，优先性被察觉。像这些努力的意味一样，它们是没有意义的，因为它们在三个方面都出现了错误。第一，把一种发明的荣誉归为某种文化，这决非确定性的。第二，文化贡献总是可以分为群体。第三，我们拥有特征、独自所得。容易看出它们的重要性，它们也带有有限性。烟草源于美洲，这是事实。但毕竟，不管国际制度对此目的抱有的所有好意，每当我们抽烟的时候，都不能融入对美洲印第安人的感激之情。像其他有用的东西一样（比如橡胶），烟草对生活艺术而言是一种令人愉快的附属品。我们从它们那里获得了额外的快乐和便利，但如果它们不存在，我们文明的根基也不会动摇。如果考虑到对它们有重要需求，我们就会知道如何找到它们，或者用其他东西取代它们。

规范一个系统的特征的贡献处在相反的极上（自然带有一系列中间形式），也就是与每个社会选择表达和满足全人类愿望的特殊方式相应的系统。不能否认这些生活方式（或像盎格鲁—撒克逊人一样称为"类型"）的创意和不可替代的性质，但它们呈现出如此多的独特选择，一个人不能轻易认识到，除非宣布放弃自身，一种文明怎么能够期望从另一种生活方式中获益。事实上，折中的尝试只可能导致两种结果：要么其中一个群体的系统解体或瓦解；要么是一个新的综合体，而不是一个存在于可以被分成其他两个系统的第三系统中的综合体。事实上，这个问题甚至不在于知道一个社会能够从四邻的生活方式中获益与否，而在于它是否能够理解它们，甚至是熟知它们，并且在何种程度上做到这一点。我们看到这个问题没有明确的答案。

最后，没有受惠者就没有贡献可言。但如果真的在时空中存在已经作出"贡献"，并仍在继续作出贡献的文化，那么，什么是"世界文明"，所有这些贡献的假定受益者又是谁？没有哪种文明既与其他文明不同，又与它们有同样的真实系数。当谈到世界文明时，我们并不是指一个历史年代或一群人。我们思考的是一个抽象概念，给它添加了道德或逻辑价值：考虑到目的，我们认为在既存社会之中的道德价值；如果在相同条目下划分，通过分析，从不同文化中提取相同元素的逻辑价值。在这两种情况下，我们必须承认世界文明的概念是贫乏的、概要性的，几乎没有智力和情感内容。要评估负载着几千年历史以及进入人类生活的思想、苦难、欲望和劳动的文化贡献的愿望，只是依据还是中空形式的世界文明的标准来衡量它们——这个愿望将给它们带来巨大枯竭，使它们空无一物，除了没有肌肉的躯体外，不再保留一物。

相反，我们曾试图表明，文化的真正贡献并不存在于它们的特殊发明的清单中，而在于在它们之间具有的对比特征。某种文化的各个成员对其他所有成员都能够而且应该怀有感激和谦逊之情，这只能依赖于一个信念：其他文化以最多样的方式与他自己的不同——这样，纵使这些差异的根本性质被他疏忽，或如果（不管他所有的努力）他对它理解得不够充分。

我们把世界文明的概念看做是一种极端的观念或标记一个复杂过程的缩减方式。如果我们的论证是有效的，就不存在——不能存在——绝对意义上的世界文明，它有时会被冠以这个术语。因为文明意味着文化的共存，带来最大化的文化多元性，甚至文明就存在于共存之中。在世界范围内，世界文明除了作为文化联合外，再也不能是其他东西，每种文化也都保留着自身的独创性。

十、进步的双重意义

我们难道没有发现自己正遭遇一个奇怪的悖论吗？考虑我们赋予哲学术语的意义，我们说所有文化进步都是文化联合的函数。这种联合在于将每种文化在历史发展中遇到的可能性并在一起（以有意识的或无意识的，自愿的或非自愿的，存心的或偶然的，追求的或被迫的方式）。最后，我们认为，当这种联合存在于更多元的文化中时，它才更富有成果。一旦这点确立起来，我们就似乎面临着矛盾的状况。这种普遍的游戏，所有的进步都源于此，迟早一定会导致所有玩家的资源均化。如果多元化是首要条件，我们将看到胜利的概率会随着游戏的延长而变小。

对于这一不可避免的结论，似乎只有两种补救措施。第一种补救措施在于每一个玩游戏的人在游戏中激起对比特征。这是可能的，因为每一个社会（即我们理论模型的"游戏者"）都是群体的联合——宗教的、职业的和经济的——社会赌注是由所有这些因素的赌注构成。社会不平等是这一解决方案的最显著的例子。我们选择阐述的伟大变革，新石器时期的和工业的，不仅带有社会团体的多元化（正如斯宾塞观察到的），而且带有在团体中形成具有对比地位的制度，从经济角度出发尤其如此。我们长期观察到，新石器时期的发现迅速导致了社会差异，伴随着大都市集中在古代东方出现以及国家、等级和阶级的出现。在工业革命时期也有同样的观察结果出现，以无产阶级的出现为条件，产生了新的、更高级的人力剥削形式。直到现在，有人还把这些社会变革视为技术变革的结果，并在它们之间建立因果关系。如果我们的解释是准确的，这种偶然的关系（带着它暗示的暂时的联系）必须要加以摒弃（这事实上是现代社会的普遍倾向），并在两种现象之间建立一种函数关系。让我们附带注意这点，承认技术进步导致了人剥削人的发展的事实是一种历史补救，可能会激起我们在骄傲的表现中带有一定的谨慎，而这种骄傲是被这些现象中的第一个现象就欣然在我们内心激起的。

第二种补救措施在很大程度上以第一种为先决条件。它包括引入新伙伴，这次是外部的，他们的"赌注"非常不同于最初的联合所具有的特征。这一解决方案也是被试验的，如果术语"资本主义"在大体上认同第一种方案，那么，"帝国主义"或"殖民主义"将有助于阐述第二种方案。19世纪的殖民扩张大大加强了工业化的欧洲复兴的可能——当然不是由于它特有的利益——一种向前的推力，如果受奴役的民族被引入这一过程，它将有更快被耗尽的危险。

在两种情况下，我们都看到补救措施在于借助内部多元化或通过加入新伙伴来扩大联合。在最后的分析中，问题总是在于增加游戏者的数量；换句话说，回到最初形势中的复杂性和多元性。但我们也看到，这些解决方案只能暂时减缓过程。剥削只存在于联合体中。在支配和被支配的群体中，存在着联系，也产生了交易。尽管单方面的关系明显把他们联系在一起，他们仍必须，有意识或无意识地，将他们的"赌注"放在一起；并且不利于他们的差异逐渐减少了。社会进步，一方面，使殖民地民族逐渐获得了独立；另一方面，向我们揭示了这个现象。尽管沿着这两个方向还有很长的路要走，但我们知道事情将不可避免地这样进行。诚然，或许我们必须把世界上相对立的政体和社会制度解释为第三种解决方案。但可以想象每次都在另一个层面上自我更新的多元化使得无限期地维持——通过绝不会停止让人类吃惊的各种形式——不平衡状态得以可能，这种状态正是人类的生物和文化生存所依赖的。

无论如何，除了一个矛盾的过程，很难再构想为其他的东西，这个过程可以按下面的方式总结：为了进步，人类必须联合；在联合的过程中，他们看到了的他们所作贡献的逐渐联合，正是这些贡献的最初的差异性使得他们的联合丰富而又必需。

然而，即使这一矛盾没有解决，人类也必须把它作为一向神圣的职责，记住这相互矛盾的两项。绝不能无视第一个，而使另一个独享利益。必须自然而然地避免特殊主义，它会使人类停在一个民族、一种文化或一个社会的状态；但也绝不能忘记人类没有哪一个部分就能够处理适用于全体的规则，而且人类并入单一的生活方式也是难以想象的，因为这将是一个僵化的人类。

　　就这一点而言，国际机构面临的任务非常艰巨，它们背负着重大的责任。它们比我们想象的还要复杂。因为国际机构的使命是双重的：部分是清算，部分是唤醒。机构必须首先协助人类，尽可能顺利和安全地吸收已经消逝的多元性。这些多元性是联合模式的无价的剩余物，但它们是作为腐烂的残留而存在的，构成了感染国际主体的永久危险。如果必要的话，它们必须被修改、删减，以促进其他改编形式的产生。

　　但同时，国际机构必须极为敏感地对待这一事实，为了同以前的模式具有相同功能价值，新模式不能简单复制它们，或是按照相同模式构建，并不是更平淡无奇——最终无效的——解决方案。相反，它们必须懂得，人类有丰富的不可预见的可能性，每种可能性出现的时候总是让人震惊；进步不是在"改良的外表"的宜人景象下产生的，在那里我们为自己寻找安逸的休息，而是充满了冒险、破裂和丑闻。人类持续地与两种矛盾过程相抗争。一个倾向于促进统一，另一个目的在于维持或重建多元性。这个系统（找到自己参与的方向）中的每一个时代或每一种文化的立场是这样的，两个过程中只有一个看起来是有意义的。后者似乎是前者的负面。但要说——像有人可能想说的——人类在创造自己的同时战胜了自己，这依然是源自一种不完备的视野。因为我们在两种层面上，并且在两种相反的平面上，处理自我创造的两种不同方式。

　　在一个受单一和一致威胁的世界，保存多元化的必要性当然没有被国际机构忽视。他们也必须明白，为了实现这个目标，只是赞成当地的传统，允许时代缓缓流逝还是不够的。要保存的是多元化的事实，而不是每个时代所赋予的历史内容（并且没有哪个时代可以使它超越时代本身而永远留存）。我们必须倾听麦子生长，鼓励秘密的潜力，唤醒所有历史保留下来的天职一起生存。也必须准备毫不吃惊、不带有反感或抵制地思考所有这些新的社会表达形式所不能呈现的方面，宽容纵容过去所是以及现在所是，这不是一种沉思的立场，它存在于远见、理解和发扬欲其所是的动态视角中。人类文化的多元性存在于我们的前后和周遭。我们可能对它作出的唯一要求（为每一个个体创造相应的责任）是，它要认识到自己处在一种每一种文化都有助于使得其他文化更丰富的形式中。

关于希特勒主义哲学的几个反思 *

勒维纳斯（Emmanuel Levinas）/ 文　邓刚 / 译 **

对希特勒主义哲学的几点反思

希特勒的哲学是原始的。摧毁性的原始力量，以一种简单的力量的推进，使得可悲的陈词滥调得以爆发。它唤醒了德意志灵魂中的秘密乡愁。不只是一种传染病或一种疯狂，希特勒主义还是一种基本情感（sentiments élémentaires）的复苏。

但是，希特勒主义充满了令人恐怖的危险，在哲学上值得引起人们的兴趣。因为基本情感藏匿着一种哲学。这些情感表达了，心灵在面对现实及其命运的整体时的第一态度。这些情感预先决定或预兆了心灵在世界之中奔忙的冒险感。

这样说来，希特勒主义哲学就不只是希特勒分子的哲学。这种哲学所质疑乃是一个文明的所有原则。冲突涉及的不仅仅是在自由主义和希特勒主义之间。虽然在希特勒上台时，教会尚可利用其谨慎或政教协议（Concordat）[①]，但是基督教自身仍然受到了威胁。

---

* 此文 1934 年发表于《精神》（*Esprit*）杂志，后来收入文集《历史之不可预见》（*Les imprévus de l'histoire, Fata Margana*, 1994, PP.23-33）。

** 邓刚，法国巴黎第一大学博士生。

① Concordat, Convention entre le Saint-Siège et un Etat souverain, réglant les rapports de l'Eglise catholique et de l'Etat.［罗马教廷与一国政府间的］政教协定。

如同某些记者所做的，区分基督教普世主义和种族主义的特殊主义，但仅仅这样是不够的：逻辑矛盾不足以判断具体的事件。两种互相对立的思潮相互间的逻辑矛盾的意义若要完全地得以呈现，唯有在回溯到二者的源头之际，回溯到使这些思想得以可能的那些直观和原初的决定。怀着这种精神，我们将展开这些反思。

一

政治自由并不能穷尽自由精神的内容，对于欧洲文明而言，自由精神意味着有关于人类命运的一个概念。自由精神是人面对世界和导致行动的无数可能性时的一种绝对自由的情感。在宇宙面前，人永远地在自我更新。说得绝对一点，人没有历史。

因为历史是最深的有限性，基本的有限性。时间，人类存在的条件，一旦逝去就无法挽回的条件。人的现在不断地逃离人的掌控，所造成的已完成的事实，却成为人的命运的重负。万物恒流逝、此际如幻影，在赫拉克利特式的忧郁背后，有一个无法抹去、无法移动的悲剧性的过去，这个悲剧判定了所谓创新只不过是延续。真正的自由，真正的开始要求一种真正的现在，总是朝向命运的极点，永恒地重新开始。

犹太教带来这个精彩的信号。内疚——内疚表达了，面对无法挽回的东西却完全没有能力挽回时的痛苦——内疚宣告了忏悔，而忏悔产生了宽恕，宽恕有能力进行挽回。人们在现在之中发现某些东西可以用来修改过去、挽回过去。时间甚至失去了它的不可逆性。时间如同一头受伤的野兽，倒在人的脚下。人解放了时间。

在时间面前人的自然而然的无能，造就了古希腊有关命运（Moïra）①的全

---

① Moïra，希腊词，有命运、运气等义。Moira 是一种分配法则，每一个人都分得属于自己的一份，无论好或不好，幸运或不幸，人皆只有接受。

部悲剧，造就了基督教的原罪观念的敏锐性和基督教的反抗的伟大。阿特柔斯家族（Atrides①）抗争着，却永远受制于某个像诅咒一样陌生而粗鲁的过去，而基督教与之对立的乃是某种神秘的正剧（drame）。圣十字逾越过了；通过庆祝时间的圣餐，这个逾越就成为每天的了。基督教要带来的救赎（salut）是有效的，通过承诺重新开始每一瞬间的流逝所完成的定式，承诺超越那种使过去从属于现在的绝对矛盾，使这种过去不断遭到质疑。

就这样，基督教宣布了自由，这样，在它完全的充实中使自由成为可能。不仅对命运的选择是自由的。已完成的选择也不会变成枷锁。人保留着可能性——超自然的、但却是可把握的、具体的可能性——有可能去取消借以使人自由地介入的契约。每一时刻，人都能回复到初生时的赤裸裸的状态。再征服是不容易的，它很可能失败。再征服并不是一个被放在自由世界的随意的政令的结果。但所要求努力的深度，所衡量的只是障碍物的沉重，强调所许诺的已实现的新秩序的原创性，新秩序是通过撕裂自然存在的深层次来取得胜利的。

相对于一切依赖（attachement）的无限的自由，相对这种自由而言，任何依赖都是不确定的，这种自由正是基督教的灵魂观念的基础。自由仍然是最高具体的现实性，表达了个人的最后基础，自由具有一种超越的灵气的全无雕琢的纯洁性。穿过世界的真实历史的变迁，在人们所安身的具体世界之中的范围之中，这种不断更新自己的权力赋予灵魂一种本体的性质（une nature nouménale）②。悖论显而易见。灵魂的超脱（détachement）③不是一种抽象，而是作为一种具体而实际的权力要进行超脱，进行抽象。所有灵魂都拥有的平等的尊严，这种尊严无关于人的社会物质条件，这种尊严并非来自在个体差异性的名义下肯定心理的"相似构成"的理论。这种尊严应该归功于使灵魂得以解

---

① Atrides，阿特柔斯及其后代，包括阿伽门农、墨涅拉俄斯特。此家庭曾遭到诸神的诅咒，故其命运极悲惨，充满了谋杀、弑父、弑子、乱伦。后来，唯借阿波罗之力，方才使得从此厄运中解脱出来。

② 此处所用本体一词，即康德所用与"现象"相对之"本体"（Noumena）。

③ 超脱，Détachement，其义正好与前面的依赖（attachement）一词相反。

放的那种能力，它使灵魂从所曾是者、从所曾联系者、从所曾介入者之中解放出来，以便重新返归到最初的贞洁。

如果最近几个世纪的自由主义避开了这场解放的戏剧化面孔，它在理性的最高自由形式下面仍然保存这场解放的一个基本要素。所有现代的哲学思想和政治思想都倾向于将人的精神置于高于实在的高级层面，在人与世界间造成一条鸿沟。这些思想使得物理世界的诸种范畴不可能应用到理性的精神世界，这些思想使得精神的最新基础立于粗暴的世界之外，立于具体存在所无法逃避的历史之外。通过饱含理性、从属理性的观念论哲学所重构的世界，来取代常识的盲目的世界。用自律的解放来取代通过圣恩的解放，但是，自由这一犹太—基督教传统的主旋律（leit-motiv）仍然渗入其中。

18 世纪的法国作家，民主的意识形态和《人性宣言》的先驱，虽是唯物主义者，却都表露出一种情感，要对物理的、社会的、心理的物质驱魔。理性之光足以驱除非理性的阴影。当物质完全浸透着理性，唯物主义还剩下什么？

自由主义世界的人们不会选择某种单一历史下的命运。他不会把可能性看做某种令人心血沸腾、已经朝向特定道路的焦虑的权力。这些可能性只是给出了一种选择永远地保持距离的安详的理性的逻辑上的可能性。

二

马克思主义在西方历史上第一次质疑这种人的概念。

人的精神对于马克思来说不再是纯粹的自由，不再是超脱于所有依赖之上的灵魂；不再是作为目的王国①的组成部分的纯粹理性。他为物质需求所苦。而且，人受到不遵循理性魔法棍的物质和社会的支配下，人的受到奴役的、具体的存在比那无力的理性更具有重要性，更具有分量。存在于理智之先的生存

---

① règne des fins，康德用语，目的国。

斗争迫使理性采纳一些并非由理性作出的决定。"存在决定意识"。科学、道德、美学都不再是自在的道德、科学、美学，而是任何时刻都被认为是有产者阶级文明和无产阶级文明的基本矛盾的产物。

传统概念的精神所一直为之感到自豪、将所有联系加以解散的能力，现在已经丧失了。精神遇到了重重山峦，没有任何信仰都无法撼动。曾经完成了种种奇迹的绝对自由，第一次发现从精神的构成之中被驱逐出去。在此，马克思主义不仅仅反对基督教，而且反对一切认为"存在不决定意识"、而是意识或者理性决定存在的唯心论的自由主义。

在此，马克思主义对欧洲文化来了个倒置，或者说，至少是粉碎这种文化和谐发展的曲线。

三

然而这种与自由主义的断裂是不确定的。在一定意义上，马克思主义有意识地想要延续1789年的传统，雅各宾派似乎在极大地影响了马克思主义的革命者们。但是，尤其是，当马克思主义的基本直觉在于发现，精神处在与某种特定环境的不可逃避的联系之中，但这个枷锁并不是根本性的。被存在所决定的个人意识，至少原则上，绝不至于完全没有能力来摆脱社会的施加其身、却异于本质的咒术。获得对自身社会处境的意识，这对马克思主义来说已经是相对于社会中的宿命论的一种解放。

只有当人所置身的境况不能为人增加什么，反而成为人的存在的基础之际，一种与关于人的欧洲概念相对立的构思才成为可能的。对于我们的身体经验来说，这似乎是要实现一个悖论式的苛求。

根据传统的解释，"有一个身体"，这意味着什么？这是一个作为外在世界的一个物体的支撑者。这个身体对于苏格拉底来说，这就像枷锁一样令人不安，哲学家因此被囚禁在雅典的监牢中；身体将他关闭着，如同一个等着他进去的墓穴。身体，乃是障碍。它粉碎了精神的自由冲动，将其带回现实的情况，但是，作为一种障碍，它是需要被克服的。

对于我们来说，正是这样一种关于身体的永远保持陌生感的情感，孕育了基督教以及现代自由主义。伦理学的形态有种种变化，自文艺复兴以来禁欲主义的理想亦遭受挫折，但这种情感始终坚持如故。如果说唯物主义者们混淆了身体与自我，这曾经是以一种对于精神的简单而纯粹的否定为代价的。他们将身体放到自然之中，没有允许它在宇宙中占据任何特殊位置。

然而，身体并不只是永远的陌生感。在某种特定的环境中我们会将我们的身体与我们自身视做同一，然而古典的诠释总是将这种同一性降低到一个次级的水平，并将其视做有待跨越的阶段。身体对我们来说，不仅仅比世界的其他部分更切近更熟悉，亦不仅仅是对我们的生理生活，我们的心情和活动提问。超越这些平凡的观察，还有一种同一性的情感。我们不是肯定，在自我的开展自身之前要在我们身体的独特的热量中辨认自身？他们不是所有证据下都要坚持，在理智的建立之前，血缘建立的这些关系？在一种危险的体育活动中，在死亡的气息下动作才能达到完美的某种练习中，所有的自我与身体的二元性都应该消失了。在身体的痛楚的绝境之中，当病人返回病床以寻求平静的状态，他不是体验着他的存在的单纯的个体性吗？（传统，贬低身体。但是，我们与身体是有着某种同一性的。）

有人会说，分析揭示出在痛苦之中，精神与痛苦有所对立，这是一种反抗、一种拒绝，拒绝留在痛苦之中，因而最终尝试超越痛苦——但是，这种尝试不是已经被规定为绝望的？反抗精神难道不是仍然无可逃避地被关在痛苦之中吗？还有，难道这种绝望不是构成了痛苦的基础吗？

对于这些事实西方传统思想称为粗陋的、粗俗的并知道如何简化它们，在这些事实的传统诠释之旁，存在着关于它们的不可化约的原始性和坚持其纯洁性的渴望。在身体的痛苦之中有着一种绝对的设定。

身体不只是一种偶性，不幸或者有幸地迫使我们与这个无法逃避的物质世界相联系——它凭其自身就紧贴着自我。这是一种谁都无法逃脱的贴身（adhérence），并且任何一种隐喻都无法将这种贴身混同为某种在场的外在对象；这是一个结合（union），任何东西都无法破坏这种结合的确实性。

自我与身体之间的这种同一性情感——当然这个情感与庸俗唯物主义没有任何共同之外——因此，对于那些想要以这种同一性情感作为出发点的人，这种情感使他们一直都没能在这种结合的基底处发现不断与身体相抗争的自由精神与束缚精神的身体之间的二元性。反之，对他们来说，正是在这种身体的束缚之中，形成了精神的所有本质。把精神从精神所投入的具体活动形式之中分离出来，这反而是背离了这种原始性的情感。

西方精神从来没有对身体满意过，关于身体的这种情感（身心同一，以身为心）所被赋予的重要性，是某种新的人的概念的基础。生物学及其所包含的命定论，不仅只是精神生活的对象，而且成为精神生活的核心。血液的神秘声音，身体作为神秘运载工具所承载的对于遗传和过去的呼唤，都丧失了它们原本从属于是绝对自由的解决方案的问题性。自我只是把这些问题中的未被认识的带来以便解决。自我是由这些问题构成的。人的本质不再是在自由中，而是在一种锁链中。真正地作为自身，就不再是展翅翱翔于迥异于自由的诸多偶然性之上；相反，是要意识到对我们的身体来说那独一无二的、源初的、无法逃避的锁链；尤其是要接受这锁链。

从此，整个社会结构就宣告为对于身体的跨越，作为一种否定、一种背叛而遭到怀疑。奠基于自由意志的协议之上的现代社会，其各种形式都显得不仅仅十分脆弱、缺乏稳定，而且弄虚作假、谎话连篇。精神的风气也丧失了精神对身体的伟大胜利。它变成了弄虚作假的产物。以相同血缘为基础的社会就直接来自这种具体化的精神。于是，如果种族不存在，就必须发明出来。

关于人和社会的这种理想，与之相伴的，是关于思想和真理一种新的理想。

我们已经强调过，规定了西方世界思想与真理之结构的特征的，是将人和真理所在的理念世界加以区分的距离，人在理念世界选择他的真理。在理念世界面前，人是自由而孤单的。人可以不跨越这段距离，可以不进行选择，自由就在于人具有这种能力。怀疑主义是西方精神最基本的可能性之一。但一旦距离被越过，真理就被掌握，不过人的自由并不见少。人可以再次把握真理，再次返回到他的选择。在这种肯定中已经潜伏着未来的否定性。这种自由构成了思想的全部尊严，但它也包含着危险。在分开人和理念的间隔，滑过的是谎言。

思想变成了游戏。人们在自由中抱怨，没有得到任何确定的真理。人把他的怀疑权力转换成了对信念的缺乏。不要束缚在一个真理之中，对他来说变成了不要参与到精神价值的创造之中。真诚是不可能的，这使得英雄主义终结了。所有那些非本真的、服务于利益和时尚的代用品，所有这些都侵蚀着文明。

一个社会，失去了与它的真正的自由理想的活生生的联系，而接受了各种堕落的形式，由于看不到为理想要付出努力，这个社会就安于这种形式——就是在这种状态的社会之中，日耳曼式的关于人的理想就作为一种关于真诚和本真的承诺而出现了。人不再站在理念世界之前，在理念世界中人可以通过自由决定来选择属于自己的真理——从此，他就与理念中的某一个理念联系在一起，就如同人通过出生和所有同血缘的人联系在一起。人不再牵涉理念，因为走出了他的具体存在，扎根于他肉身和血缘之中，理念仍然保有其严肃。

束缚在他的身体之上，人感到可以拒绝逃向自身的能力。对于他而言，真理不再是一个陌生化的景象的静观——真理就在悲剧之中，人自身正是悲剧的演员。在他的全部生存的重压下——这生存所包含的经历，再也无法返回——对此，人说是或者说否。

但是，这种诚实性要求点什么呢？精神之间的理智的相似或神秘的沟通并不诉诸血缘上的共性。然而，新类型的真理不能放弃真理的形式，也必须成为普遍的。这一真理虽然是最强意义上的"我的"真理——它要倾向于创造一个新世界。查拉图斯特拉，不满意于他的嬗变，他要下山，传播福音。普遍性怎么可能与种族主义相协调？实际上，在种族主义这里——在种族主义的原始想法的逻辑之中——有着对普遍性观念的根本性的修改。普遍性应该让位于扩展（expansion）的观念，因为某种力量的扩展，呈现一种不同的结构，迥异于某种观念的宣传（propagande）。

受到宣传的观念，完全超脱了它的出发点。虽然其创始者所提供的只是一种单一的声调，这个观念变成了共同的财富。它完全是匿名的。如果接受这种宣传，变成了一位主人。某种观念的宣传，创造了一个"导师"（maîtres）的共同体——正是一个同等化的过程。皈依或者说服，就是自行去创造成双成对的导师。在西方社会之中，秩序的普遍性，一直反映着真理的这种普遍性。

但是，力量的特征却在于另一种类型的宣传。实践这种宣传的人并不以力量为出发点。力量在遭受的人那里并没有丧失。力量属于人格或者属于社会，力量迫使其他人或者其他社会从属之，从而扩大它们。在这里，普遍的秩序并非作为意识形态宣传的结果而被建立起来——在这里，普遍秩序乃是构建起一个主人和奴隶的世界的那种扩展。尼采所说的、现代德国重新发现并大加赞赏的强力意志，不仅仅是一种新的理想，而且这种理想带有其特有的普遍化方式：战争、征服。

但是，在这里，我们仍然遇到了一些早已熟知的真理。我们已经尝试着将这些真理重新连接到一个根本性的原则之上。也许，我们成功地证明，种族主义所反对的，不仅仅只是自由的基督教文化的这个或者那个特殊点。也不是民主或者议会制的这个或者那个教条。它反对的，乃是整个人类的人性。

后　记

这篇文章出版于天主教前卫进步主义刊物《精神》杂志，文章发于1934年，差不多在希特勒掌权后不久。文章源于一种信念，纳粹的血腥的野蛮，并非人类推理的偶然反常，也不是意识形态的偶然误会。在这篇文章中，有着这样一种信念，这个源头在于一种"基本的恶"的本质可能性，好的逻辑有可能导致这种"恶"，而西方哲学不足以保证反对这种逻辑。这种可能性就内嵌于存在的本体论之中——依据海德格尔的表述，"存在"乃是在其存在之中关乎其存在。这种可能性，仍然威胁着"聚集的存在"和"去统治"的相关主体，这一先验唯心论的著名主体，首先，就自愿是自由的，并自信是自由的。人们应该追问，是否自由主义就已经足够满足人的主体的本真的尊严。主体，在包容对他人的责任之前，是否就在使之升到此阶段的受选之中已经抵达作为人的条件？这种受选来自某位上帝，上帝在他人（他的邻人）的脸中凝视主体，这个脸正是启示的原始场所。

责任编辑：洪琼

图书在版编目（CIP）数据

法兰西思想评论·2011 ／高宣扬 主编 . – 北京：人民出版社，2011.8
ISBN 978 – 7 – 01 – 009981 – 1

I.①法… II.①高… III.①哲学－法国－文集 IV.① B565.5–53

中国版本图书馆 CIP 数据核字（2011）第 115162 号

法兰西思想评论·2011

FALANXI SIXIANG PINGLUN · 2011

高宣扬 主编

人民出版社 出版发行
（100706 北京朝阳门内大街 166 号）

北京集惠印刷有限责任公司印刷 新华书店经销

2011 年 8 月第 1 版 2011 年 8 月北京第 1 次印刷
开本：710 毫米 × 1000 毫米 1/16 印张：21.5
字数：320 千字 印数：0,001 – 2,000 册

ISBN 978 – 7 – 01 – 009981 – 1 定价：54.00 元

邮购地址 100706 北京朝阳门内大街 166 号
人民东方图书销售中心 电话（010）65250042 65289539